3rd Edition, Marketing and Selling Disruptive Products to Mainstream Customers

Crossing the Chasm

キャズム Ver 2

ジェフリー・ムーア Geoffrey A. Moore 川又政治 訳

新商品をブレイクさせる「超」マーケティング理論

[増補改訂版]

Adobe...Amazon...Apple Computer...ARM...Aruba...Autodesk...
BEA...Dell...Documentum...Dropbox...eBay...EMC...
Epson...Facebook...Ford...GM...Google...Groupon...
Hewlett-Packard...Huawei...Infusionsoft...Instagram...Intel...
Intuit...Linked...Lithium SaaS...Incompany...Microsoft...MOOCs...
Mozilla...Myspace...Netflix...Oracle...PeopleSoft...Rackspace...Rambus...
RIM Blackberry...Rocket Fuel...Salesforce.com...Samsung...SAP...Segway...
VMware...Wal-Mart...WorkDay...Xerox...Yahoo!...Yammer...YouTube...

SE
SHOEISHA

キャズムVer.2［増補改訂版］——新商品をブレイクさせる「超」マーケティング理論

Crossing the Chasm

CROSSING THE CHASM, 3rd Edition
By Geoffrey A. Moore

はじめに

当初、出版社から *Crossing the Chasm* を出版したいと打診を受けたときに、わたしは五千部も売れればよいほうだと考えていた。というのは、対象としているテーマがハイテク製品のマーケティングという、どちらかというとニッチ市場であり、さらに著者も世に知られた人間ではなかったからだ。ところが実際には、一九九一年に初版が刊行されて以来、一〇年のあいだに発行部数が三〇万部を超えた。これは出版社にとっても、わたしにとっても驚きだった。しかし、ここで一つの疑問がわく。それほど読者に受け入れられた理由は何なのか？　その答えは、口コミによるPR効果だった。これはまさに、新しい商品がまずニッチ市場に特化し、それからメインストリーム市場を目指すという、本書のテーマそのものであった。

読者に受け入れられた理由の一つとして、キャズム（深い溝）の比喩とそれを渡るための方法論が、ハイテク業界関係者の琴線に触れたということがある。しかし、「この本に書いてあることは理解できるが、真新しいことは書いてない」と、わたしに伝えてくれる読者が数多くいたのも事実だ。とはいえ、そのような読者にも受け入れられた理由は、彼らがそれまでなんとなく感じていたことと過去の苦い経験が一つのフレームワークの中で示され、それが彼らの将来の意思決定に有用であると判断されたからであろう。

彼らは本書を同僚に見せ、本の中で示されている用語を同僚に伝えた。やがて、この本の噂がマーケティング部門からエンジニアリング部門に伝わり、「最初の数ページを読んだだけで捨てなかったマーケティングの本は初めてだ」という評判を得るようになった。エンジニアからの称賛はわたしにとって真の称賛であり、これほどうれしいことはなかった。そして、この連鎖がベンチャーキャピタリストに広がり、そこが起点となって他の人に伝えられた。ベンチャーキャピタリストは、本書に記載されている用語を使うことにより、元々はエンジニアリング寄りの見方をする起業家と市場開拓の話ができるようになった。そして、企業内における部門間のコミュニケーションのために、本書が社内で必読の書となっていった。

その後、ビジネススクールの教授が、ベンチャービジネスにおけるマーケティングの講座で本書を教材として採用し、初版刊行後の一〇年間で一つのブームとなった。本書では、我々がふだん使っているわかりやすい言葉による比喩が使われているため、学生たちに抵抗なく受け入れられた。さらに、いったんその比喩が意味するところが理解されれば、本書の根幹部分が理解されたも同然であり、あとは自分がすでに知っていることを確認しながら読み進むだけでよかった。

こうして一九九七年あたりまで読者は順調に増えていったが、そのうち、「アシュトンテイトやカリネットって何の会社？ ワードスター、イングレスって何？」と尋ねる学生が現れ始めた。時代が変わり、実例を用いた説明が、逆に理解できない事例となってしまったのだ。それで改訂版（第二版）を出版することとした。第二版において、キャズムについての説明は初版と変わってはいないが、初版で掲載した一九八〇年代の企業を一九九〇年代の企業で置き換えた。その後、事例は変わったが、キャズムに対する考え方が普遍的であることを、わたしはあらためて確認することができた。

その後一〇年以上が経過したが、この第二版も順調に読み継がれた。今回の改訂（第三版）までに、他言語への翻訳を含め、世界中で六〇万部を超える発行部数となったが、キャズムに対する考え方は初版以降変わっていない。しかし、二〇〇七年頃になると、「チャネルポイントって何の会社？ バーティカルネットって？ シリコングラフィックス？ サビ？ 他に知っている会社のケーススタディーはないの？」と尋ねる読者が現れ始めた。

そこで、今回再び本書の内容を改訂することとした。今回の改訂も前回と同様、キャズムに対する基本的な考え方は初版から変わっていない。しかし、この一〇年以上のあいだに時代は大きく変わった。そのため第三版では、巻末に補足を二編追加した。最初の補足は、*Crossing the Chasm* に続いて刊行した *Inside the Tornado*（邦訳『トルネード』中山宥訳、海と月社、二〇一一年、『トルネード経営』千本倖生訳、東洋経済新報社、一九九七年）の要約だ。*Inside the Tornado* では、初期市場に始まり、その後キャズム、ボウリングピン、トルネード、メインストリート市場、そして最後に市場の収束に至るまで、テクノロジー・ライフサイクルの一連の経過について詳述した。

二つめの補足は、今世紀に入ってからのハイテク技術の目覚ましい進歩に伴って増補した部分だ。ここでは、モバイル機器、クラウド・コンピューティング、インターネットの革新的利用に伴う消費者IT市場の拡大と、それに対するマーケティングについて記述した。消費者IT市場が拡大する前は、ITの主流はB2B（企業対企業）であり、B2C（企業対消費者）はそのサブセットに過ぎなかった。しかし、今世紀に入って、B2Cに関わる技術が飛躍的に進歩し、さらにシステムを実現するためのコストも大幅に削減されたために、B2Bを対象としていた企業もB2Cの技術を基幹システムに取り入れ始めた。

キャズムの考え方は、当初は主としてB2B市場の開拓を対象としてきたが、その後、B2C市場の開拓にも適用できることがさまざまな事例で示された。しかし、いかなるモデルも普遍ではあり得ない。今回、B2C市場を開拓するための新たなフレームワークとして、「フォー・ギアズ・モデル」を紹介したいと思う。それが、二番目の補足のテーマだ。

いずれにしても、ここに至るまでの道は平坦ではなかったが、家族の支えのおかげで今日のわたしがある。特に、妻のマリーには心から感謝している。また、「キャズムグループ」、「キャズムインスティテュート」、「TCGアドバイザーズ」、「モール・ダヴィドウ・ベンチャーズ」の同僚にも感謝の意を表したい。さらに、本書の編集者でありわたしのエージェントでもある、ハーパービジネス社のジム・レヴァイン、ならびに、わたしのアシスタントでありビジネスマネージャーでもあるパット・グレンジャーをはじめとして、わたしを支えてくれた人は数知れない。加えて、「キャズムグループ」

のコンサルティングサービスを活用するに当たって、現場における種々の問題を提起してくれた多くのクライアントに、あらためてお礼を申しあげたい。本書を世に出すことができたのは、すべて、このような人たちの協力と支援のおかげである。

二〇一三年六月
ジェフリー・ムーア

キャズムVer.2［増補改訂版］——新商品をブレイクさせる「超」マーケティング理論◆目次

序章

マーク・ザッカーバーグが億万長者になれるなら

If Mark Zuckerberg Can Be a Billionaire

ミュージカル「コーラスライン」に、次のような台詞がある。「トロイ・ドナヒューが映画スターになれるなら、わたしになれないはずがない」。これに似た台詞が、毎年、各地のハイテク・スタートアップ企業でくり返されている。「マーク・ザッカーバーグが億万長者になれるなら……」。実際のところ、ハイテク産業が魅力的なのは、「一攫千金を狙ってみたら?」という海の精セイレーンの誘惑の声が聞こえてきそうなほど可能性に満ちた分野である点だ。

これは、実に抗し難い魅力だ。しかし、早まってはならない。聖書にも書かれているとおり、「選ばれし者」は少ないのだ。多くの企業は選ばれず、優秀な技術者が費やす膨大な時間と何百万ドルという巨額の費用が毎年失われている。そこでは、多くの悲痛な叫びと悔恨の歯ぎしりがこだましているのだ。

「なぜ自分が?」と、失敗した起業家は叫ぶだろう。あるいは、「どうしてうまくいかないんだ?」と自問する者もいるだろう。さらには、「なんで我々は成功しないんだ?」と、起業家と一緒に嘆く投資家もいるだろう。「俺たちのプロダクトを見てくれよ。相手のプロダクトに負けちゃいないだろ? いや、それよりもっといいはずだ。セールスフォースはオラクルのライトナウよりも優れているって言うのか? リンクトインはプラクソより、アカマイのコンテンツ・デリバリー・ネットワーク(CDN)はインターナップより、ラックスペースのクラウド・コンピューティングはテレマークより優れているのか?」。実際のところ、こういった質問にまともに答えるのは難しい。というのは、機能ごとにつぶさに比較検討すれば、市場に認められていないプロダクトのほうが優れていることも少なくないからだ。

そして、ビジネスが失敗して憤懣《ふんまん》やる方ない者たちは、すごすごと表舞台から退場する前に、やり場のない怒りをぶつける相手を仲間うちから探そうとする。その相手とはいったい？　百人いれば百人ともが指差す相手は――そう、**マーケティング担当のバイスプレジデント**である。すべての責任はマーケティングにあるのだ！　セールスフォースはライトナウにマーケティングで打ち勝った。リンクトインはプラクソに、アカマイはインターナップに、ラックスペースはテレマークに……。そして、いまは自分たちが劣勢に立たされている。この無能なバイスプレジデントはクビでも飽き足らない。死刑だ！

この種の失敗談がマーケティング責任者のキャリアを傷つけるのは言うまでもない。しかし、ことはそれだけにとどまらない。ハイテクベンチャー企業が失敗すると、全員が船もろとも沈むのだ。投資家は言うに及ばず、エンジニア、関連の製造業者、社長、受付係、すべての人間だ。ストックオプションによる一攫千金を夢見て、必死に働いたあの時間は――すべて徒労に終わる。

それだけではない。企業の成功と失敗を決定づける要因がはっきりしないため、投資家も二の足を踏むようになる。さらに、金利が上がればベンチャー企業への投資意欲もそれだけ失われる。ウォール街では、投資家がほとほと困り果て、深いため息をつく。そして、アナリストがいかに囃《はや》そうとも、ハイテク株に対する評価が定まらず株価が乱高下する。ハイテク企業が四半期の予想数値にわずかでも届かない決算発表をすると、翌日は株価が三〇パーセント下落するのも珍しくない。

さらに大切な点を見落としてはならない。ハイテク分野におけるイノベーションとマーケティングの専門知識は、今後、米国がグローバル競争を勝ち抜いていくうえで、ふたつの重要な礎石と言ってよい。この先、米国が安い労働力あるいは安い原材料で他国に対して優位性を誇ることはないだろう。そこでなすべきは、複数企業によって形成されるバリューチェーン（価値連鎖）の力を十二分に活用することである。もし我々が、新たなハイテク製品を市場で成功させるすべを持ち合わせないなら、これまでの製品の世界的なコモディティ（日用品）化が一層進み、わたしたちの生活水準が下がることも覚悟しなければならない。

ハイテク分野におけるマーケティングは結果が予測し難いため、関係者のフラストレーションの種となっている。特に、ハイテク以外の分野でのマーケティングが粛々と計画通りに進められている社会においては、その傾向が顕著と言える。たとえば、自動車、電気製品、アパレルなどについて考えてみよう。これらの製品の「製造」に関しては、米国は他国に後れをとったと言われても致し方ない。しかし、「マーケティング」に関してはそのかぎりではない。かりに、あらゆる商品の製造に関して米国が他国に劣るという事態になったとしても、その製品を米国消費者に対してマーケティングするという専門知識については、米国は依然、他国に対して優位性を保っている。では、なぜいままでこのマーケティング技術をハイテク分野で生かすことができなかったのか？　そして、それを生かしていくためには、これからどうすればよいのか？

この二つの質問に子細に答えることが本書の目的だが、ここで簡潔に答えるとすれば次のようになる――ハイテク市場を拡大させるためのこれまでのモデルはおおむね正しかったが、必ずしも満足できるものではなかった。その結果、当初は順調に見えても、やがては方向性を見失って蛇行を始め、突如として売上が予測値を大きく下回るようになる。こうなると、経営陣は緊急対策を講じなければならない。そして、ときには、このような対策が功を奏したハイテク・マーケティングの成功事例と囃されることもある（このような事例が、後日、話題になるとき、実際にはあとからわかったことが、いかにも事前に予知されていたかのごとく語られることが多い。そうなると、その企業が崖っぷちに立たされていたという事実がどこかへ行ってしまう）。しかし、そのようなケースは比較的少なく、現実には、企業はお手上げ状態になるか、あるいは成功への夢をはるか昔に捨て去り、息も絶え絶えに生き長らえる結果になりがちである。

これは、実に残念なことだ。というのは、ハイテク製品のマーケティングについて我々はすでに十分な経験を積んでおり、これまでの市場モデルのどこに問題があり、それをどう手直しすればよいか、すでに解明されているからである。具体的に言えば、ハイテク製品を市場に浸透させていくときの最大の落とし穴は、少数の**ビジョナリー**（進歩派）で構成される**初期市場**から、多数の**実利主義者**で構成される**メインストリーム市場**へと移り変わるところに、パックリと口を開けて待ち受けている。この二つの市場のあいだに横たわる溝の存在が見落とされることが少なくないが、実は、ハイテク分野のマーケティングを論ずる際に、これはきわめて重要な意味合いを持っている。我々はこの溝を「**キャズム**（深い溝）」と呼んでおり、ハイテク製品のマーケティングを長期的な視野で捉える際には、キャズムを越えることが最重要課題となる。つまり、キャズムを越えた者がハイテク分野で財をなし、失敗すればすべてが水泡に帰すのだ。

過去二十余年にわたって、筆者は「キャズムグループ」、「キャズムインスティテュート」、「TCGアドバイザーズ」の同僚とともに、多くの企業がこの難局を乗り越えるため苦闘する姿を見つめてきた。その現実を踏まえて、「キャズムを越えることがなぜそれほどまでに難しいのか？」という問いに対する答えを本書の第1章にまとめてみた。ここに一つ救いがあるとすれば、我々はキャズムを越えるための確たる指針を持っているということである。安定的に利益をもたらしてくれるメインストリーム市場で成功を収めることを目標として、「キャズムグループ」はこれまで何百というコンサルティング業務に従事してきた。そして本書に記されている内容は、その業務を通じて得られた経験の集大成と言ってよい。その意味で、本書で提示されている市場モデルは、現実の世界で何度も検証され、有効性が確認されているものである。要するに、キャズムは越えられるのだ。

殻に収まりきれないほど大きくなったヤドカリのように、キャズムを越えようとしている企業は、自らを庇護する新たな家を探し求めなければならない。それができなければ、その企業は世の略奪者の餌食となるであろう。急を要するこのときに、マーケティングや営業の担当者は言うに及ばず、社内の全員が、キャズムを越えるというその一点に向けて全力を傾けなければならない。本書の第3章から第7章にかけては、危険に満ちたこの時期をハイテクベンチャー企業が無事に乗りきるための指針を、種々の側面から考察する。これらの章では、特にマーケティングに焦点が当てられる。マーケティングこそが、ライバル企業を打ち負かす力の源泉となるからだ。そして、キャズムを越えるには、マーケティング部門のみならず企業の全部門が大きく変革する必要があることを、本書の終章で述べる。さらに、財務、組織開発（OD）、研究開発（R&D）のような分野においても、企業はこれまでにない新たな戦略を要求されていることを再確認して本書を終える。

本書は、ハイテク企業のために書かれたマーケティングの書であるが、そもそもハイテク産業というものは、それを取り巻くすべての産業が集約されたものといっても過言ではない。特に、ハイテク産業に見られる初期市場とメインストリーム市場との関係は、産業全般に見られる一時的な流行《ファッド》と時代の趨勢《トレンド》との関係に似ている。一時的な流行に乗る方法と時代の流れを作りあげる方法については、これまでのマーケティング理論でもかなり昔から研究されている。しかし問題は、この二つの概念はたがいに相容れないところがあるため、一時的な流行に乗るか、それとも時代の流れを作りあげていくかを、あらかじめ選択しておかねばならないという点にある。まず一時的な流行に乗り、流行がもたらしてくれる便益を十分に享受し、その後、その流行が時代の本流となってくれればどれほど助かるだろうか。

これはまるで夢物語のように聞こえるかもしれないが、これこそがハイテク・マーケティングが目指すところなのだ。本当に革新的なハイテク製品というものは、例外なく「一時的な流行」から始まる。その製品には既存の市場価値もなければ、用途も確立されていない。あるのは、一部のアーリー・アドプターだけが認めた「何かすごい機能」だけである。これが初期市場なのだ。

次に、この製品でいったい何ができるのかと注目されはするが、製品が売れない時期がやってくる。

これがキャズムである。現実にこの製品の有効性が証明されれば、つまり、製品の価値が顧客に理解され、妥当な価格で安定供給されることが実証されれば、メインストリーム市場の中で新たなセグメントが形成されることになる。そして、このセグメントの形成は短期間で行なわれることが多く、パイオニアは莫大な先行者利益を手にすることができる。

ここで成否の分かれ目となるのはただ一点。キャズムを越えられるかどうかである。さらに言えば、キャズムを越えて、メインストリーム市場を出現させるための楔《くさび》を打ち込めるかどうかである。これはハイテク企業にとって、まさに生死の分かれ目であり、企業は「キャズム理論」が支配する厳しい試練を課せられる。一方、これから見ていくマーケティング手法は、ハイテク分野以外のマーケティングに適用することも可能であり、本書で掲げる各種のハイテク企業の事例を我慢して読んでいただければ、ハイテクには縁のない読者にとっても得るところは多いと信ずる。

キャズムを越えるに当たってもっとも大切なのは、この時期に全社一丸となることだ。キャズムを越えるのにマーケティングの達人はいらない。むしろ、関係者全員が情報を共有し、たがいに進む方向を理解し合っていることが大切だ。キャズムを越えるのに派手な大盤振る舞いは不要である。むしろ、綿密に計画を立て、経営資源の配分を慎重に行なうことが重要だ。大成功を狙ってギャンブルをしてはならない。むしろ、全員が着実な行動に専念し、できるだけミスを犯さないように心がけることが肝要だ。

本書の目的の一つは、キャズムを越える際のマーケティングに関わる意思決定ロジックを明らかにすることである（おそらくこれが本書の最重要課題であろう）。それが明確になれば、全社員がマーケティング・プロセスに参画できるようになる。人並みはずれた才気よりも慎重さのほうが重要視されると言うのであれば、一人よりも多人数のほうがよい。マーケティングを企業戦略に沿った一つの指針とするのであれば（多くの企業がそうしようと考えている）、関係者全員がマーケティングの基本方針を知り得るような体制作りが必要だ。ときおり目にするケースだが、一部のかぎられた者だけがこのような情報を入手できる体制にしてはならない。

本書は、すべてのハイテク関係者のために書かれており、想定読者は、エンジニア、マーケティング担当者、財務担当者をはじめとする、ハイテクベンチャー企業の関係者すべてである。無事にキャズムを渡りきるためには、これらのすべての利害関係者が共通の認識に立たなければならない。そのことを念頭に置きながら、第1章に進んでいこう。

第1章

ハイテク・マーケティング——錯覚

High-Tech Marketing Illusion

一九八九年に本書初版の原稿を書いているときに、まだキャズムを越えていない不連続なイノベーションとして、電気自動車の例をあげた。当時、電気自動車と言えば、代替エネルギーの一環として、少数のテクノロジー・マニアが自分の車に改造を施している程度だった。そして、一九九九年に刊行された本書の第二版でも、電気自動車を例として残した。その頃は、GMがちょうど電気自動車を発表したばかりで、他のメーカーも色めきだっていた。しかし、市場は動かなかった。そして、現在二〇一三年、再度、電気自動車の市場を例としてあげてみたい。今回、例としてあげるのはテスラ社であり、同社の話題の車種はセダンのモデルSだ。

電気自動車が人を惹きつける特徴はいろいろあるが、ここでは、静かで環境に優しいという点を除いて、電気自動車がこれまでの車と同じ特性を持つと仮定しよう。さて、ここで質問。あなたは電気自動車をいつ買うだろうか?

テクノロジー・ライフサイクル

「いつ、電気自動車を買いますか?」。この問いに対する答えから、読者のみなさんが**テクノロジー・ライフサイクル**にどのように関わっているかを推測することができる。ここでいうテクノロジー・ライフサイクルとは、新たな製品が市場でどのように受け入れられていくかを理解するための、一つのモデルである。先の問いに対する答えが「永久に買わない」なら、その人は新たなテクノロジーにはまったく興味を示さない人、すなわち、わたしたちのモデルでいうところの**ラガード**(無関心層)に当たる。もし、「電気自動車の効用が証明されて、電気自動車向けのサービスステーションが街中で見られるようになったら買う」なら、その人は現実的な購買者、すなわち**アーリー・マジョリティー**である。「ほとんどの人が電気自動車に乗り換えて、ガソリン自動車を運転することが不便になってきたら買う」なら、その人は追随者、つまり**レイト・マジョリティー**である。逆に、近所でまだ誰も電気自動車を持っていないときに買おうとする人は、**イノベーター**(革新者)あるいは**アーリー・アドプター**(先駆者)である。

購買者のこのような分類については、このあと詳細に検討していくが、その前に、それぞれの購買者層が持つ特性について理解しておく必要がある。わたしたちの行動様式を変えさせるような、あるいはわたしたちがこれまで慣れ親しんできた製品やサービスになんらかの変更を求めるような、新しいカテゴリーの製品が市場に現れたとき、この新たなテクノロジーに対して人々が示す反応はマーケティング上、たいへん重要な意味を持っている。人々の行動様式に変化をもたらすこのような製品は、一般的には**不連続なイノベーション**あるいは**破壊的イノベーション**と呼ばれている。それとは対照的な概念である**連続的イノベーション**あるいは**持久的イノベーション**とは、製品の通常のアップグレードを指し、わたしたちの行動様式を変えさせるものではない。

たとえば、「ウォービー・パーカー」のサングラスをかけることによってこれまでより見栄えが良くなるとしたら、それは連続的イノベーションである。見栄えは良くなるが、レンズとフレームでできたサングラスをかけるという行為に変化はないからだ。「フォード・フュージョン」の燃費が向上する、Gメールとグーグルの他のアプリとの親和性が向上する、サムスン製テレビの画面が以前よりも鮮明で高輝度になり、さらに大きくなる――このような進歩はすべて連続的イノベーションである。改良された製品の恩恵を享受するために、消費者が行動様式を変える必要はない。

それに対して、サムスンの新製品が3Dテレビで、3D効果を得るために3Dメガネをかけなければならず、視聴方法がこれまでと異なるとしたら、これは不連続なイノベーションである。なぜなら、このようなテレビを見るために行動様式を変えなければならないからである。同様に、GメールのアカウントをクロームOSで動くグーグルのクロームブックで開いた場合には、マイクロソフトやアップルのOSなどの、これまで使っていたソフトウェアとの互換性がなくなり、新たなソフトウェアを導入しなければならないので、これは不連続なイノベーションである。フォード・フュージョンの新型車が「エネルギ」モデルで、ガソリンではなく電気で走るとしたら、視力改善の手段がメガネではなくレーシック手術ならば、これらの製品やサービスは、既存の製品やインフラとは互換性がない。ここにあげた製品・サービスはすべて、消費者の行動様式を変えるだけでなく、当該製品を補完するための製品・サービスで構成されるインフラをも変えようとする。これが「不連続な」イノベーションと呼ばれる理由だ。

連続と不連続の両極のあいだには、行動様式の変化の度合いに応じた、いくつかの段階が存在する。コンタクトレンズは、レーシック手術と異なり、まったく新たなインフラが必要になるわけではないが、使用者の行動様式は新たなものとなる。インターネットテレビは、視聴するための特別なメガネを必要とはしないが、利用者にはインターネットに関するある程度の知識が必要とされる。マイクロソフトの「サーフェス」タブレットは、クロームブックと異なり、マイクロソフトのアプリケーションとの互換性を保っているが、利用者は「タイル」を使った新たなユーザーインターフェースについて学ばなければならない。さらに、フォード・フュージョンのハイブリッドモデルは、「エネルギ」モデルと異なり、既存のガソリンスタンドのインソラを利用できるが、車を始動させたり走らせたりするときの挙動に慣れる必要がある。ある種の繊維に対して特殊な洗濯方法が指示され、自転車のために道路に専用レーンが確保され、国際電話をかけるために特別のダイアル方法が要求される——これらはすべて、利用者のこれまでの行動様式に変化を求めるものである。それが近代化の代償であると言ってしまえば、それまでだが。いずれ利用者に対して過去の行動様式への決別を迫るという点において、すべての産業がその例外でなく、要はその時期が早いか遅いかだけの違いである。それゆえ、すべての産業はハイテク産業の「不連続の」事例から多くの教訓を学ぶことができると言える。

他の産業では、不連続なイノベーションが起きる頻度はハイテク産業ほど高くなく、もし起きれば関係者は右往左往することになるだろう。一方、ハイテク産業では不連続なイノベーションは珍しくなく、四枚のエースを手にしたトランプゲームのごとく、そして回心したクリスチャンのごとく、人々は確たる信念を持ってイノベーションと向き合うのである。そのためハイテク産業はその黎明期以来、イノベーションをもたらす製品をうまく扱えるようなマーケティング・モデルを必要としてきた。こうして、テクノロジー・ライフサイクルがハイテク産業のマーケティングにおいて中心的な役割を果たすようになったのである（米国の農産業で使われるようになった新種のジャガイモの種芋に関する研究の副産物として、このマーケティング・モデルが生まれたと知ると、たいていの人は驚く。そのルーツはさておいて、このマーケティング・モデルは、いまやシリコンバレーの土壌に完全に根づいたといってよいだろう）。

このモデルは、新たなテクノロジーに基づく製品が市場に受け入れられていくプロセスを、製品ライフサイクルの進行に伴って顧客層がどのように変遷するかという観点から捉えたものである。**図1**に見られるように、このマーケティング・モデルはベル・カーブによって表され、カーブの下のそれぞれの領域は、おおむね標準偏差に従って区分される。つまり、**アーリー・マジョリティー**と**レイト・マジョリティー**は、それぞれ平均値から標準偏差までのあいだに落ち込んでおり、**アーリー・アドプター**と**ラガード**は、それぞれ、平均から標準偏差の二倍までの隔たりのあいだに落ち込んでいる。さらに平均から遠く離れて、ライフサイクルのもっとも初期に**イノベーター**が位置している。

図中の顧客グループはすべて、新たなテクノロジーに基づく不連続的なイノベーションに対してそれぞれが示す固有の反応によって、他のグループと明確に区別される。いずれのグループも、それぞれ異なるサイコグラフィック特性（年齢・性別・職業・年収・生活スタイルなど）を持つため、各グループに対して固有のマーケティング手法が要求されることとなる。そして、各グループが持つ特性と、隣り合うグループ間の相互関係を理解することが、ハイテク・マーケティングを進めていくうえで重要な鍵

図1◆テクノロジー・ライフサイクル

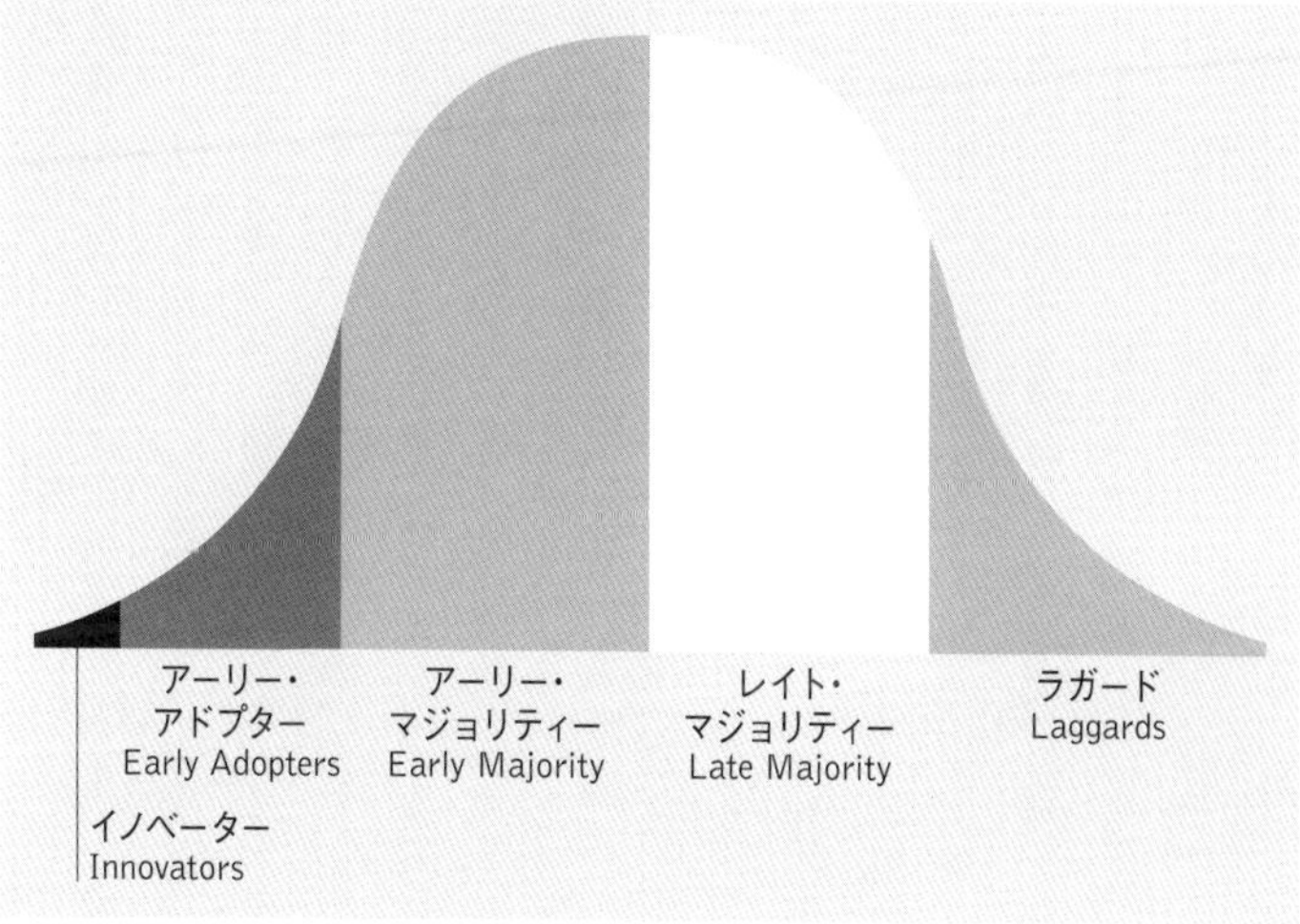

となる。

イノベーターは、新しいテクノロジーに基づいた製品を追い求める人たちである。この顧客グループは、しばしば、ベンダーが正式にマーケティング活動を始める前に、すでに新製品を購入しているような人たちだ。彼らの最大の関心事は新しいテクノロジーであり、製品がどのように役立つかということは二の次である。彼らは本来的に、斬新なものに強い関心を示し、機能を試して楽しむだけのために、新製品を購入することも少なくない。イノベーターの数は、どの市場セグメントにおいても、それほど多くない。しかし、マーケティング活動の初期にイノベーターの注目を集めることは、成功に欠かせないステップである。イノベーターが製品を購入するということは、効用のほどはともかくとして、製品として機能していることを他の顧客グループにアピールできるからだ。

アーリー・アドプターは、イノベーターと同じように、ライフサイクルのかなり早い時期に新製品を購入する。しかし、技術指向ではないという点において、イノベーターとは一線を画する。アーリー・アドプターは、新たなテクノロジーがもたらす利点を検討、理解し、それを正当に評価しようとする。そして、彼らが抱えている問題にこのテクノロジーを適用してみようと考えるのである。現在抱えている問題を新たなテクノロジーが解決してくれる可能性が高ければ、彼らは進んでその製品を購入しようとする。そして、製品の購入を決める際に、他社の導入事例には頓着せず自らの直感と先見性を拠り所とする。

アーリー・マジョリティーは、テクノロジーに対する姿勢という点でアーリー・アドプターと共通するところはあるが、実用性を重んずる点でアーリー・アドプターと一線を画する。アーリー・マジョリティーは、最新の発明と言われるものの多くが一過性の流行で終わることを十分認識しており、自分たちが新製品を購入する前に、まず他社の動向をうかがおうとする。つまり、他社の導入事例を確認してから、その製品を購入しようとするのだ。このグループの構成員は多数に及ぶ(全体の約三分の一)ために、彼らを誘引することが、成長を遂げ、大きな利益を得るための決定的な要素となる。

レイト・マジョリティーは、ほとんどの点においてアーリー・マジョリティーと共通の特性を示すが、ただ一つ大きく異なる点がある。それは、アーリー・マジョリティーがハイテク製品を扱うことにさして抵抗を感じないのに対し、レイト・マジョリティーは、製品の購入が決まったあとでも、自分で使うことに多少の抵抗を感じるという点だ。その結果、彼らは、業界標準というものが確立されるのをひたすら待ち続け、手厚いサポートを受けるために、実績のある大企業から製品を購入したがる傾向にある。アーリー・マジョリティーと同じく、レイト・マジョリティーも、マーケット・セグメントにかかわらず全購買者層の三分の一ほどの割合を占める。レイト・マジョリティーの支持を得ることは大きな利益につながり、それが実現できれば製品もさらに成熟し、販売コストも下がり、R&Dコストの回収も完了する。

ライフサイクルの最後に位置づけられるのが**ラガード**である。ラガードは、新しいハイテク製品には見向きもしない人たちである。理由はさまざまだが、個人的な理由によることもあれば、経済的な理由によることもある。唯一、彼らがハイテク製品を買うのは、ハイテク製品が他の製品に組み込まれ、目に見えないときである。たとえば、マイクロプロセッサが車の制御システムに組み込まれているようなときだ。ラガードは、そこにマイクロプロセッサが搭載されていることすら知らない。つまり、ラガードを追い求めてみても販売にはつながらないということだ。

ここで、テクノロジー・ライフサイクルの基本的な考え方をまとめてみよう。それは——テクノロジーというものは、購買者の特性ならびに社会的に置かれている状況を反映したいくつかの段階を経て市場に受け入れられていく——ということである。テクノロジーが受け入れられていくこのプロセスは、いくつかの段階を連続的に経ながら進んでいく。そして、それぞれの段階の特性は予測可能であり、それぞれの段階に固有の顧客グループの性向や規模についても予測可能である。

ハイテク・マーケティング・モデル

ここで述べた新たなテクノロジーが市場に浸透していくときの特性は、ハイテク・マーケティング・モデルの根幹をなすものである。これをひとことで言えば、ハイテク製品の市場を拡大させていくため、前記のベル・カーブに従って左から右へと順に歩を進めていく、ということになる。つまり、最初はイノベーターに焦点を合わせて市場を創出し、次はアーリー・アドプターの心を捕らえてその市場を拡大し、アーリー・マジョリティー、レイト・マジョリティーへと駒を進めるのだ。そして、このプロセスを進めていくときに、それぞれの段階で捕らえた顧客グループを、次の段階の顧客グループを攻略するための先行事例として活用することが重要になる。つまり、イノベーターの利用事例を説得材料にして、アーリー・アドプターに製品説明をするのである。同様に、アーリー・アドプターの利用事例を引き合いに出して、アーリー・マジョリティーを攻略する。あとは、同様のプロセスをくり返すのである。

ここで大切なのは、このプロセスを滞らせないように、ことをスムーズに運ぶ点である。ちょうど、リレー競争で次の走者にバトンを渡すように、あるいはターザンがつるからつるへと先に進むように、速やかに次の段階に進まなければならない。各段階のあいだで連鎖効果が生まれるようにして、次の段階の顧客グループの購入意欲を高めることが、とりわけ大切である。というのも、各段階のあいだで時間が空きすぎると、まるで静止しているつたにぶら下がっている状態になってしまうからである。こうなると、やがては真っ逆さまに墜落する以外にない（実は、ここで墜落するのは、まだましと言えるかもしれない。このような場合によく見られるのは、勢いをつけるために派手な販促キャンペーンを打つことである。これは、ターザンが必死になってつたを前後に揺さぶっている姿に似ている。結局は、つたは動き始めず、ジャングルの動物たちは黙ってターザンの仕草を眺め、ひたすら墜落するのを待っている）。

ひとたび市場で勢いを獲得したならば、なんとしてもそれを維持する必要がある。それは、やがて出現するであろう次世代のテクノロジーに備えるためでもある。過去一〇年のあいだに、デスクトップPCの多くがノートパソコンに置き換えられた。さらにこれからの一〇年で、その多くがタブレットに置き換えられるだろう。要するに、次世代テクノロジーが台頭する前に、現在の勢いを最大限に活用しなければならないということだ。これは、「**チャンスの窓**《ウィンドウ・オブ・オポチュニティー》」と呼ばれる概念にほかならない。勢いが失われたら、当該テクノロジーの先頭を走っているリーダーの座をライバルに明け渡し、リーダーのみに与えられた特権、すなわち、テクノロジー・ライフサイクルの中期から後期にかけてもたらされる大きな利益を失うことになる。つまり、ハイテク企業が創出する富の源泉が失われるのだ。

くり返しになるが、テクノロジー・ライフサイクルの全段階を速やかに滞りなく通り抜けるための洞察を得る――これこそが、ハイテク・マーケティング・モデルが目指すところである。このモデルで注目すべきは（特にハイテク・ベンチャー企業の株主にとって重要なのは）、「事実上、新たに創出された市場を独占することも可能」ということである。誰よりも先に新たな市場を発見し、波《ベル・カーブ》に乗り、そしてアーリー・マジョリティーの支持を得る。それができれば、そのときには、その製品が市場のデファクトスタンダードになっているはずだ。そして、短期間に莫大な富を築き、さらには、その先も長期にわたって利益をもたらしてくれるであろう市場を手にすることができるのだ。

事例

アップルのｉＰａｄは、ハイテク・マーケティング・モデル全体に関わる全ユーザー層を取り込んだ典型的な例である。二〇〇九年のマックワールドにおいて、そのタッチ・インターフェースと鮮明な画質をスティーブ・ジョブズが紹介するやいなや、ｉＰａｄはマック愛好家のあいだで大好評を博し、発売初日に三〇万台の売れ行きを記録した。まず、ビジョナリーの経営者が、Ｅメールやプレゼンテーションなどを主たる用途として、ｉＰａｄをパーソナル・デジタル・アシスタント（ＰＤＡ）として使い始め、会社のＣＩＯ（最高情報責任者）に新たな用途の開拓を託した。そして、典型的な実利主義者として知られる営業管掌の役員が、エコノミック・バイヤーに対して一対一でプレゼンテーションをするときの最適な道具であると認識し、全営業担当者にｉＰａｄを配布した。一方、全米の多くの企業において、取締役会資料を会議中にオンラインで参照する手段としてｉＰａｄが用いられるようになり、この利用法が普及することとなった。その後、フェイスブックをはじめとするソーシャルメディアへのアクセスのために若者が使い始め、ｉＰａｄが広く浸透するようになった。と同時に、ウェブベースの教育分野でも広く利用されるようになった。さらに、その若者の祖父母がｉＰａｄでフェイスブックを使うようになった。このような祖父母の世代は、ラガードと言わないまでも、ことコンピューターに関しては保守派とみなされる人たちだ。そして、とうとう赤ちゃんまでが、触ってみてｉＰａｄのような反応がない画面に不満を感じるようになった。要するに、ｉＰａｄは発売後五年のあいだに、デジタルの世界で広範囲の人たちに受け入れられたのだが、ユーザー獲得という点で、新しい製品としては素晴らしい結果となった。

実は、似たような例は他にもある。デスクトップＰＣの世界で、マイクロソフト、インテル、デルなどが圧倒的な市場占有率を示した。スマートフォンではクアルコム（通信技術）やＡＲＭ（ＣＰＵ）、ルーターやスイッチのシスコ、検索連動型広告のグーグル、ＥＲＰ（統合基幹業務システム）のＳＡＰ、リレーショナルデータベースのオラクル、さらに、レーザープリンターやインクジェットプリンターのＨＰといった具合だ。

ここにあげた企業は、それぞれの主製品市場で五〇パーセント以上のシェアを占めていた。そして、これらの企業はみな、アーリー・マジョリティー市場で確固たる基盤を築き、その後、今日まで大きな利益をあげ、パートナーや顧客との関係を大切にしてきた。たしかに、デルやＨＰなどの企業が、その後、辛酸を舐めたのは事実である。しかし、ひとたび業界のリーダーとなった企業に対しては、顧客が二度目、三度目のチャンスを与えることがある。そして、このようなチャンスはリーダーだけに許されるものであり、他企業から羨望のまなざしで見られることも多い。

ここにあげた主だったハイテク製品の帰趨《きすう》がハイテク・マーケティング・モデルで見事に説明できることは、さして驚くに当たらない。もともとこのモデルは、過去の実例をもとにして抽出されたものだからだ。二一世紀に入って一〇年以上経ったいま、そして、なおこの先も、ここにあげたような企業が次々と現れ、そこからまたハイテク・マーケティング・モデルで説明できる事例がわたしたちに提示されるであろう。このようにしてハイテク・マーケティング・モデルは、時代を超えて生き続けるのである。

ここで、このハイテク・マーケティング・モデルさえあれば成功が約束されるということであれば、これ以上本書を読み進む必要はないのだが、現実はそれほど甘いものではない。

錯覚と知覚◆ベル・カーブに潜むクラック

ハイテク・マーケティング・モデルには欠陥があると唱える人たちが、シリコンバレーには多くいるということを、ここで伝えておかねばならない。そして、その意見は正しい。というのは、かつてそれなりに価値のあった企業が、いまでは消滅してしまったか、あるいは存在したとしても、評価額が大幅に下がってしまい、企業価値が大きく損なわれてしまったケースが珍しくないからだ。

わたしたちが経験したこのような悲哀はそれぞれにユニークなものではあるが、テクノロジー・ライフサイクルを次のように作り変えることによって、そのような経験に共通するものが説明できる。

図2◆テクノロジー・ライフサイクル［改訂版］

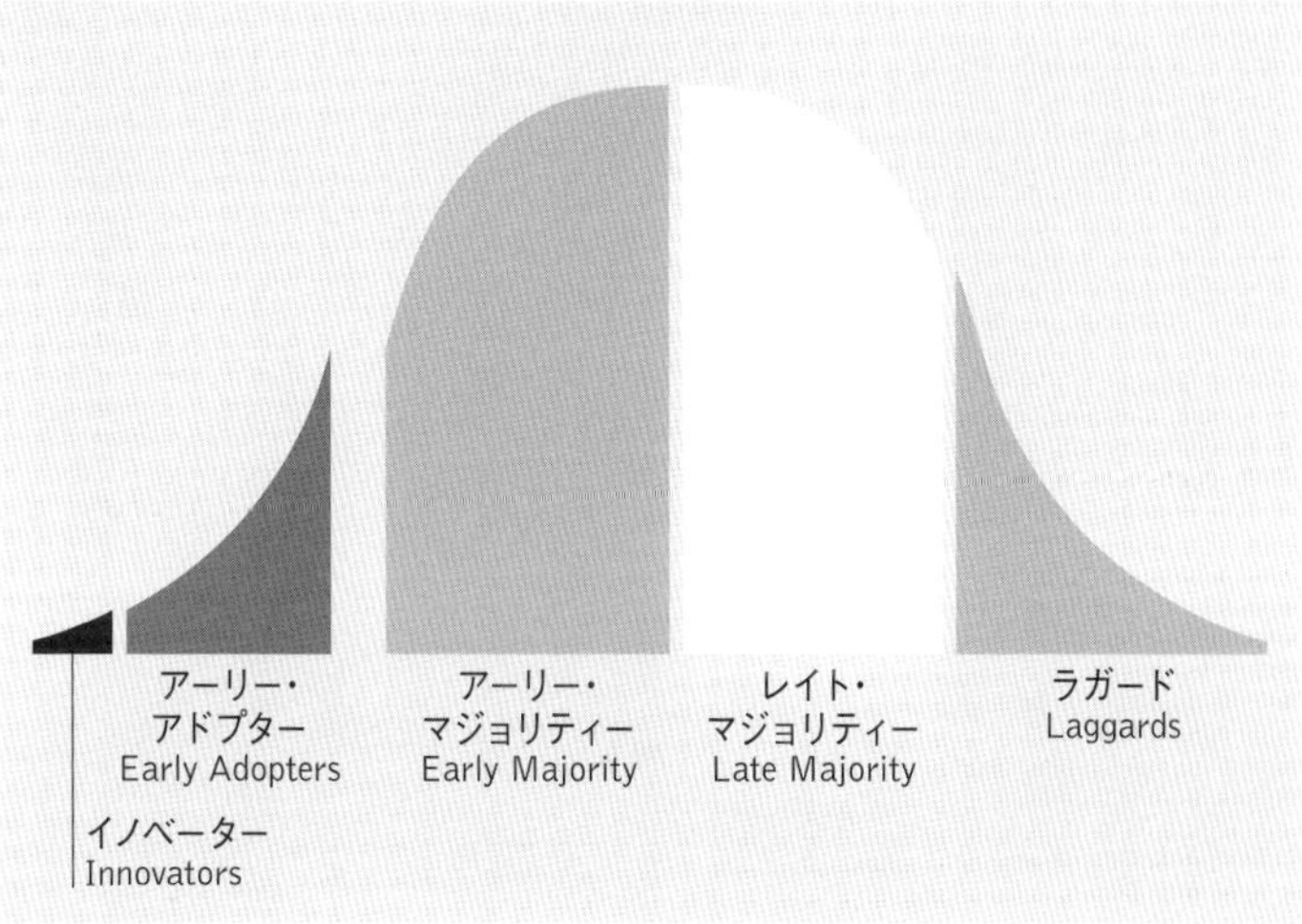

図2に見られるように、ライフサイクルの構成要素、すなわち顧客グループはこれまでのものと変わっていない。だが、隣り合うそれぞれの顧客グループとのあいだに新たなクラック（隙間）を見てとることができるだろう。これは、隣り合う顧客グループのあいだに不連続な関係が生じていることを意味する。つまり、ある顧客グループに対して、ベル・カーブ上でその左に位置する顧客グループに対するのと同じ方法で製品が提示された場合には、まったく効果を発揮しないということだ。このクラックが障害となって、マーケティングの勢いが失われ、次の段階に進めなくなるのだ。それはとりもなおさず、ベル・カーブの中心部分、すなわち、もっとも大きな利益が約束された部分を獲得し損なうということである。

最初のクラック

ハイテク・マーケティング・モデルにおけるクラックのうち、二つは比較的越えやすい。それでも、「ベル・カーブにできた裂け目」とも呼ぶべきこれらのクラックに、不注意なベンチャー企業は躓《つまず》き、転んでしまうことがある。最初のクラックは、イノベーターとアーリー・アドプターとのあいだに見ることができる。斬新なアイデアが、現実的な手段として人々のあいだに定着しないときには、このクラックに落ち込んでいると考えてよい。エスペラント語がこの例である。イノベーターは、新しいテクノロジーのアーキテクチャ自体に興味をそそられることが多いが、他の多くの人たちにとっては、その製品をどう使えばよいのかさえわからないのだ。

たとえば、バーチャルリアリティーを考えてみよう。バーチャルリアリティーは興味深い技術であり、VRMLと呼ばれるマークアップ言語を世にもたらした。しかし、初期の頃の「セカンドライフ」〔訳注1〕を除いて、その後の一連の試みが成功したとは言い難い。その原因の一つは、純粋に技術的な問題だ。かぎりなく現実に近い環境を作り出すためには、グーグルが持っているような強大なデータ処理能力が必要となるが、このような規模の処理能力を個人レベルで手に入れることは難しいからだ。テクノロジーの進歩によっていつかはこの問題が解決されるであろうが、いまのところ、その日が来るのはまだ先のことと予想される。よって、現時点でバーチャルリアリティーは、イノベーターから熱い視線を浴びてはいるが、アーリー・アドプターの心を捕らえられないでいる。

3Dプリンターについても同じことが言える。3Dプリンターは、多くのイノベーターに「メイカームーブメント」の時代を予感させた。3Dプリンターによって、あらゆる物を自分で作ることができるのだ。しかし、本書を執筆している二〇一三年現在において、3Dプリンターは、各種メディアで喧伝されているにもかかわらず、アップルⅡ以前の「ヒースキット」〔訳注**2**〕によく似た市場環境となっている。つまり、市場が、DIY（自作）をこよなく愛するイノベーターの楽園となってはいるが、その先の段階に進めずに足踏みしている状態なのだ。

本書の第2章で見ていくように、イノベーターの次の段階のアーリー・アドプターに訴求するためには、これまで実現できなかったことが新しいテクノロジーによって実現できることを、テクノロジーに詳しくない人たちにも理解させなければならない。このような層の人たちにとっては、それこそが本質的な価値だからである。新たなテクノロジーの価値と効用をアーリー・アドプターに認知してもらうためには、彼らにとって欠かせないアプリケーションを提示しなければならない。マーケティ

訳注**1**◆セカンドライフ
米リンデンラボ社が開発・運営する、インターネット上に存在する仮想世界。

訳注**2**◆ヒースキット
米ヒース社が一九七〇年代に販売していた、コンピューターの自作キット。

ング活動をいくら続けても、そのようなアプリケーションを提示することができなければ、市場はイノベーターから先の段階に進まず、新製品はベル・カーブのクラックに落ち込むことになる。

もう一つのクラック

ベル・カーブにはもう一つのクラックがある。それはアーリー・マジョリティーとレイト・マジョリティーのあいだにあるクラックであり、その大きさは最初のクラックとほぼ同じである。この段階まで進んでいれば、市場はすでに十分開発されており、テクノロジーはメインストリーム市場に浸透したと言ってよい。ここで大切なのは、アーリー・マジョリティーからレイト・マジョリティーへと速やかに移行することであり、そこで避けなければならないのは、顧客に対して製品の難解な使用法を強いることである。

ひとことで言えば、アーリー・マジョリティーはテクノロジーに強いが、レイト・マジョリティーはそうではないのだ。この段階に達したら、そして、さらに市場で成功し続けるためには、テクノロジーが(つまり製品が)、顧客にとって飛躍的に使いやすいものになっていなければならない。それが実現されなければ、レイト・マジョリティーへの移行はここで足踏みすることになるだろう。

プログラム可能なホームオートメーション機器や高級カメラなどは、現在そのような状況にある。着信転送機能、三者間会議、あるいは単純な電話の転送などの、電話の機能も同様だ。「いまから転送しますが、もし電話が切れたらかけ直してください」という言葉を、これまで何度聞いただろうか。あるいは、こちらがその言葉を発したケースも少なくないはずだ。要は、そのシステムを頻繁に使うわけでもないユーザーにとって、製品の使い方を覚えろというのは無理な注文だ。その結果、ユーザーはその機能を使わなくなり、企業はそれまでのR＆Dに対する先行投資を回収することすら難しくなる。製品がコモディティ化してしまったと嘆く向きもあるが、実はコモディティ化されるべきは、製品そのものではなく、その使い方なのである。これは、まさにマーケティング部門の失態と言わねばならない。特に、ユーザーインターフェースを設計し直したり、製品の使い方を決定したりする権限をマーケティング部門が与えられている場合には、彼らは責任を免れない。

アーリー・マジョリティーとレイト・マジョリティーのあいだのクラックに落ち込む危険性を秘めているその他の製品としては、スキャンソフトウェアやプロジェクト管理ソフトウェアなどがある。この二つの分野のリーダーはそれぞれ、ヒューレット・パッカードとマイクロソフトである。彼らは、アーリー・マジョリティーを獲得するという点では大きな成功を収めたが、レイト・マジョリティーはまだ二の足を踏んでいる。結局、この二つの製品は、いずれもまだ市場が飽和したわけではないのに、先に進めない状況に陥っている。

ベル・カーブ上にある、イノベーターとアーリー・アドプターのあいだのクラック、あるいはアーリー・マジョリティーとレイト・マジョリティーのあいだのクラックは、本書でこれから考察する中心テーマではない。中心テーマは、アーリー・アドプターとアーリー・マジョリティーのあいだを分かつ深く大きな溝、すなわち**キャズム**である。これはテクノロジー・ライフサイクルにおいて、越えるのがもっとも難しい溝である。そしてこの溝は、通常は見過ごされているだけに、なおさら危険である。

キャズムを発見する

キャズムを越えようとしているとき、それに気づかない理由の一つとして、キャズムの両端、すなわちアーリー・アドプターとアーリー・マジョリティーが種類も規模も似ている点がある。どちらの顧客グループも、フォーチュン五〇〇あるいはフォーチュン二〇〇〇に入る規模の企業だ。このような顧客企業からの発注金額は比較的大きく、一万ドル単位も珍しくなく、ときには十万ドル単位あるいはそれ以上に及ぶことさえある。しかし、売上の対象（暗示的だろうが明示的だろうが）、すなわち顧客に対して実現を約束する成果は、両者で大きく異なる。

本書の第2章でさらに詳しく見ていくが、アーリー・アドプターが購入しようとするのは、**変革のための手段**である。アーリー・アドプターは、同業他社に先んじて自社に変革をもたらし、ライバルに大きく水をあけることを狙っている。変革の対象は、製造コスト、市場に製品を出すまでの期間、カスタマーサービスなど、ビジネスを進めていくうえで自社に優位性をもたらす要素である。彼らは、古いやり方と新しいやり方のあいだに大きな不連続性が発生することをいとわず、社内の頑強な反対を押しのけてでもこの変革を成し遂げようとする。また、ベンダーの第一号ユーザーになれば、市場に出てきたばかりのイノベーションに付き物の初期のバグや不具合に見舞われることがあるが、それをも覚悟しているのである。

それに対して、アーリー・マジョリティーは、現行オペレーションの**生産性を改善する手段**を購入しようとする。そして彼らは、古いやり方と新しいやり方のあいだの不連続性をできるかぎり小さくしようとする。彼らが求めているのは進化であって、変革などではない。必要なのは、現行テクノロジーの強化であり、テクノロジーの世代交代ではない。とりわけ、他人が作った製品をデバッグしようなどとは露ほども考えていない。彼らは、自分たちが採用するときまでには、新しい製品が正しく稼働し、現在採用しているテクノロジーとうまく統合できるようになっていることを願っている。

ここまで述べてきたことは、アーリー・アドプターとアーリー・マジョリティーの差異についての表面的な観察にすぎないが、ここで重要な点を二つ述べておきたい。一つは、両者に共通点が少ないため、アーリー・アドプターがアーリー・マジョリティーの適切な先行事例となり得ないということだ。二つめは、社内を混乱させないという、アーリー・マジョリティーが掲げる大目標を達成するには、製品の購入決定をする際に参考となる先行事例が必須ということである。ここでわたしたちは、

「キャッチ二十二」（解決策を見出せない理不尽な状況のこと）に突き当たる。唯一、アーリー・マジョリティーにとって参考になる先行事例は、他のアーリー・マジョリティーなのだが、そのアーリー・マジョリティーは、有用な先行事例をいくつか見てからでなければ製品を購入しないのだ。

キャズムに横たわる亡がら

では、「キャッチ二十二」の中で何が起きているのだろうか？　まず言えるのは、製品はアーリー・アドプターのあいだでそれなりの好評を博し、知名度もあがっていることだ。たとえば、次のような製品について考えてみよう。ホログラム、ペン入力式タブレット、燃料電池、ＱＲコード、ＭＯＯＣ（大規模公開オンライン講座、ムーク）――これらの製品やサービスについて見聞する機会は多く、それなりに認知されてはいるが、まだメインストリーム市場に到達していない。その主たる理由は、これまでの製品やサービスとのあいだに不連続性が存在するからだ。そして今日に至るまで、マーケティングの努力もむなしく、アーリー・マジョリティーに食い込めずにいる。結局、アーリー・アドプターには利用されているが、そこから先のメインストリーム市場を攻略できていないのだ。

セグウェイも同様だ。ショッピングモールや空港などで、警備員のようないでたちの人がセグウェイに乗っているのを見た人も多いのではないだろうか。この製品は、一見、変哲もない乗り物のように見えるが、あなどってはいけない。ジャイロセンサーによるバランス制御は優れており、いったん使い方に慣れれば素晴らしい乗り物だ。そして、やがてはこの乗り物が広く使われるであろうと期待されていた。しかし、現時点ではその期待に応えられていない。それはなぜだろうか？　その理由は階段だ。階段はいたる所にあり、セグウェイは階段にうまく対応できていないのだ。このような阻害要因は、ときに、ショーストッパー（致命的問題）と呼ばれることがある。スティーブ・ウォズニアック［訳注3］は、セグウェイを使ったポロのゲームをこよなく愛しているが、まだ世間一般では、ブレークスルーとなるようなセグウェイの利用法が見出されていない。よって、いまだにキャズムから抜け出せていないのが現状だ。

これは、セグウェイの投資家にとって高い授業料となった。しかし、一説には六〇億ドルと言われる、衛星携帯電話網のベンチャー企業イリジウムに対してモトローラが投じた費用に比べれば、まだましかもしれない。セグウェイと同様に、イリジウムもイノベーターから見ればこのうえなく素晴らしい製品（サービス）だ。それで結果はどうだったか？　イリジウムの場合、問題は階段ではなく、ビルだった。衛星通信はビル内で通信品質が悪いのだ。携帯電話に比べて端末機がかさばるという点と利用料金が高いことが、イリジウムにとってショーストッパーとなった。今日、イリジウムのテクノロジーはニッチ市場において活用されている。しかしながら、会社は行き詰まり、二五〇〇万ドルで事業を譲渡することとなった。結局、キャズムの奈落の底から抜け出すことができなかったのだ。

訳注3◆スティーブ・ウォズニアック
アップル社共同創始者の一人。

ハイテク製品がアーリー・アドプターからアーリー・マジョリティーへ市場を拡大しようとするときには、**先行事例と手厚いサポートを必要とする顧客を、有効な先行事例と強力なサポートなしで攻略しようとしているという事実を肝に銘じなければならない。**

これこそがキャズムであり、これまで多くの不用意なスタートアップ企業がキャズムの底に消え去っていった。しかし、再三そのような事例を目にしているにもかかわらず、このキャズムがハイテク・マーケティングに携わる人たちのあいだで正しく認識されているとは言い難い。ここで、キャズムについてさらに理解を深める意味で、本章の最後に、一つの物語を付しておきたい。この物語は、ハイテク・スタートアップ企業が犯しやすい失敗の端的な例である。

あるハイテク企業の物語

製品を市場に出した一年目(製品といっても実はαバージョンやβバージョンといったテスト・バージョンであることが多い)。新進のハイテク企業は顧客を順調に増やし、その中にはテクノロジー・マニアとでも言えるイノベーターや、ビジョナリーと呼ばれるアーリー・アドプターが含まれている。社員の表情は明るく、初めてのクリスマスパーティーがオフィスで開かれる。手にはそれぞれが持ち寄ったカナッペ。そして、プラスチックのグラスで乾杯。

二年目。最終製品を出荷した最初の年。アーリー・アドプターから数件の受注。その中には、将来につながる受注も含まれている。売上目標を達成。会社が順調に成長することを誰も疑わない。特にベンチャーキャピタルは強気で、次年度の売上を二〇〇パーセント増と見込む（このような数字がどこから出てくるのかって？　もちろん、ハイテク・マーケティング・モデルだよ。このモデルでは、これから売上が指数関数的に伸びることになっているじゃないか。いまは拡大時期なんだ！　この時期を逃がして、いつ拡大するんだ？　この大切なときに、ライバルに市場を渡してよいわけがない。チャンスの窓が開いているうちに先行者利益を得なければ。鉄は熱いうちに打て！）。この年のクリスマスパーティーは、しゃれたホテルで開催。グラスはクリスタル製。ワインはビンテージもの。今年のテーマはチャールズ・ディケンズにならって、「大いなる遺産」だ。

三年目の年初。営業部隊を拡大。美しいパンフレットができあがり、広告も打つ。遠隔地にセールス・オフィスを開設。カスタマーサポート・チームも強化。しかし、年度半ばにして、売上が計画通りには伸びなくなる。いくつかの新規顧客は獲得したが、長い営業交渉の末だった。顧客からの値切り交渉に応ずる必要もあった。受注件数は計画を大きく下回り、営業費用の増加率が売上の増加率を大幅に上回った。R&Dチームは、初期の受注に伴う顧客対応のための特別プロジェクトで多忙をきわめている。

ミーティングが召集される。営業部隊は、製品に欠陥があること、価格が高すぎること、バグが多すぎることが、営業成績不振の原因だと主張する。エンジニアは、すべてのリリースに対して、製品を仕様通りに、かつスケジュール通りに開発したと主張する。カスタマーサポート・チームは、ただ不満を述べるばかり。経営者は、営業部隊が見込み顧客の経営層にアプローチしていないことに不満を示すが、当人たちは、ビジョンを社員に適切に伝える能力を欠き、積極かつ果敢に打って出るという意欲にも欠ける。結局、何も解決されず、人目につかないところで派閥の形成が始まる。

第3四半期の売上は大幅に未達。社内は陰鬱な空気となる。奴隷にムチ打つときがやってきた。取締役会とベンチャーキャピタルは、会社の創業者と社長に状況の改善を迫る。それを受けて、社長は営業担当のバイスプレジデントにプレッシャーをかける。バイスプレジデントは営業部隊を責めあげる。それだけではない。マーケティング担当のバイスプレジデントが解雇される。「本物のマネジメント・チーム」を迎えるときがやってきたのだ。運転資金が底をつき、新たな資金調達が必要となる。それによって、初期の投資家、特に創始者と幹部エンジニアの持株が大幅に希薄化する。創始者たちが資金調達に反対するが、その声はかき消される。六カ月が過ぎ去る。「本物のマネジメント・チーム」を迎えたにもかかわらず、状況は一向に好転しない。キーマンの離職が始まる。コンサルタントに相談するときがやってきた。離職者が続く。いま必要なのは会社救済の専門家だ、と投資家が叫ぶ。レイオフが実施され、それに伴って自主退社も増加する。この流れが止まる気配はない。ハイテク企業物語が終わり、スクリーンにエンドロールが流れ始めると、ベンチャーキャピタルは次の有望な投資先を求めて走り去る。残されたハイテク企業は生命維持装置につながれたまま、息も絶え絶え。ベンチャーキャピタルの身勝手な会計方針のため、尊厳死を選択することも許されない。

こんな話、誇張しすぎだと思う読者がいるかもしれない。現に筆者は、過去にそのような指摘を受けたことがある。しかし、毎年、何百というハイテク・スタートアップ企業が破綻しているという事実に誇張はない。このような企業は有望なテクノロジーと優秀な製品を持っていたにもかかわらず、また初期の頃、順調に成長を遂げたにもかかわらず、躓き、失敗している。それはいったいなぜだろう？

初期には売上が順調に伸び、関係者はうまく上昇気流に乗ったと判断するのだが、これは大きな間違いである。実は、これは**初期市場**における特殊な受注であり、それが必ずしも**メインストリーム市場**での成功を約束するものではない。ハイテク企業の失敗は往々にして、アーリー・マジョリティーとのビジネスがアーリー・アドプターとのビジネスとは根本的に異なることを、経営者が理解していないことに起因する。かりに受け取った小切手に印刷してある振出元の会社名が同じであったとしても、この二つの顧客グループには決定的な差があるのだ。会社がキャズムにさしかかっているこの危険きわまりないとき、経営者たちは過大な期待を抱いて拡大路線を踏襲するが、実は、ここは経営資源を慎重に使わなければならない時期なのだ。

このような失敗は、往々にしてハイテク・マーケティングについての錯覚に端を発している。つまり、ハイテク・マーケティング・モデルが、新たな市場が連続的に、よどみなく目の前に出現するかのような錯覚を与えているせいなのである。わたしたちは、キャズムに落ち込む危険を回避するために、この先、ハイテク・マーケティングに関する現在の「錯覚」の状態から「悟り」の高みへとのぼらなければならない。そのために、これからテクノロジー・ライフサイクルの構造を子細に検討し、そこから、これまで見てきたハイテク・マーケティング・モデルの問題点を抽出し、さらにはマーケティング戦略を着実に展開していくための基礎といったものを再確認していきたい。

第2章

ハイテク・マーケティング——悟り

High-Tech Marketing Enlightenment

はじめに山ありき やがて山はなく そして山ありき

［禅の公案］

カリフォルニアというのは不思議な土地だ。これほど魅力的でありながら、それでいて風変わりな土地は他にない。筆者はオレゴン州で育ったが、そこはなんの変哲もなく、経済はゆっくりとではあるが順調に拡大している。オレゴンにもハイテク・マニアがいないわけではないが、漁師と製材業者が多い。そんな自分がカリフォルニアに移ってきて、次節で述べるような、禅の公案にも似た世界についての本を書こうとは思ってもいなかった。カリフォルニアというのは、まったく罪作りなところだ。ともあれ、ハイテクビジネスに時間と金をかけようとするなら、ハイテク市場がどのように発達するかを知っておいたほうがよい。ハイテク市場の発達を要約すると次のようになる。

◆**はじめに山ありき**——ここは、イノベーターとアーリー・アドプターが形成する初期市場である。情熱とビジョンが溢れ、壮大な戦略的目標を達成するために多額の資金が投入されている。

◆**やがて山はなく**——ここは、キャズムである。この時期、有望なプロジェクトが初期市場で受け入れられるが、メインストリーム市場の顧客はその効用を見定めようとして動かない。

◆**そして山ありき**――すべてがうまくいけば、企業は無事にキャズムを越え、アーリー・マジョリティーとレイト・マジョリティーによって形成されるメインストリーム市場が出現する。富と成長を約束する真のチャンスが訪れるのは、まさにこのときである。

メインストリーム市場がもたらすこのようなチャンスを逃がさないようにするためには、ここに述べた三つの時期において、それぞれに、最適なマーケティング戦略を採用しなければならない。つまり成功への鍵は、（一）いまがテクノロジー・ライフサイクルのどの段階に当たるのかを見きわめ、（二）その段階における顧客のサイコグラフィック特性（顧客属性）をよく理解し、（三）その顧客層に合ったマーケティング戦略、戦術を展開することである。それをどのように実行していくかをわかりやすく説明するのが、本章の目的でもある。

原理

初めに、基礎となるいくつかのルールを決めなければならない。悟りに向けての第一歩は、当たり前のことをきちんと把握することである。わたしたちのケースで言えば、それは**マーケティング**という用語を明確に定義することだ。そして、定義された用語は行動に結びつくものでなければならない。これまでわたしたちがマーケティングについて考えてきたときに、やがては会社の収入につながるような行動指針というものがはっきりと見えていただろうか？　つまるところ、本書から読みとっていただきたいのはその点なのである。

右記のような観点からすれば、実際問題、マーケティングを定義するのはそれほど難しいことではない。要は、マーケットを作り出し、成長させ、維持し、外敵から守るための行動をとること――それこそがマーケティングなのだ。**マーケット**が意味するところはこれから見ていくが、まず言えるのは、それはなんら観念的なものではなく厳然とした実体のあるものであり、そして顧客一人ひとりの個別の行動には影響されないということだ。マーケティングの目的は何か形のあるものを作り出すことであり、決して顧客に対して幻覚《イリュージョン》を与えようとすることではない。たとえて言えば、マーケティングというのは造園や彫刻のようなものであって、決してスプレーガンで絵を描いたり相手に催眠術をかけたりするたぐいのものではない。

マーケティングをこのようにたとえると**マーケット**の定義を避けているように聞こえるかもしれないが、実はそうではない。ハイテク分野にかぎって言えば、マーケットの定義は次のようになる。

- ◆実存する製品やサービスに対して、
- ◆ニーズや欲求を抱えていて、
- ◆購買を決定する際に、たがいに連絡を取り合う、

◆既存の、あるいは将来的に見込まれる顧客

三番目の点を除けば、これらは比較的容易に理解いただけると思う。ハイテク市場の顧客は、購買を決定する際にたがいに連絡を取り合う――という特性を理解することは、ハイテク・マーケティングを進めていくうえでの要と言ってよい。この点をもう少し掘り下げてみよう。

ここに二人の顧客がいたとする。そして、二人はまったく同じ動機から同じ製品を買ったが、たがいに連絡を取り合う環境になかったとしよう。この場合、この二人は同一マーケットの顧客ではない。具体例で話そう。ボストンとザイールに住む医師が、それぞれ同じ目的で同じ機器、たとえば心拍を監視するためのオシロスコープを購入したとしよう。そしてこの二人の医師がそれぞれ連絡を取り合う環境になければ、二人はそれぞれ別個のマーケットの構成要員ということになる。同様に、もしわたしがボストンに住む医師にオシロスコープを売り、次に、その隣に住む音波探知機関連のエンジニアにも同じオシロスコープを売ったとしたら、この二人は、やはり異なるマーケットの構成員なのである。このいずれのケースもそれぞれ別個のマーケットであるという理由は、二人の顧客がたがいに連絡を取り合う環境にないからである。

いまここで述べたことは、読者に若干の疑問を抱かせるかもしれない。そもそも、「オシロスコープのマーケット」というものは存在するのだろうか？　その答えは、「イエス」でもあり「ノー」でもある。製品の販売自体に着目して**マーケット**というものを考えるなら、この場合には、マーケッ

トというのは、過去にオシロスコープを購入した顧客ならびに将来購入すると予測される顧客すべてを合計したものとなる。マーケットという言葉をそのように用いるのが間違っているわけではない。ファイナンシャル・アナリストが捉えるマーケットは、そのたぐいのものであることが多い(実は、この場合には、マーケットというよりも、カテゴリーという言葉が適切なのだが)。しかし、この場合、まったく質の異なる二つの対象(医師への販売とエンジニアへの販売)を一緒にしていることを忘れてはならないし、気をつけないと数字を見誤るおそれさえある。ここでの危険性は、**マーケット**をそのように捉えてしまうと、その後、行動に結びつく明快な指針を得られなくなってしまうということだ。つまり、行動の対象を見失うこととなり、**マーケティング**を進める際にフォーカスする対象を定められない結果となる。

この問題に対処するためにマーケティングの専門家がよく使う手法は、**カテゴリー**を個々の**マーケット・セグメント**に分割することである。実はこのマーケット・セグメントこそがわたしたちが定義しようとしているマーケットであり、そこでは、顧客がたがいに情報交換をすることが前提となっている。マーケティング・コンサルタントがマーケット・セグメンテーションというものを顧客に説明する際には、たいてい現在と将来の売上を合計したものを細分化するだけである。

マーケティングの専門家がマーケット・セグメンテーションを顧客に強く推奨するのは、たがいに情報交換をしない環境にある顧客を相手にマーケティングを進めても効果が出ないということを、彼らは知っているからである。そしてその背景にあるのは、「梃子《てこ》の原理」である。すべての見込み顧客に対して個別にマーケティングを展開できるほどの資金を持っている企業はどこにもない。いかなるマーケティング活動も連鎖反応の効果——通常、口コミと呼ばれる——を無視してはならない。マーケットにおける口コミが活発であるほど、そしてマーケット内の顧客同士の関係が緊密であるほど、連鎖反応の効果が大きくなる。

「原理」についての説明はここまでにしよう。実は、マーケットを定義するときに考慮しなければならないもう一つの要素がある。それは「ホールプロダクト」と呼ばれる概念であるが、これについてはのちほど触れることにしたい。ここでは、これまでわたしたちが学んできたことをハイテク・マーケティングの三つの市場段階に応用するのみにとどめておく。最初の段階は、初期市場である。

初期市場

いかなるテクノロジー関連の新製品も、その初期の顧客は主としてイノベーターとアーリー・アドプターである。ハイテク業界では、イノベーターはしばしば**テクノロジー・マニア**あるいは**テッキー**と呼ばれるのに対し、アーリー・アドプターは**ビジョナリー**と呼ばれている。ハイテク市場で製品の購入決定に関して大きな権限を持っているのはアーリー・アドプターだが、新製品の可能性を誰よりも早く理解できるのはイノベーターである。このことから、ハイテク・マーケティングでまず対象にしなければならないのがイノベーター、つまりテッキーであることがわかる。

イノベーター［別名◆テクノロジー・マニア］

どのような新しいテクノロジーであっても、それを最初に採用するのはテクノロジーそのものの価値がわかる人たちである。ウォルト・ディズニーの漫画ドナルド・ダックを見て育った世代（すでに少数派となってしまったかもしれないが）であれば、その中に出てくるキャラクターのジャイロ・ギアルースが、生まれて初めて目にしたテクノロジー・マニアと言えるかもしれない。あるいは、正統派の教育を受けた読者にとっては、物体が押しのける水の量から比重の概念を発見して、「わかった《ユーレカ》、これだ！」と叫んだアルキメデスこそテクノロジー・マニアと呼ぶにふさわしい。さらには、迷宮《ラビリンス》を作り、空を飛ぶ翼を発明し、大空を翔けることを可能にした（ただし、太陽に近づきすぎなければの話）、ギリシア神話の職人ダイタロスもテクノロジー・マニアの一人かもしれない。映画やテレビが好きな読者であれば、『バック・トゥ・ザ・フューチャー』に出てくるドク・ブラウン、『スタートレック』のデータ少佐、テレビドラマ『エレメンタリー』のシャーロック・ホームズなどがテクノロジー・マニアの好例だろう。「発明家」、「オタク」、「専門バカ」、「テッキー」……などなど、テクノロジー・マニアを表す別名はたくさんある。この種の人は内向的なことが多いが、一般的に気の良い人たちである。技術的な内容について話をしているときには、なおさらだ。

テクノロジー・マニアこそ、新製品のアーキテクチャを理解し、既存の製品に比べてどのような点が優れているかを評価できる人たちである。不具合のせいでそもそも出荷してはならなかった製品であっても、彼らは何時間もかけて修理してしまう。膨大な説明資料、ひどいパフォーマンス、信じられないような欠陥、必要な機能を起動する際の複雑な手順。彼らは、このような問題をすべて受け入れるのである――テクノロジーを進化させるために。一方、テクノロジーに対する造詣も深いので、彼らは批評家としての役割も果たすことになる。

ハイテク機器を例にとれば、テクノロジー・マニアは、HDTV（高精細テレビ）、ホームネットワークシステム、そしてデジタルカメラなどを、価格が千ドルをはるかに超えるときに買う人たちである。そして彼らが関心を示す対象は、たとえば、音声合成と音声認識、双方向マルチメディア・システム、ニューラルネットワーク、マンデルブロ集合におけるカオス・モデル、シリコンを成分とする人工生命の概念といったものである。つまり、テクノロジー・マニアとは、本書を執筆している時点で、アマゾンウェブサービス（AWS）に自分のクレジットカードでログインし、SETI（地球外知的生命体探査）仮説を検証しようとするような人たちなのだ。

テクノロジー・マニアが、一躍有名人になることもある。それは、たとえば世に出したハイテク製品が大当たりしたときなどであり、PCの世界ではビル・ゲイツがその例だ。彼はテクノロジー・マニアとしてビジネスを始めたのだが、現在は以前と異なり、マキャベリズムに陥っているようだ。ネットスケープの創始者、マーク・アンドリーセンもテクノロジー・マニアとしての活動を続けようとしたが、最近は企業経営寄りの仕事に割く時間が多くなっている。一方、Perl（パール、プログラミング言語）の生みの親であるラリー・ウォール、アパッチ・プロジェクトの共同創始者であるブライアン・ベーレンドルフ、リナックスの生みの親、リーナス・トーバルズなど、インターネット世界の立て役者は、いまでもテクノロジー・マニアとしての立場を堅持している。

ちなみに、わたしが個人的に好きなテクノロジー・マニアは、七〇年代から八〇年代にかけてランド・インフォメーション・システム社に勤務していたときの同僚、デイヴィッド・リクトマンだ。まだ世の人々がPCというものをまともに取り合っていなかった頃、デイヴィッドは自作のPCをわたしに見せてくれた。なんとボイスシンセサイザーまで接続されていたこのPCは、彼の机の上で、マイクロプロセッサを内蔵した箱型のタイムカード打刻機（これも彼が発明した）の横に置いてあった。デイヴィッドの家には、カメラやら、音響装置やら、その他さまざまな電子装置のおもちゃが散乱していて、複雑で取り扱いの難しいツール類が職場にあると、使い方を尋ねる相手はデイヴィッドの他にはいなかった。彼こそが、典型的なテクノロジー・マニアである。

テクノロジー・マニアは新しいテクノロジーを普及させるための橋頭堡《きょうとうほ》となる。彼らは新テクノロジーを習得することに強い関心を示し、周りの人も、新テクノロジーを評価できるのは彼らテクノロジー・マニアをおいて他にないと考えている。このように、ハイテク・マーケティングを進めていくうえで、最初に支持を取り付けるべき相手はテクノロジー・マニアなのだ。

他の顧客グループに比べれば、テクノロジー・マニアは、購入を決定する際にベンダーにあれこれ要求することが少ない。しかし、だからといって、彼らが重視するものをおろそかにしてよいわけではない。彼らが何よりも重視するのは「事実」である。そこにいかなるごまかしもあってはならない。

テクノロジー・マニアは、技術的に理解できないことがあると、最高の技術スキルを持つベンダーのスタッフに直接連絡を取って問題を解決しようとする。ベンダーの経営的観点からすれば、これは決して好ましいことではなく、顧客がこのような形で社員に接触するのを禁じたり、制限したりすることが多い。しかし、テクノロジー・マニアというのはそういう人たちであるということは覚えておいたほうがよい。

テクノロジー・マニアの三つ目の特性として、彼らは新製品を真っ先に手に入れたがるということがある。秘密保持契約（NDA）を結んだうえで——彼らはそれを実直に守ることが多い——テクノロジー・マニアに、新製品に関する未公開情報を与えると、製品設計の初期段階で貴重なフィードバックが得られる。加えて、彼の会社の人間は言うに及ばず、社外の潜在顧客に対しても口コミで製品を宣伝してくれるサポーターを獲得することにもなる。

最後の特性として、テクノロジー・マニアは新製品をできるだけ安く買おうとする人たちである。これは、予算が少ないということもあるが、本質的には認識の問題と言ってよい。つまり、テクノロジーは無料あるいは原価で入手できてしかるべき——というのが彼らの認識なのだ。さらに、彼らにとって「付加価値」などというものはなんの意味も持たない。大切なのは、もし彼らが自費で新製品を購入しようとしているならば、できるかぎり価格を抑える方向にもっていくことだ。また、もし自費でなければ、価格は彼らの関心事ではない。この点について、事前に確認しておくのが望ましい。

大企業では、テクノロジー・マニアは社内の先進的な技術部門あるいはそれに類する組織に所属していることが多く、自社がハイテク技術の最新動向に遅れないようにすることを使命としている。彼らは、新製品の機能を調べるため、あるいは自社にとっての有用性を調べるためであれば、ほとんど何を買ってもよいという権限を与えられている。一方、そのような潤沢な予算がない小規模の企業では、テクノロジー・マニアは、IT部門あるいは製品設計部門の「選りすぐりのテッキー」であることが多い。彼らは、ベンダーの製品を自社の既存システムに統合できるか、あるいは社内の他部門がツールとして使用できるかを検証する任務を果たす。

テクノロジー・マニアと連絡を取りたければ、彼らがよく行くところにメッセージを残しておけばよい。それは言うまでもなく、彼らがアクセスしがちなウェブサイトである。またテクノロジー・マニアというのは、ダイレクトメールが高い効果を発揮する顧客層でもある。それでなくても、彼らはパンフレット、デモ製品、ウェビナー(ウェブによる説明会)などをベンダーに要求するような人間なのだ。最後に、派手な印刷物を作ってテクノロジー・マニアの気を引こうとしても無駄である。そのような印刷物は、テクノロジー・マニアの目には誇大広告としか映らない。また、テクノロジー・マニアには、ダイレクトメールによる広告を隅から隅まで読むという習性がある。ただし、それが事実であり、これまでになかった斬新な情報を含んでいればの話だが。

要するに、ベンダーが、(一)斬新かつ画期的なテクノロジーを持っており、かつ、(二)利益を度外視できるのであれば、テクノロジー・マニアというのはビジネスしやすい相手なのだ。どのようなイノベーションであっても、それが本当に効果を発揮するかどうかを試してみたいと思っているテクノロジー・マニアが少数とはいえ、世の中には必ず存在する。多くの場合、このようなユーザー層は、他の人間が製品を購入する際に大きな影響力を与えられるわけでもなく、ましてや、マーケットの中で多数を占める存在でもない。あくまでも彼らが果たす役割は、製品やサービスが市場に浸透していくための「共鳴板」であり、製品が完全に「デバッグされる」までの、機能改善を目的とした「実験台」なのである。

たとえば、著書 *In Search of Excellence*（邦訳『エクセレント・カンパニー』、大前研一訳、英治出版、二〇〇三年）で、トム・ピーターズとロバート・ウォーターマンは、「ポスト・イット」メモ用紙を発明したスリーエム社の人物を紹介している。その人物は、何も言わずにポスト・イットを数人の秘書の机の上に置いて様子をみた。秘書のうちのある者はそれが使えるかどうかいろいろ試してみて、使えるとわかったときにはポスト・イットの熱烈な支持者となり、ポスト・イットの初期市場を拡大させるうえで重要な役割を担った。初期市場での支持者は、言ってみれば種火のようなものである。小さな火から始まって、やがて大きな炎となる。それゆえに、このような初期の支持者を大切にしなければならない。具体的には、製品の秘密の一部を彼らに教えて製品をさらに深く使いこなしてもらい、製品に関するフィードバックをもらうことである。さらに、そのフィードバックが製品の改善に役立つものであれば、それをもとにして実際に製品を改善し、かつ、その事実を彼らに伝えるのが望ましい。

初期市場の支持者を相手にするとき、市場を拡大させるうえでもう一つ大切なのは、顧客企業内の「責任者」と密接な関係にある支持者を探すことである。責任者は購買に関する決定権限を持っており、マーケティングを進めていくうえで無視できない存在だからである。このような「責任者」についてもっと多くのことを学ぶためには、テクノロジー・ライフサイクルにおける次の段階の顧客グループに目を転じる必要がある。そのグループとはアーリー・アドプターのことであり、彼らはハイテク業界ではビジョナリーと呼ばれている。

アーリー・アドプター［別名◆ビジョナリー］

ビジョナリーは、たぐいまれな資質をもった顧客グループである。つまり、まったく新たなテクノロジーが自社の企業戦略に合うものかどうかを洞察する能力を有し、その洞察を自らリスクを背負って現実のプロジェクトへと移し、さらに、会社全体がそのプロジェクトを支援するようにもっていくカリスマ性を備えている人物がビジョナリーなのである。また、ビジョナリーは、新たなハイテク製品をいち早く採用する人、すなわちアーリー・アドプターでもある。彼らは、ときとして何百万ドルもの予算をもち、ハイテクベンダーを支える影のベンチャーキャピタルと目されることもある。

ジョン・F・ケネディが宇宙計画を発表したとき、米国がしばらく忘れていたものを目の当たりにした思いだった――それは、ビジョンを持った大統領である。ヘンリー・T・フォードが、流れ作業による自動車の大量生産方式を確立して、米国の全世帯が自動車を保有できるようにしたいと願ったとき、彼は、ビジョンを持った事業家としてわたしたちの心に残る存在となった。そして、ゼロックスPARC（パロアルト・リサーチセンター）で開発されたグラフィカル・ユーザーインターフェース（G

UI)を、スティーブ・ジョブズがマッキントッシュに搭載し、その後、世のほとんどのPCがこのインターフェースを採用するようになったとき、誰もが彼をビジョナリーと認めた。

最近は、ビジョナリーが、「夢」を実現するために経営者の仲間入りをすることも多い。その夢というのはビジネスを成功させることであり、テクノロジーそのものを追求することではない。そして夢が実現されたときには、顧客企業さらにはその業界におけるビジネスプロセスが飛躍的な進歩を遂げているはずである。このことは同時に、ビジョナリー個人が脚光を浴び、大きな対価を得ることにもなる。そのためには、まず顧客の「夢」について十分に理解することが必要だ。そうすれば、顧客に対してどのようにアプローチすればよいかがおのずとわかる。

ハイテク業界におけるビジョナリーの実例をもう少し見てみよう。メリルリンチのハリー・マクマホンが、セールスフォース・ドットコム社がまだ有力な顧客を獲得していない時期に、同社のクラウドサービスを使ってSFA(営業支援システム)を実現することを、そして、一万人の社員がこのシステムを使うことを決断したとき、彼はビジョナリーとしての行動をとったと言える。ウォルマートのリンダ・ディルマンが、全店の在庫管理状況をリアルタイムに把握するためのシステム「シンボルRFID」を導入すると決めたとき、彼女はビジョナリーとしての行動をとった。ネットフリックス(Netflix)社のCEO(最高経営責任者)、リード・ヘイスティングスが、自社のコンピューティングシステムをすべてアマゾンのEC2(Elastic Compute Cloud)にアウトソースすると決めたとき、彼はビジョナリーとしての行動をとった。さらに、プロクター・アンド・ギャンブルのテッド・マコーネルが、オーディエンスサイエンス社の広告管理システムを使って、世界中でデジタル広告を展開すると決めたとき、彼はビジョナリーとして行動した。いずれのケースにおいても、ここにあげた人物はビジネス上の大きなリスクをとっている。彼らはみな、当時まだ十分な実績がなかったテクノロジーとベンダー企業を採用して、ビジネスの生産性向上とカスタマーサービスにブレークスルーをもたらそうと決断したのだ。

実はここが大切なところで、ビジョナリーが求めているのは単なる**改善**ではなく、**ブレークスルー**なのである。彼らにとってテクノロジーが重要なのは、それが夢を実現してくれるからにほかならない。クレジットカードを使わない買い物をしたいなら、近距離無線技術による電子マネー機能を内蔵した携帯端末が有用だろう。高度の教育を世界中で提供するには、スタンフォード大学によるMOOC（大規模公開オンライン授業）のテクノロジーとカーンアカデミーが作った教材が有力なモデルだ。頻繁な充電を必要としないモバイルコンピューティングを実現する際には、グーグルグラスのようなテクノロジーが有力な候補だ。個々人の代謝機能に合った医薬品を提供することで医療効果を劇的に高めるためには、カーディオディーエックス（CardioDx）社やクレッシェンド・バイオサイエンス社などによる分子診断技術が有望だ。テクノロジー・マニアとは異なり、ビジョナリーが価値を見出す対象はテクノロジーそのものではなく、テクノロジーがビジネスにもたらす大いなる飛躍なのだ。

新しいテクノロジーへの先行投資が、これまでとは「桁違いの」アウトプットをもたらしてくれるとビジョナリーが判断すれば、彼らはその夢を実現するために大きなリスクをも辞さない。ビジョナリーは、このようにしてハイテク業界を引っ張っていくのである。ビジョナリーが相手にするベンダーは資金力も十分でなく、製品はまだホワイトボードに描いた設計図に毛が生えた程度であり、おまけに製品の話をするエンジニアのボスは、ロシアの怪僧ラスプーチンと見紛うばかりの形相をしている。ビジョナリーは、多数派が占めるメインストリームから見れば自分たちが「はみ出し者」であることを十分承知しているが、新技術を使って競合他社を出し抜くためには、それは覚悟のうえである。

彼らは新技術の計り知れない可能性を見抜くことができるため、テクノロジー・ライフサイクルの他の顧客グループに比べれば、価格に対してもっとも寛容なグループであると言える。通常、ビジョナリーは戦略的に何か新しいことを始めるための十分な予算を与えられており、彼らのプロジェクトを推進するために、開発資金がベンダーに前払金で支払われることもある。それゆえ、ハイテクベンダーにとってビジョナリーは重要な資金源となる。

最後に、ビジョナリーには、ハイテク業界に資金を供給する以外にも大切な役割がある。それは、ハイテク以外の業界に対してテクノロジーの進歩を知らしめるという点である。ビジョナリーは、外向的な性格であると同時に野心家であるため、先行事例として紹介されることを歓迎する。その結果、彼らはメディアの注目を集め、成長途上のベンダーが新規顧客を開拓するための下支えとなるのだ。

ビジョナリーに製品を売り込むのはさほど難しくはないが、彼らを満足させるのは至難の業だ。というのは、彼らはいつも夢を見ているからである。ある意味では、いつまでも夢を見続けるのがビジョナリーであると言ってもよい。この夢を実現するためには、ときには数多くのテクノロジーを組み合わせることが要求され、プロジェクトがスタートした時点では、そのテクノロジーの多くが未完成か、ひどいときにはこの世にまだ存在しないことさえある。それゆえ、プロジェクトがなんの問題もなく無事に終わる確率は天文学的に低い。とはいえ、売り手と買い手が、これから述べる三つの原則に従って、成功裏にプロジェクトを終えるのは不可能ではない。

最初に、ビジョナリーはプロジェクト重視であることを理解しておきたい。彼らは、まずパイロット・プロジェクトからスタートすることが多い。ビジョナリーはこれから「人類未踏の地」に向かおうとしているので、これは正しい手順である。それがうまくいけば、さらにいくつかのプロジェクトが、それぞれ目標を持って順に開始される。ビジョナリーは、テクノロジーが進んでいる方向をじっくりと観察し、それが自社にとって役立つものであれば最大限活用しようとし、そうでないとわかればすぐにプロジェクトを中止する。

ビジョナリーのプロジェクト重視の進め方は、ユーザーの立場からすれば理解できるが、ベンダーにとっては実はあまり好ましいことではない。というのは、ベンダーは、特定プロジェクトに偏らない普遍性のある製品を作って多くの顧客に売り込みたいからである。ややもするとベンダーの作業の質を劣化させ、売り手と買い手の良好な関係を壊しかねないこの問題に対処するためには、顧客の経営層と緊密なコミュニケーションを図るなど、慎重な顧客管理が要求される。

このような場合、両者に利益をもたらす解決策は、ベンダーの側から提示されなければならない。つまりベンダーは、顧客のプロジェクトが進行するにつれて、各プロジェクトのアウトプットを商品化するのである。最初のプロジェクトのアウトプットは、テクノロジーのコンセプトを証明しただけにすぎず、これを使えば少しは生産性が上がるかもしれないが、ビジョナリーにとって「夢」と言うにはほど遠い。しかし、このようなアウトプットであっても、うまく商品化すれば一部の顧客にとっては有用な商品となることがある。たとえば、あるソフトウェアベンダーが、製造工場の全工程をモデル化するシステムを構築できるような、オブジェクト指向ツールキットを開発していたとしよう。そして、このシステムを使えば、全製造工程に関わる計画の精度や処理効率が大幅に改善されるとする。ツールキットとしてプロジェクトから最初に生まれるアウトプットは、フライス盤の作業工程とその動作環境をモデル化しただけのものかもしれない。さらに言えば、このようなアウトプットは、ビジョナリーにとっては単なる中間製品でしかない。しかし、フライス盤のメーカーにとって、このモデルは自社製品を改良するための有用なツールとなり、少し手直しするだけでメーカーが使いたいと思うような商品になるかもしれない。このように、顧客のプロジェクトの進展に合わせて、各プロジェクトのアウトプットを商品化することが大切なのだ。

ビジョナリーのもう一つの特徴は、彼らに与えられている時間がかぎられていることだ。彼らは「チャンスの窓」を通して未来を見つめ、いつかはその窓が閉まることを知っている。その結果、ビジョナリーは、プロジェクト関係者が期日を守るようにプレッシャーをかけるようになる。つまり、成功報酬というアメとペナルティー条項というムチをちらつかせて、プロジェクトを計画通りに進めようとするのだ。しかし、時間がかぎられているということは、大成功を夢見てはいるが期限内に所定の作業を終わらせられないという、新興ベンダーにありがちな弱点を露呈させることにもなる。

ここで、顧客管理と経営陣との緊密な関係が重要事項として再び浮かびあがってくる。プロジェクトの各フェーズにおいて留意すべき点をまとめると、次のようになる。

◆プロジェクトとはいえ、普通の人間が着実に進めれば完遂できる
◆ベンダーにとって市場性のある商品を作り出す
◆顧客企業に投資効果と大きな飛躍をもたらす

最後に、見逃してはならないビジョナリーの特質について触れておきたい。それは、ビジョナリーと一緒に仕事をして、双方が満足できる結果にもっていくことはほとんど不可能に近いということである。というのは、ビジョナリーの夢から派生する期待にすべて応えるのは困難だからだ。しかし、夢が不要と言っているわけではない。夢こそがものごとを前に進めるための原動力だ。大切なのは、たとえ中間成果物であっても形になったものがあれば、それを将来の受注の種として活用するという姿勢である。

これまで述べたことからもっとも重要な原則を引き出すとすれば、それは、「ビジョナリーの期待を管理する」ことに全神経を注げということだ。期待を管理できるかどうかが、戦略的に決定的な意味をもつ。そのため、ビジョナリーと商談を進めていくために、ベンダー側の経営者は自らトップ営

業を行なう必要がある。また商談の初期に、ビジョナリーが目指すところを完全に理解し、その目標を達成できることをビジョナリーに納得させるため、特別チームをベンダー側で編成する必要もある。さらに商談の中盤においては、ビジョナリーのシナリオに応えるべく、できるかぎり柔軟な姿勢で交渉を進めなければならない。そして商談の最終段階では、期限内に達成できそうにない目標については確約せず、かといってビジョンの火は絶やさないように、細心の注意を払いながら交渉に臨まなければならない。このことからもわかるように、ベンダー側の営業担当者には、経験に裏打ちされた優れた営業能力が求められる。

ところで、ビジョナリーと呼ばれる人たちはどこにいるのだろう？　ビジョナリーであることを示す特別な役職があるわけではない。ただ、一つ目安になるのは、ビジョナリーはビジョンを実現するための予算を与えられているので、通常、上席の役員以上のポジションであることが多い。ただ現実問題として、こちらからビジョナリーを探しに行くことはまれであり、通常はビジョナリーからこちらに連絡が入るケースが多い。実は、ビジョナリーは、テクノロジー・マニアからの情報をもとにこちらの存在を知ることが多い。テクノロジー・マニアの関心を集めなければならない理由の一つがここにある。

要するにビジョナリーというのは、テクノロジー・ライフサイクルの初期に、多額の収入と大きな宣伝効果をベンダーにもたらしてくれる存在なのである。しかし、代償を払わないでチャンスだけが訪れるということはない。ビジョナリーは、ベンダーの都合を考えないでものごとを進めようとするし、ビジョナリーが進めるプロジェクトは、ハイリスクで、惨憺たる結果に終わる可能性が十分にある。だが、ビジョナリーが進めるこのプロジェクトを成功させないかぎり、新しいハイテク製品が市場に出されることもなければ、ましてや、「チャンスの窓」が開いているあいだにその市場を獲得することもない。もしそうなってしまえば、ベンダーは財政的に行き詰まることになる。ビジョナリーは、ハイテク企業に最初のビッグ・チャンスを与えてくれる存在だ。ビジョナリーを捕らえる方法をマーケティング・プログラムに明記するのは難しいが、ビジョナリーを捕らえずしてマーケティング・プログラムを前に進めるのはさらに難しい。

初期市場の構造

初期市場が形成されるには次の三つの要素が欠かせない。一つめは、顧客が必要としているシステムを実現可能にする斬新なテクノロジー。二番目に、そのテクノロジーを評価して、それが現在市場に出回っているものよりも優れていることを実証してくれるテクノロジー・マニア。最後に、そのテクノロジーを使って現在の業務を飛躍的に進歩させようと考える、予算獲得ができるビジョナリー。これから新たな市場を作ろうとするベンダーは、通常、テクノロジー・マニアに製品の初期バージョンを配布し、同時にビジョナリーとおぼしき経営者とビジョンについて話し合う。次に、ベンダーは、テクノロジー・マニアによって選ばれたテクノロジーがビジョナリーの夢を叶えることを、ビジョナリーに伝える。こうしたきっかけから商談が始まり、ベンダーは大きな受注額を期待する。しかし、後日、テクノロジー・マニアはもっと多くの「オモチャ」を欲しがり、ベンダーはそれまで考えてもいなかった、製品のカスタマイズやシステムインテグレーション・サービスを顧客に対して約束することとなる。一方、ビジョナリーは、計画上は容易に実現できそうに見えるが、実際には多くの困難を伴う夢を抱く。

市場が形成され始めるのはこのようなときであり、実際にありうるシナリオである。というのは、このシナリオは多くの問題を抱えているが、それは解決不可能なものではないからだ。一方、初期市場がすぐには形成されそうにないシナリオも数多くある。次にその例を示そう。

問題点その一◆ベンダーが、製品を市場に出す専門知識や十分な資金を持っていない。経験の少ない営業やマーケティング担当者を採用している。不適当な販売チャネルを通して製品を売ろうとしている。販促活動を誤った場所で誤った方法で行なっている。その他、多くのへまをする。

ここにあげた問題を解決するのは難しくない。ただしベンダーの社員のあいだで、たがいにコミュニケーションを図り一致協力しようという気運がまだ残っており、彼らが当初抱いていた期待をもう少し現実的なレベルに下げられればの話だ。

社内体制を改革するときの指針は、「マーケティングで成功を収めるには、池の中でもっとも大きな魚になる」ということだ。もしも自分たちが小さい魚ならば、小さい池、すなわち、自分たちの身の丈に合った大きさのマーケット・セグメントを探さなければならない。さらにその池が本物であるためには、以前に述べたように、その池の中のメンバー同士が一つのグループを構成していなければならない。すなわち、メンバーがたがいに情報を交換し合うようなマーケット・セグメントが形成されていなければならない、ということだ。もしそのようなセグメントができあがっていれば、あるメンバーが導入したシステムが、宣伝費用をかけずに口コミで、あっという間に他のメンバーに伝わる。ただし、ベンダーがある池を支配したとしても、それが長期的にベンダーを支えられるマーケットであるとは言いきれない。遅かれ早かれ、ベンダーは次の池に向かってマーケットを拡大する必要に迫られるだろう。ここで、次の池を攻略するこの戦略を、「ボウリングピン戦略」と呼ぶことができる。つまり、先頭のピンを倒せば続いて二番ピン——すなわち次のマーケット・セグメント——を倒すことができるのだ。このようにして、次々と市場を拡大させていくのである。正しい角度で一番ピンを倒せば、残りのピンも連鎖的に倒れるのだが、その連鎖反応のスケールとスピードには目を見張るものがある。要は、マーケットを拡大できないときでも連鎖反応をうまく利用すれば、活路を見出せるのだ。

問題点その二◆製品の開発が完了していないのに、ビジョナリーに売ろうとする。これは、開発面でまだ大きな問題を残しているにもかかわらず、製品発表とマーケティングだけが先行して、製品そのものがなかなか出荷されないという、かの有名なベイパーウェア問題である。この場合、最良のケースでも、初めのいくつかのパイロット・プロジェクトがスタートする程度である。しかし、プロジェクトがスケジュール通りに進まなければ、社内におけるビジョナリーの立場は弱まり、プロジェクトは中止の憂き目をみる。そして、それまでに実施した製品のカスタマイゼーションはすべて無駄となり、他の見込み顧客に対する先行事例にもならない。

このような状況に陥った場合、ベンダーがとるべき手段はただ一つだ。決して望ましいことではないが、マーケティング活動をすべて中止するのである。そして、ビジョナリー及びその会社に対して、犯した過ちをきちんと説明し、現在進行しているパイロット・プロジェクトに全精力を注ぐのである。その目的は、ビジョナリーが成果を手に入れられるようにすること、そして、ベンダーが市場性のある商品を作りあげられるようにすることだ。モール・ダヴィドウ・ベンチャーズが出資した企業、ブリックストリーム(Brickstream)社は、これをなしとげた好例だ。人工知能のテクノロジーを利用して画像から必要な情報を抽出する同社の製品は、ちょうどネットショップがウェブ上で行なっている顧客の来店トラフィック管理を、実店舗でも可能にするシステムだ。このシステムの第一版は好評を博したが、その後、店舗への導入作業で困難に直面し、費用が大幅に増加し、パフォーマンスも期待値を大きく下回った。その結果、獲得した顧客は将来に向けての先行事例とならず、しばらく苦難の日々が続いた。

しかし経営体制が刷新されると、業績が急激に回復し始めた。まず手始めとして、基本的な問題解決に専念したのだ。それは、毎日、来店する顧客数を把握することだった。これを、現行システムより速く、安価に実現できるようにしたのだ。さらに、このシステムは、これまで顧客に提案してきた機能に比べれば単純きわまりないものであったが、それでも、実ビジネスに結びつき、利益につながるものであった。そこを出発点として、同社は、映像テクノロジーを活用した新システムを作りあげていった。それは、レジカウンターに並んでいる顧客を把握し、一日を通して店員とスタッフの最適配置をリアルタイムで実現する行列管理システムだった。そして、最新のシステムでは、画像分析技術を用いた陳列棚の商品管理システムを提供している。在庫管理に加えて万引き防止にも役立つこのシステムも含めて、新たな製品が同社のキャッシュフロー改善に寄与し始めた。同社は、当初、チャンスの窓をうまく開けることができなかったが、小売業やeコマースを対象とした製品ラインアップを展開し、新たにこの窓を開けようとしている。

問題点その三◆マーケティング活動がテクノロジー・マニアとビジョナリーのあいだのクラックに落ち込んでしまっている。その理由は、顧客の業務に飛躍的な進歩をもたらすようなアプリケーションを発見できていないか、もしくは、発見していたとしても、それを適切に提示できていないからである。多くの顧客企業が製品を購入してテストしたにもかかわらず、新製品から得られるメリットがリスクに見合っていないために、本格的に使用されるに至らない。そのためベンダーは収入不足に陥り、残された手段は企業を完全に閉鎖するか、技術資産を他の企業に売却するかのいずれかとなる。

ここで軌道修正を決意するならば、ベンダーが持っているものをまず再評価してみることである。再評価した結果、製品がブレークスルーを引き起こすものでないことがわかれば、その製品が初期市場を形成することはない。しかしその製品が、既存のメインストリーム市場で、ある製品の補完的役割を果たすということはあるかもしれない。もしそういう状況であれば、ここでとるべき行動は、プライドを捨て、売上計画を現実的なものに修正し、メインストリーム市場の主力ベンダーに依存することである。彼らなら、既存の販売チャネルを通じて自分たちの製品をうまく販売できるかもしれない。世界でも有数のソフトウェア会社であるコンピュータ・アソシエイツ(現在は、CAテクノロジーズに社名変更)は、他社の製品を――場合によってはほとんど捨てられたも同然の製品を――マーケティングし直すという方針で成長してきた。逆に、製品が真にブレークスルーをもたらすと再評価されたにもかかわらず、初期市場をいまだ形成できていない場合には、まず「この製品は人気商品となっているあらゆるアプリケーションの一部となり得る」などという、これまでの高邁な考えを捨て去ることが必要だ。そして現実路線に立ち返って、すでに知己のあるビジョナリーが必要としているアプリケーションに的を絞るのだ。このとき、こちらを支援してくれるビジョナリーに応える意味で、プロジェクトの成功に向けて万難を排して取り組まねばならない。

ここに述べたのは、初期市場の形成がうまくいかないケースと、その解決策の代表例である。しかし、選択肢を間違えなければ、これらの問題はみな解決可能なものと言ってよいだろう。よくある話だが、最大の問題は、過大な期待と過小の資本なのだ。筆者が子どものときに祖母からよく聞かされた言葉を借りれば――欲張っても全部は食べられない――ということである。とはいえ、メインストリーム市場を攻略するのは複雑で困難な仕事だ。そのメインストリーム市場を以下で見ていこう。

メインストリーム市場

ハイテク業界のメインストリーム市場は、他業界のメインストリーム市場とそれほど変わらない。特に、売買が企業間で行なわれる場合には共通点が多い。メインストリーム市場の主役は、実利主義者として知られるアーリー・マジョリティーだ。同じくメインストリーム市場を構成するもう一つの顧客層が、保守派として知られるレイト・マジョリティーだが、テクノロジー・ライフサイクルでそのあとに続く懐疑派のラガードは、メインストリーム市場の一員ではない。前章同様、これら各顧客グループのサイコグラフィック特性がハイテク市場の成長と構造にいかなる影響を与えるかを、これから詳しく見ていこう。

アーリー・マジョリティー［別名◆実利主義者］

ハイテク製品市場において、実利主義者として知られるアーリー・マジョリティーは、圧倒的多数を占める顧客グループだ。かりにビジョナリーとの商談を成功させて、有望な商品を持った成長株企業として頭角を現すことができたとしても、ベンダーにとっては、そこが収入の源泉とはならない。財源は、もっと用心深い者の手中にある。彼らは決してパイオニアなどにはなろうとせず、製品のテストなども絶対に行なわず、「最新」のテクノロジーというのは、えてして「砕身」のテクノロジーになることを、身をもって知っている人たちである。

では、実利主義者というのはどこにいるのだろう？　実を言うと、実利主義者は重要人物でありながら、その特徴をあげるのが難しい。というのは、彼らは自分から注意を引こうという、ビジョナリーのような特徴を備えていないからだ。実利主義者のタイプをしいてあげるならば、ハムレットではなくその親友であるホレイシオ、ドン・キホーテではなくそのお供であるサンチョ・パンサ、ダーティー・ハリーではなくハリー・ポッターのようなタイプである。要するに、自らが中心人物になろうとするのではなく、あるがままを受け入れるタイプの人間だ。決して目立とうとはせず、一貫性を重んずるタイプでもある。そして、仮面の主人公が馬にまたがり夕陽に向かって立ち去るか（ヒーロードラマ）、あるいは主人公が非業の死をとげたあとで（悲劇）、その場の後片付けをして、「あの仮面の男はいったい誰なんだ？」という疑問に答える立場の人間である。

ハイテク分野では、実利主義者のCEOは比較的少ないが、たとえば、ネットアップ(NetApp)のダン・ウォーメンホーヴェン、リンクトインのジェフ・ワイナー、サイベースのジョン・チェン、イーベイのジョン・ドナホーのような人たちは、実利主義者と呼ぶにふさわしい。さらに、HPのメグ・ホイットマンやデルのマイケル・デルなどは一般によく知られているが、誠実であり、目立とうとせず、有言実行タイプの人物だ。このような人たちをよく知っているのは、身近な同僚や同業者たちであり、同僚からは深い尊敬を集め、同業者のあいだでも、年々頭角を現し始めている。

もちろん、実利主義者に商品を売り込む人間が実利主義者である必要はない。しかし、実利主義者の価値観と彼らに対してどのように接すればよいかということは理解しておかねばならない。この価値観についてもう少し詳しく見てみると、ビジョナリーの目指すところが飛躍的な進歩とするならば、実利主義者が目指すところは、着実で、成果を測定できる進歩である。実利主義者が新製品を導入する際には、他の人間がそれをどのように使いこなしているかを必ず知りたがる。リスクという言葉は、彼らにとっては否定的な意味合いしか持っていない。そこにチャンスとか刺激的といった概念が立ち入る余地はなく、リスクは時間と金の浪費以外の何物でもない。どうしても必要であればリスクをとらないこともないが、そのときにはセーフティーネットを用意し、万全の体制を敷いてリスクを管理するのである。

実利主義者をグループとして見るならば、フォーチュン二〇〇〇社に含まれるような企業のIT分野で中心的な役割を果たしている人たちである。生産性向上という目標を達成するために、彼らはテクノロジー・ライフサイクルの前半に姿を現すが、持ち前の慎重さと予算の制約もあって、すぐに新製品を導入するわけではない。一方、実利主義者を個々人で見るならば、たとえば、セールスフォース・ドットコムが出現するまでソフトウェア・アズ・ア・サービス(SaaS)アプリケーションの利用を控え、モバイルアイアン(MobileIron)やエアウォッチ(AirWatch)〔訳注4〕などの企業がモバイル機器の管理ソリューションを世に出すまでBYOD(私用機器の業務利用)の制度施行を控え、シスコが「テレプレゼンス」を一般に普及させるまで遠隔会議システムには目もくれなかったような人たちだ。

実利主義者に商品を売り込むのは容易ではないが、ひとたび売り込みに成功すれば彼らはこちらの強い味方となる。実利主義者は、導入が決定した商品を会社の標準に指定することも少なくないからだ。社内各部署からの要求に対する答えを単純にするという点で、標準化は彼らに実利をもたらしてくれる。一方、ベンダーが成長し利益を計上していくうえで、この標準化が意味するところはきわめて大きい。販売量が増え、結果として一単位当たりの販売コストが急減するからである。このことから、マーケット・セグメントとしての実利主義者の重要性は、いくら強調してもしすぎることはない。

二〇世紀の最後の一〇年間で、標準化の恩恵をもっとも受けた企業は、おそらくマイクロソフトであろう。同社はデスクトップOS、オフィスオートメーション、部門サーバーなどの市場で圧倒的な地位を占めていたため、それから一〇年ほどすると、どの企業のオフィスも似たようなIT環境を使

訳注4◆エアウォッチ
二〇一四年一月、ヴイエムウェア社によるエアウォッチ社の買収が合意された。

うようになった。しかしながら、それぞれの市場が拡大するにつれて、エンタープライズＩＴというカテゴリーの中で、それぞれの市場で二番手となるベンダーが台頭し始め、独自に実利主義者を獲得していった。エンジニアはサンのソラリスを使い、グラフィックス関連分野ではアップルのマッキントッシュが重用され、ワークグループを構築するためにはノベルのネットウェアが採用され、コンサルティングや会計の分野ではロータスノーツが広く使われるようになった（もっともロータスノーツは、のちにマイクロソフトによって駆逐されてしまった）。フォーチュン五〇〇社に名を連ねる銀行や小売業者の支店、販売店にはＯＳ／２が展開され、医師や歯科医向けに再販業者（ＶＡＲ）のプロフェッショナル・サービスが要求されるような分野ではＳＣＯ社のＵＮＩＸが広く使われた。これらのベンダーはみな、それぞれのマーケットで実利主義者たちの支持を得て大幅に売上を伸ばした。このように、購買者としての実利主義者の考え方を理解し彼らの信頼を勝ち得ることは、長期的なマーケティング戦略を推し進めていくうえで避けて通れない道なのだ。

実利主義者が製品の購入を決定する際に気にかけるのは、購入先のベンダー、購入する製品、その製品のインフラとなっているシステム、そのインフラとのインターフェース、そしてベンダーが提供するサービスの信頼性などである。つまり、彼らはその決定内容に従って、その先もずっとその製品とつきあっていくつもりでいるのだ（一方、ビジョナリーは前例のない偉業を成し遂げ、それを足がかりとして大いなるキャリアアップを狙うケースが多い）。実利主義者は、ビジョナリーに比べれば人の移動が少なく、多額の資金を握っているため、彼らと信頼関係を築くことが不可欠だ。

実利主義者は業界内で行動することが多い。すなわち、彼らは同業者たちとたがいに情報を交換することが多いのだ。それとは対照的にテクノロジー・マニアやビジョナリーは、業界の垣根を越えて気の合った者同士で情報を交換することが多い。これは、ベンダーにとって、新規の業界で実利主義者に売り込むのが非常に難しいことを意味する。実利主義者にとっては、先行事例や相互の信頼関係が特に大切な要素であり、ここに、「キャッチ二十二」の問題が発生する。つまり、実利主義者は名の知れたベンダーから製品を購入しようとするのだが、逆に、実利主義者から購入されるようなベンダーにならないかぎり、名の知れたベンダーとはみなされないのである。これは新興のベンダーにとっては明らかに逆風となる一方、販売実績を積んだベンダーにとっては有利な条件となる。しかし、新興のベンダーが、ある業界でひとたび実利主義者の強い支持を得たならば、実利主義者が自社には関係のない場に出てベンダーを応援してくれることがある。かつてセールスフォース・ドットコムは、セールスフォース・オートメーション業界で新参者だったが、いまでは実利主義者による支援もあって、デファクトスタンダードとなった。そうなると販売コストが急激に下がり、R＆D費用の償却も早期に進められる。実利主義者を無視できない大きな理由の一つがここにある。

一方、実利主義者が常に使いたいと思うような販売チャネルがあるわけではない。むしろ彼らは、販売チャネルとの接点をできるだけ少なくしたいとさえ考えている。その目的は、購買時の交渉力を増し、何か問題が発生したときに備えて解決のための窓口を絞っておくためだ。ただし、実利主義者にとってたまたま面識のある人間が営業マンであれば、このような選別の垣根をかいくぐれることもある。さらに、弱小の新興ベンダーが、すでに実利主義者に認知されているベンダーあるいはVAR（付加価値再販業者）と提携関係を樹立できれば、実利主義者に認められる可能性が高くなる。この場合、VARが実利主義者の業界に特化していて、期限内に予算内で高品質の仕事をするという評価を実利主義者から得ていれば、この新興ベンダーの参画は実利主義者にとって歓迎されることになる。実利主義者にとってVARの存在価値は、すでに現行システムのメンテナンスで手一杯の自社社員をわずらわせずに、ターンキー・ソリューションを提供してくれるという点だ。そして、実利主義者がVARを気に入っている最大の理由は、何か問題が発生したときに電話する相手が一社だけで済むという点にある。

さらに実利主義者には、ベンダーを競争させたがるという特徴がある。それは一つに、購買コストを下げるためであり、場合によっては、万が一のための代替案として複数のソリューションを事前確認しておきたいということもある。そしてベンダーを競争させるということは、自分たちが実績のあるマーケット・リーダーから購入していることを確認するためのプロセスでもある。この最後の点はきわめて重要である。サードパーティー・ベンダーはマーケット・リーダーの製品をサポートする方向に動くということを実利主義者は知っており、それゆえ実績のあるマーケット・リーダーから製品を購入しようとするのである。つまり、マーケット・リーダーの製品は、サードパーティー・ベンダーが提供するアクセサリーやパーツ類ならびにサービスなどの**アフターマーケット**を作り出すということだ。このマーケットが存在するおかげで、実利主義者が社内をサポートするための負担が大幅に軽減されることになる。逆に、マーケット・リーダーではない製品を誤って選択してしまった場合は、実利主義者にとって大切なアフターマーケットは形成されず、自らの手でシステムの改善や機能拡張を実施するはめになる。このことからも、実利主義者を顧客として獲得するために、マーケット・リーダーであることがいかに大切かがわかる。

実利主義者は、価格に関して、そこそこうるさい存在である。彼らは、最高の品質や特別なサービスに対してそれなりの割増料金を払うことはいとわないが、そこになんらかの差別化要因がなければ、厳しい価格交渉をも辞さない。その理由は、通常、彼らが自分の職業あるいは会社に対して責任を負っているからであるが、一方では、使った費用に対して会社にいかほど貢献したかについて毎年査定されるからだ。

ベンダーが実利主義者に接するときは、忍耐力が問われる。顧客の業界に特有の問題について精通していなければならず、業界のコンファレンスや製品展示会にも足しげく通わなければならない。また、実利主義者が読んでいるニュースレターやブログに記載されていなければならず、ベンダーの製品を同業他社が採用していなければならない。顧客の業界でよく使われるアプリケーションが、ベンダーの製品と一緒に稼働しなければならず、すでに顧客の業界でサービスを提供しているベンダーとパートナーシップあるいは提携関係を樹立しなければならない。そしてベンダーは、品質とサービスの良さで評判にならなければならない。要するに、実利主義者から見て、発注して当然というベンダーにならねばならないのだ。

しかし、これは一朝一夕にできることではなく、計画を注意深く実行に移し、マーケティング投資を絶やさず、さらに、経験を積んだ経営陣を必要とする。このようなベンダーになることの最大の見返りは、実利主義者を顧客として獲得できるばかりでなく、テクノロジー・ライフサイクルに見られる保守派の顧客グループをも獲得できる可能性が出てくることだ。しかし残念なことに、ハイテク産業において、ものごとが計画通りに進んで実り多い結果を得たというケースは少ない。その理由を明らかにするため、次に保守派について詳しく見ていこう。

レイト・マジョリティー［別名◆保守派］

とある調査によれば、テクノロジー・ライフサイクル・モデルには実利主義者と同数の保守派が存在する。つまり、テクノロジー・ライフサイクルの全顧客グループの中で、保守派はその約三分の一を占めるということだ。しかしながら、ハイテク企業は一般的に保守派の顧客層をあまり重視しない傾向があり、その潜在顧客としての可能性を無為に逃している。

保守派は、本質的に不連続なイノベーションを受け入れない人たちであり、彼らが拠り所とするのは進歩などではなく、これまで守ってきた慣習である。そして、自分たちにとって役立つものがあれば、それをずっと使い続ける人たちでもある。保守派は、周りの者がみなウィンドウズに乗り換えてもまだマックを使い続け、逆に、周りの者がマックに戻っても自分だけはウィンドウズを使い続ける人たちだ。保守派は、いまでもブラックベリーを使っており、そのことに特に問題を感じていない。

ショートメッセージよりEメールを好み、電話をかけることも珍しくない。ツイッターは使わず、ネットへの書き込みもしない。そして、玄関ドアの前には新聞が配達される。彼らは、それで問題なく日々を過ごしている。他人が何を言おうが、「それが何か?」という返事が返ってきそうな人たちだ。

その意味で、保守派とアーリー・アドプターとのあいだには意外にも共通点が多い。両者とも、実利主義者と歩調を合わせようという呼びかけには、頑固なまでに耳を傾けないタイプである。たしかに、パラダイムがもはや斬新なものではなくなった頃に、保守派の人たちは、世の中に取り残されないためにそのパラダイムに移行することが多い。しかし、保守派が新しい製品を使うようになったからといって、彼らは決してそれを喜んで使っているわけではない。

実際のところ、保守派の人たちはハイテク製品には少し及び腰なのである。そのため彼らは、テクノロジー・ライフサイクルの後半になってから製品を購入することになる。その理由は、その頃には製品の完成度が高まっており、ベンダー間の競争の結果、価格も下がり、製品があたかも日用品のごとく扱われているからである。保守派がハイテク製品を購入するときには、ベンダーから言いくるめられないように用心してかかることが多い。しかし、彼らが参画する段階のマーケットはベンダーの利益幅が薄いので、ベンダーとしても顧客とのあいだに緊密な関係を築こうとする動機を見出せず、顧客をぞんざいに扱いがちとなる。その結果、保守派が受けるハイテク製品の印象はさらに悪いものとなり、購入の時期が一層遅れることとなる。

ハイテクビジネスを長期にわたって成功に導きたければ、この悪循環を断ち切って、保守派が喜んで製品を購入するような基盤を確立しなければならない。そのために、ここでベンダーが理解しておくべきは「保守派はハイテク製品そのものに関心はなく、大きな利益幅は期待できない。しかしその購買量の大きさゆえに、適切な方法で保守派に接するベンダーには大きな利益がもたらされる」ということだ。

保守派は、すべてがバンドルされてパッケージとなっている製品を格安の価格で買いたがる。彼らにとって絶対にあってはならないのは、購入したソフトウェアがいま使っているホームネットワークをサポートしないというようなことだ。要するに、保守派の人たちがハイテク製品に期待するのは、冷蔵庫のようなものである。ドアを開ければ自動的にランプがつき、放っておけば食品は低温度に保たれ、普段は冷蔵庫のことなど考える必要もない。彼らがもっともよく理解できるのは、音楽、ビデオ、Eメール、ゲームというような分野での単機能の製品だ。かりに一台の機器でこれらすべての役割を果たすことができたとしても、彼らはそれをすごいことだとは思わない。それどころか、内心、いらだちを覚えるのだ。

保守派を対象とするマーケットは大きな可能性を秘めている。低コストの使い古された技術に基づくコンポーネントを、業務目的に沿った単機能製品にパッケージし直せばよいのだから、このマーケットを放っておく手はない。この場合、すべてのコンポーネントは完全にデバッグされているので、必然的にパッケージの品質はきわめて高いものとなる。また、製品開発に関わるR＆D費用はすでに償却済みなのでコストを低く抑えることもでき、製品の製造についてもこれまでの経験を十二分に活用できる。要するに、保守派に対しては一からマーケティング活動を行なうのではなく、新たな顧客層に対して真のソリューションを提供するというアプローチが要求されるのだ。

ここで、保守派に対するマーケティングを成功させるための重要なポイントを二つあげよう。一つめのポイントは、顧客が抱える個別のニーズに応えるソリューションから一般的なソリューションに至るまで、ソリューションを十分吟味して、必要とされそうなソリューションをパッケージの中にすべて盛り込むことである。保守派を顧客とするマーケットではアフターサービスをするだけの利潤が得られないので、これは非常に大切なことだ。もう一つのポイントは、パッケージを効率的にターゲット・マーケットに流通させるため、できるだけ人手のかからない販売チャネルを確保することである。その意味で、ウェブを使って提供するサービスは、保守派を相手にビジネスをするときに、大きな可能性をもたらすものとなる。

もはや時代の先端ではなくなった製品でも購入するという点において、保守派の顧客層は、ハイテク企業の市場を一気に拡大し得る存在だ。ただし、これまで、この保守派向けの市場のかなりの部分を極東地域のオフショアに譲ってきた。オフショアは製品企画やマーケティングには不向きだが、製品製造においては有効な手段だ。今日においても、低コストであることが、オフショアがもたらす価値であることに変わりはない。保守派は価格に対して厳しいが、その理由の一つとして、彼らがハイテク製品の機能をフル活用できるだけの経験を持っていないことがある。もし、彼らがハイテク製品を使いこなせるようになるすべがあるならば、彼らはそれに対して喜んで対価を払うだろう。たとえば、アップルストアを調べてみるとよい。大きな市場で大きな購買力を持っているこの顧客層に対して、アメリカの製造関係者やマーケティング関係者がもっと注意を払えば、このセグメントから多くの収入を得ることができるはずだ。

保守派が構成するマーケットは、ハイテクベンダーにとって明るい未来であり、決して時代に取り残されたマーケットなどではない。保守派にとって大切なのは、パフォーマンスではなく利便性であり、機能の豊富さではなく使いやすさだ。自動車の後方視認カメラは、パーキング補助システムと同様に、保守派でも関心を寄せる製品だ。最近はGPSを使ったアプリケーションにも、保守派の関心が高まっている。しかし、音声入力システムに対して、保守派はそれほどの必要性を感じていない。

保守派を対象とするマーケットはチャンスというよりも、むしろ手がかかるという見方が一般的であるが、ハイテクビジネスを成功に導くには、リスクの少ないマーケットにも力を注ぐという新たな視点が要求される。多くの人がまだ完全には理解していないこの点にうまく対応できれば、大きな収入が約束されることとなる。また、R&Dの費用が大幅に増加しつつある今日、各企業はこの費用をできるだけ大きなマーケットから回収しなければならない。それはとりもなおさず、これまで長いあいだ放置されていたテクノロジー・ライフサイクルの後半部分に注力しなければならないということだ。

メインストリーム市場の構造

ビジョナリーが初期市場の成長の先導役となっているように、実利主義者はメインストリーム市場成長の牽引車となる。実利主義者の支持を得るということは、単にそれが成長のきっかけとなるばかりでなく、長期的に市場を支配するための必須条件でもある。しかし、彼らの支持を勝ち得たからといって、それで市場を手中にしたと考えるのは早計だろう。メインストリーム市場におけるリーダーシップを維持し続けるためには、少なくとも競争相手と互角に戦っていなければならない。この段階では、もはやテクノロジー・リーダーであることは必須条件ではない。製品も最高の機能や性能を誇るものである必要はなく、**十分実用に耐える**ものでありさえすればよい。そしてこのような状況では、競争相手は市場を奪い取るために積極的にブレークスルーを起こさなくてはなくてはならないが、こちらはそれに対してキャッチアップする策を講じさえすれば、十分対抗できるのだ。

オラクルは、二一世紀の最初の一〇年間に、この方法でさらに躍進を遂げた。同社は、各種のエンタープライズITソフトウェアを顧客に提供するために、過去何十年にもわたって研究開発《R&D》を拠り所としてきたが、ピープルソフト社の買収を表明したときに、オラクルのビジネスの進め方が大きく変わった。そして、この買収手続きが終わったとき、エンタープライズITソフトウェアは、統合という新たな局面に入った。これは、かつて鉄道、航空会社、監査法人が、最近では銀行が歩んだ道と同じだ。しかしオラクルの目的は、単にこれまでのカテゴリーの規模を拡大することではなく、エンタープライズITソフトウェアの品揃えを充実させるために、必要なソフトウェア資産を手に入れることだった。それによって、フォーチュン五〇〇社のCIOなら誰でも欲しがるような品揃えにすることが狙いだった。その後、CRM(顧客情報管理)ソフトウェアのシーベル社、アプリケーションサーバー・ミドルウェアのBEAシステムズ社、PLM(製品ライフサイクル管理)ソフトウェアのアジャイルソフトウェア社を買収し、さらにハードウェアを充実させるために、サン・マイクロシステムズまでも買収してしまったのだ。このような企業統合自体はイノベーションとは呼べず、資産の確保と言うべき行為だが、これによってイノベーションが止まったわけではない。正確に言えば、イノベーションを起こす場所が変わったというべきだろう。かつては注目を浴びたイノベーションを形作るテクノロジーが、いまでは次世代のイノベーションを起こすための土台となっている。実利主義者がベンダーに求めるものは、サプライズがないこと、そして安定性だ。さらに実利主義者は、少しばかり高価であっても、市場でリーダーとなっているベンダーには喜んでそのプレミア分を支払う顧客層だ。

実利主義者から保守派のマーケット・セグメントへと市場を円滑に拡大するための秘訣は、実利主義者と緊密な関係を保ち、彼らが新しいパラダイムに移行する手助けをすると同時に、保守派の顧客に対しては、現行のインフラストラクチャに新たな価値を与え、彼らの満足度を引き上げることである。これを実践するのは容易なことではないが、それを成し遂げたときには、非常に大きなマーケット・セグメントがベンダーにもたらす収入は計り知れないものがある。

この点に着目して、テクノロジー・ライフサイクルにおける最初の四つの顧客グループの特性を見直してみると、たいへん興味深い事実を発見することができる。それは、製品自体の重要性、つまり製品が持つユニークな機能は、テクノロジー・マニアには最高の価値をもたらすが、保守派にとっては何の価値もないということだ。保守派にとっては、製品そのものよりも顧客が受けるサービスのほうがはるかに大切なのである。これは別段驚くには当たらない。要は、テクノロジー・ライフサイクルの顧客グループごとに、ハイテク製品に対する関わり方や適応力が異なるということだ。何より見逃してならないのは、製品が市場で扱われている期間が長くなるほど製品は成熟し、顧客に対するサービスが一層重要になるということだ。特に保守派というのは、サービスをもっとも重視する人たちであることを忘れてはならない。

これまでの一〇年間、ハイテク業界は、**製品の提供からサービスの提供へ**の転換を積極的に進めてきた。ソフトウェア・アズ・ア・サービス（SaaS）、データセンターが提供するインフラストラクチャ・アズ・ア・サービス（IaaS）、ソフトウェアの開発とデプロイメントのためのプラットフォーム・アズ・ア・サービス（PaaS）――これらはすべて、クラウドサービスの要素となっており、コンピューティングの世界において、このバーチャルサービスの利用が日ごとに増している。

そして、ここまで来るには二つの段階を経る必要があった。一つには、ベンダーが自社の製品を顧客に導入し、それを使えるようにするまでに、できるかぎりの顧客サービスをする必要があったことだ。これは、純粋にサービスであり、新たな価値を生み出すものではなかった。製品がまともに動くようにするための、言ってみれば税金のようなものだ。エンタープライズITソフトウェアの場合、この税金の額が無視できないほどに大きく、ときには、この作業がシステムインテグレーターに多額の収入をもたらすことになる。もちろん、このような税金が少額であることに越したことはないし、税金がかかることを喜ぶ者はどこにもいない。

二つめは（二つめとは対照的に）、サービスを通して顧客の体験をより良いものにすると、ベンダーが認識を変えれば、誰もが幸せになるということだ。アップル・iPadが良い例だ。iPadは、テクノロジー・マニアやビジョナリーだけでなく（「かっこいい！」）、実利主義者（「トレーニングコストが不要！」）や保守派（「教えてもらわなくても使える！」）のあいだでも人気を博している。よちよち歩きの子がiPadで遊んでいる姿を見ると、昔のCTL＋ALT＋DELキーの時代から、よくぞここまで来たものだと感慨にふけってしまう。

とは言いながら、ハイテクに縁のない人がいつの世にもいるもので、次に、そのような人たちについて見ていこう。

ラガード［別名◆懐疑派］

懐疑派は、テクノロジー・ライフサイクルの中で全体の六分の一を占め、大量一括購入をするケースを除けば、通常、ハイテク市場に参加してこない人たちである。したがって、ハイテク製品のマーケティングを進める際に懐疑派に対して留意すべきは、彼らの影響を市場に及ぼさないようにすることだ。しかし、これはある意味、残念なことでもある。というのは、懐疑派は、わたしたちが間違ったことをしたときにそれを教えてくれる存在でもあるからだ。

懐疑派の人たちは――不連続なイノベーションと言われるものが期待に応えてくれることは少なく、往々にして予期せぬ結果になる――ということをよく口にする。理解し難い機能と使用することのリスクを考えると、不連続なイノベーションなどというものは、懐疑派にとっては負けが決まっている賭けのようなものである。もちろん、ビジョナリーと実利主義者は、当然、このような問題点について熟知している。そうでなければ、ハイテク業界について、これ以上論じることができなくなってしまう。しかし、ここで懐疑派に対して一生懸命反論を試みるのではなく、むしろ、彼らから学ぶことを考えてみてはどうだろうか?

ここまで考えると、いかなるベテランの営業マンといえども、ハイテク製品の価格妥当性を懐疑派の人たちに理解してもらうのは容易でないことがわかる。ハイテク製品の導入によって大きな費用削減効果が生まれる可能性は常にあるが、一方、製品単体ではそれを実現できないことがある。つまり、営業マンが顧客に対して、「これを実現することができる」と説明している内容は、実はその製品を使った「ホールプロダクト」によって実現されることであり、ハイテクベンダーが市場に出している製品だけでは不十分というケースがあるのだ。ホールプロダクトを顧客に責任をもって提示できなければ、懐疑派がその製品を使うことはまずない（ホールプロダクトの重要性については、のちほどキャズムを越えてメインストリーム市場に入って行くための必要条件を検討する際に、さらに詳しく見ていく）。

懐疑派がしばしば指摘するのは、いざ新システムを使ってみると、購入したときにベンダーが約束したことを実現できないということだ。ここで彼らが言わんとしているのは、ベンダーがまったく約束を守っていないということではなく、実現できる内容が製品購入時の説明と異なるということだ。もしそれが事実ならば――ある程度までは事実だと思うが――顧客に新システムの機能を約束するということは、一般に想像されている以上に誠意を要する行為であると言わねばならない。これは、新システムが提案される際に、顧客にとって真に価値のあるものは、費用削減効果を示すための数字の羅列などではなく、顧客が製品から価値を引き出すためにいかなる協力も惜しまない、というベンダーの姿勢であることを物語っている。新システムの導入時にそのシステムの価値が完全に理解されているわけではなく、使っているうちにその真価がわかってくるという事実を思い起こしてみれば、顧客にとって何よりも大切なのは、製品の柔軟性と適応性、ベンダーによる不断の顧客サービスであることがわかる。

つまるところ、ハイテク製品のマーケティング担当者が懐疑派の顧客から学ぶべきことは、営業マンが説明した内容と製品が実際に発揮する機能との乖離についてだ。このような乖離が存在すると、顧客のプロジェクトはうまくいかず、そして失敗例が口コミで伝わり、ベンダーはマーケットシェアを失う結果となる。要するに、懐疑派を無視するという行為はセールスの観点からすれば正しい戦術だが、マーケティングの見地からすれば愚かな行為となる。マーケティングを進めていくとき、このような「裸の王様」症候群に陥る危険性は誰にでもある。特に、業界で目立った存在とならねばならないハイテクベンダーにとって、その危険性はひときわ高い。懐疑派は決してベンダーの思い通りには動いてくれないが、逆に、ベンダーにとっては彼らから学びとるべきことが多い。

キャズムの再検証

これまで見てきたように、マーケティング・モデルとしてのテクノロジー・ライフサイクルは、その中にさまざまな価値を内包している。たとえば、顧客がマーケットに参加してくる段階ごとにサイコグラフィック特性を分析すれば、ハイテク製品のマーケティングを進めていくうえでの重要な指針が得られるのだ。

逆に、前章でも述べたように、製品のライフサイクルに沿って、ある顧客グループから次の顧客グループへと移行することが比較的容易に見えてしまうのが、このモデルの欠点と言える。現実には、新たな顧客グループに移行するというのは、マーケティングの面から見ても、また顧客と円滑なコミュニケーションを図るという面から見ても、決して容易なことではない。その最大の理由は、現在の顧客グループに対するマーケティング戦略が功を奏しているときに、次の顧客グループに対してまったく新たな戦略を採用しなければならないことだ。

新たな顧客グループに移行するときの最大の障害は、先行事例として紹介できる顧客がその顧客グループの中にいないということである。前章でテクノロジー・ライフサイクルの図を描き直したときに見たように、各顧客グループのあいだにクラックが存在していたことを思い出してほしい。それぞれのクラックの右側の顧客グループを攻略する際に、左側の顧客グループを先行事例として使っても、事例としての価値に限界があるのだ。

しかし、中には、二つの顧客グループが本来的に親和性を持っているため、たがいに密接に関連し合っているというケースもある。たとえばアーリー・アドプターとしてのビジョナリーは、テクノロジー・マニアの見解を尊重し、常に彼らに意見を求めようとする傾向がある。具体的には、自分たちのビジョンを実現することが技術的に可能かどうかをテクノロジー・マニアに尋ね、そのビジョンが現実的な意味を持つものかどうかを検証するのである。また、個別の製品を評価するときにも、ビジョナリーはテクノロジー・マニアの手助けを求める。このようにして、ビジョナリーが抱いている懸念をテクノロジー・マニアが払拭することがあるのだ。

同様に、保守派が新しいテクノロジーを導入するときには、実利主義者の手助けを必要とする。保守派も実利主義者も、自分たちの業界に関する事柄に最大の関心を寄せ、次にビジネス全般に関するテーマに興味を示し、新たなテクノロジーを導入することは二の次という点でたがいに共通するところがある。両者が異なるのは、実利主義者はテクノロジーがもたらす利便性に信頼を寄せると同時に、技術をしっかりと見定めることに自信を持っているが、保守派はそのどちらに対してもかなりの不安を抱えているという点だ。そのため保守派は、あるところまでは尊敬する実利主義者と手を携えて進むのだが、実利主義者の自信に対しては少しばかり不安を覚えるのである。このことからも、新たな顧客グループに移行する際に、それまでの顧客グループが先行事例としての役割を果たすのに限界があることがわかる。

先行事例がないのは、これから新たな市場を対象にしようとするときの致命的な問題となる。というのは、市場、特にハイテク市場は、購買を決定する際にたがいに先行事例を確認し合う人たちで構成されているからだ。そしてテクノロジー・ライフサイクルに沿って、ある顧客グループから次の顧客グループに移行しようとするときに、**それまでに積み上げた事例はなんの役にも立たないかもしれない**。

その端的な例は、ビジョナリーから実利主義者へ移行しようとするときに見受けられる。この両者以外の顧客グループ間にも相互を分かつクラックはあるが、**ビジョナリーと実利主義者**を分断しているクラックは最大規模のものであり、その存在については無視されていることが多い。これがキャズムなのである。

このキャズムをじっくり観察してみると、ビジョナリーと実利主義者の差異が四点見えてくる。以下に、実利主義者と対比しながら、ビジョナリーの特徴をまとめてみよう。

ビジョナリーは、他企業の経験を活用しようとしない

ビジョナリーというのは、新たなテクノロジーの可能性を、同業者の中で真っ先に見出そうとする人たちである。彼らは自分が競合他社の誰よりも賢いと考えており、事実そのとおりであることも少

なくない。実際のところ、新テクノロジーの可能性を誰よりも早く発見し、それを自社の競争優位性につなげることができるかどうかでビジョナリーの能力が測られるといっても過言ではない。よって、新テクノロジーの価値をまだ誰も発見していないときにかぎり、ビジョナリーのアドバンテージが保たれることとなる。そのため、同業者の多くがすでに使っており、十分にテストされた製品を購入しようなどとは決して思わない。それどころか、もしもそのような先行事例が存在するならば、すでにこのテクノロジーに新規性はなく、逆にビジョナリーの敬遠するところとなる。

反対に、実利主義者は他企業の経験を最大限に活用しようとする。彼らが製品の購入を決定する際には数多くの先行事例が必要であり、中でも十分な数の同業他社の事例がなくてはならない。そして前章で見たように、ベンダーにとって、ここには「キャッチ二十二」の問題が潜んでいる。通常、一つの業界にはビジョナリーは一人か二人しか存在せず、それは実利主義者が要求する先行事例の数にははるかに及ばない。かといって、自分と同じ実利主義者の中に多くの先行事例があるというわけでもない。

ビジョナリーは、自分たちの業界のことよりもテクノロジーに深い関心を抱く

ビジョナリーは未来を体現しようとする人たちである。彼らは、新規テクノロジーに関するコンファレンスやフューチャリストの人たちが集まるフォーラムに顔を出し、そこでテクノロジーのトレンドを把握したり、有望な商品を探したりする。彼らは気さくな性格の持ち主である一方、ハイテク企

業というものに精通しており、さらにハイテク製品を使って実現できることをよく理解している。そして、頭の回転の速い人と話すことを好み、自分たちの業界に関するありふれた話にはすぐに退屈してしまうというタイプである。要するにビジョナリーというのは、ハイテクについて語りたがり、四六時中ハイテクのことを考えていたいと思う人たちなのだ。

それに反して、実利主義者は未来的なものにはあまり関心を示さない。彼らは現実を直視するタイプであり、自分たちの業界の発展をいつも考えている人たちである。彼らが参加するコンベンションは自分たちの業界に関するものであり、そこでは、自分たちの業界に関するテーマが議論されている。大規模な変革や業種横断的なメリットというようなテーマは講演としては面白いだろうが、それは実利主義者の興味を引くものではない。

ビジョナリーは、既存の製品インフラに頓着しない

ビジョナリーは、自分たちのビジョンを具現化するためなら、システムを一から作ることもいとわず、このときシステムを作るためのコンポーネントが手軽に入手できるなどとは思っていない。システムを作るときも、各種のスタンダードが確立されていることなど期待してはいない。むしろ、自分たちがスタンダードを打ち立てようと考えているくらいである。そして、ベンダーのサポートグループが組織化されていることも、システム構築のための手順が確立されていることも、作業と責任を分担するためにサードパーティーの支援を得ることも、いずれもまったく期待していないのである。

逆に実利主義者にとっては、ここにあげたようなことがすべて事前に揃っていなければならない。ビジョナリーがメインストリームの慣行を無視して我が道を突き進んでいる姿を見ると、その危うさゆえに実利主義者は思わず身震いをしてしまう。もともと実利主義者というのは、メインストリームと関わり合いながら自らのキャリアを伸ばしてきた人たちである。くり返しになるが、ビジョナリーが実利主義者にとって意味のある先行事例にならないというのは、残念ながら事実である。

ビジョナリーは、周りを混乱させても気にしない

ビジョナリーは、実利主義者から見れば、突然やってきて自分のお気に入りのプロジェクトに予算を全部注ぎ込んでしまう輩である。プロジェクトが成功すれば、功績はすべてビジョナリーのものとなり、実利主義者は、「最新技術」を満載した新システムの保守を担当することになる。ところが、この最新技術の扱い方をまだ誰もよく知らないということが、ここで厄介な問題となる。逆にプロジェクトが失敗した場合、ビジョナリーは事前にそれを察知してすでに姿を消しており、あとに残された実利主義者が撤収作業を担当するはめになる。プロジェクトが成功しようが失敗しようが、ビジョナリーは一カ所に長く居続けるタイプではない。彼らは、企業から企業へと移り、出世街道をひた走ることだけを考えている。

それとは逆に、実利主義者は、現在の勤務先で自分の専門を長期にわたって全うしようと考えている。実利主義者は、結果の成否にかかわらずその結果から逃れられない立場にあるために、いきおい、

壮大な計画に対しては注意深い態度をとるようになる。

いずれにしても、実利主義者がハイテク製品の購入を決断するときに、ビジョナリーを先行事例としないことがこれで明らかになったと思う。ここにキャズムが存在するのだ。ビジョナリーを相手にして成功したハイテク企業が、次の段階の実利主義者に対して、これまでと同じ方法で製品を売り込もうとすると厄介なことになる。たとえば、初期市場の顧客が行なった製品テストが成功裏に終了したような場合、ベンダーはそれを大々的に宣伝したくなるが、実利主義者が聞きたいのはそういう内容ではなく、製品が現場で稼働している実例なのだ。つまり、ベンダーが「最先端技術」を宣伝したいと思っていても、実利主義者が聞きたいのは「業界標準」という言葉なのだ。

問題は製品の説明内容や企業のポジショニングにとどまらない。これは時間に関わる問題でもある。つまり、ハイテクベンダーは実利主義者がすぐにでも製品を買ってくれることを期待するのだが、逆に実利主義者は、先行事例が出てくるまで待ちたいと考えるのである。両者の考え方は、それぞれの立場からすれば無理からぬところである。しかし、この膠着状態を打破するために、誰かが時計の針を進めなければならない。それはいったい誰なのだろう？

答えを明かせばそれは実利主義者なのだが、実利主義者が間違いなく最初の一歩を踏み出すようにもっていくためにはどうすればよいか？　それを次章で詳しく見ていこう。

第3章

Dデー

The D-Day Analogy

キャズムに落ち込んだら、そこから一刻も早く抜け出さなければならない。そこに顧客はいないからだ。しかし、買った製品に対して不平をもらしている顧客から敵意むき出しのライバル会社に至るまで、こちらの進路を妨げる相手なら、キャズムの中に山ほどいる。彼らは揃って、新興ベンダーがメインストリームに進む道をふさごうとするのである。この点についてもう少し詳しく調べ、キャズムに落ち込まないようにするための指針を確認しよう。

キャズムに潜む危険性

まず、新規顧客を獲得できないという話から始めよう。かりに初期市場で複数のビジョナリーから順調に受注したとしても、それが頭打ちになり始めると（通常、三件から五件受注するとそうなる）、新興ベンダーの台所事情が苦しくなってくる。このときにはまだ、メインストリーム市場の実利主義者がこぞって製品を購入してくれるような状況になっていないので、ベンダーが収入を得る市場は他にない。ベンダーが初期市場で大きな案件を受注し、キャッシュフローが改善されたことに気を良くしていたのも束の間、いまや状況は逆転し、キャッシュフローがどんどん悪化している。悪条件はそれだけではない。これまで新興ベンダーには目もくれなかったメインストリーム市場のライバルベンダーが、一社あるいは二社から失注した結果、この新興ベンダーの存在を知るに及ぶと、その後、猛然と反撃に出てくるのだ。

新興ベンダーにとって、もはや新規ビジネスのチャンスはどこにもない。仕方がないので初期市場の大手既存顧客のところに立ち戻り、彼らビジョナリーの夢の実現に一役買った実績を梃子に、これまで以上のサービスを提供しようと考える。そうすれば、より強固な実績を作れるだけでなく、そこで製品のインフラやインターフェースを作成して、「不連続なイノベーション」を実利主義者にとって「現実的なソリューション」に変換することだってできるかもしれない。しかし残念なことに、ビジョナリーには今年度の予算があまり残されていない。そうでなくても、ビジョナリーとの契約を取るときに約束したことを守るため、ベンダーがビジョナリーのためになすべき仕事はまだ残っている。つまり、仕事はたくさんあるがそれに対する収入はないという状況だ。

さらに初期市場だけでサービスを提供し続けても、安定的な収入が得られるわけではない。たしかに、初期市場でまだ他のビジョナリーから受注できるチャンスがあるかもしれない。しかし、ビジョナリーはそれぞれ独自の夢を描いており、必然的に独自のカスタマイゼーションを要求するものである。そして、ただでさえ多忙をきわめるベンダーの開発チームに、さらなる負担がのしかかる結果となる。それだけではない。早晩、この初期市場にも、さらに斬新なテクノロジーを携えて、一層魅力的な商談をビジョナリーのところに持っていく別の新興ベンダーが現れるかもしれない。そのときまでに、キャズムを越えてメインストリーム市場で確固たる足場を築いておかなければならないのだが、それができなければ万事休すだ。

危険はまだある。新興ベンダーがマーケティング活動を進めるための資金は、今日に至るまで投資家によって供給されてきた。その中には、ベンチャーキャピタルによる直接投資もあれば、大企業が新製品を開発するときのような間接投資もある。このような投資家が初期市場におけるベンダーの成功を目にすると、次は、ビジネスプランに記載してあった中長期の売上目標が達成されることを期待するようになる。すでに見てきたように、ベンダーがキャズムに落ち込んでいる時期にそのような成長を期待しても仕方無いことなのだが、ビジネスプランには会社を成長させると記してあり(そもそも、そのように書かなければ投資が行なわれない)、しかも残された時間はかぎられている。

実際、ベンチャーキャピタルならぬバルチャーキャピタル(ハゲタカファンド)と世間で呼ばれているような、企業を食いものにする投資家は、企業がもがき苦み、そして成果を出せないでいるこのキャズムの時期を悪用して、現経営陣の追い落としを画策することがある。そのようなときには、ベンダーの企業価値、つまり株式評価額が下がっているため、バルチャーキャピタルは次の出資ラウンドでこの企業の株式を安値で大量に入手することとなる。このようにして企業の経営権を手に入れたあとは、新しい経営陣を送り込み、有望なテクノロジーを格安で手に入れるのだ。これは企業価値を破壊する行為であり、そこでは人的価値や成功のチャンスなどの、企業にとってかけがえのないものがすべて破壊される。このようなことはあってはならないが、現実に起きている。

しかし、道理にかなった要求をし、経営陣を支援する姿勢を見せている投資家であっても、キャズムについては大きな不安を抱くものである。このような場合、ベンダーにとって最良のシナリオは、急成長すべきときでも、投資家がそれを期待しないでくれることだが、「どこかで誰かがうまく機能していないようだ」という風評が流れるのを止めることはできない。しばらくのあいだは、投資家も不問に付してくれるかもしれないが、もはや一刻の猶予もならない。ベンダーはすぐにメインストリーム市場に出て、実利主義者と長期的なビジネス関係を構築しなければならない。それ以外に道を切り開くすべはない。

メインストリーム市場への険しい道

メインストリーム市場に入るという行為は兵の侵攻に似ている。メインストリーム市場ですでに顧客との関係を樹立しているベンダーは、新たなベンダーの侵入を快く思わず、あらゆる手段を講じて新興ベンダーを締め出そうとする。そして顧客も、新たに市場に進出して来たどこの馬の骨ともわからないようなこのベンダーを胡散《うさん》臭そうな目で見つめるのである。このようなベンダーの進出を喜んで迎え入れる者はどこにもいない。彼らにとって、新興ベンダーは侵略者以外の何者でもないのだ。

かたや新興ベンダーにとっては、善人ぶっているときではない。すでに見てきたように、キャズムを越えることはベンダーの生死を左右する一大事なのだ。いかなる抵抗に遭おうとも、なんとしてもメインストリーム市場に食い込まねばならない。新しい市場に進出するのが軍事行動に似ているのであれば、作戦もそれにならうのがよい。参考までに、一九四四年六月六日、連合軍がノルマンディーに上陸したDデーについて振り返ってみることにしよう。他にも最近の軍事行動の成功例は少なからずあると思うが、このDデーの例はこれから話をする内容と多くの類似点を持っている。

類似点は明快である。わたしたちの目標は、現在ライバル(枢軸国)が守りを固めているメインストリーム市場(西ヨーロッパ)に進出し、そこを支配下に置くことである。メインストリーム市場をライバルから奪い取るには、自社の製品だけでなく、他社(連合国)の応援も得て侵攻部隊を編成しなければならない。新市場に進出するときの最初の目標は、初期市場の顧客(イギリス)から、メインストリーム市場の戦略的マーケット・セグメント(ノルマンディー海岸)に戦力を移すことである。しかし、そこにはキャズム(イギリス海峡)が待ち構えている。侵攻部隊は、攻略の日(Dデー)に持てる勢力を総動員して、一気呵成にキャズムを越えなければならない。そして、いったんターゲットとするニッチマーケットからライバルを追い払ったら(橋頭堡としてのノルマンディーを占拠したら)、次なるマーケット・セグメントの支配(フランス各地区の解放)に向けてさらに侵攻し、全市場の支配(西ヨーロッパの解放)を目指すのである。

作戦はただそれだけだ。このDデー作戦にならってメインストリーム市場への進出を図る。つまり、まず支配できそうなニッチ市場をターゲットとし、そこからライバルを追い払い、そこを起点としてさらに戦線を拡大する――これがキャズムを越える方法だ。肝心なのは、十分に絞り込んだ敵に対して、こちらの最強の兵力を投入することである。一九四四年に連合国と協力して敢行したこの作戦は見事に成功を収めたが、その後、多くのハイテク企業がこの作戦を踏襲することによって成功している。

ただし、ノルマンディー上陸作戦の成功にならって、新興ベンダーが実利主義者の顧客を獲得し、そこからさらに大きな市場に出て行くには、まずニッチ市場に多数の援軍を集結させることが必要となる。このように、最初のうちは市場を限定すると顧客の獲得が容易になり、同時に、営業用の資料をはじめ、各種の内部手続きや文書類を簡略化することができる。そしてこの時点におけるマーケティング活動の効率は、ひとえに、マーケット・セグメントをどこまで「絞り込んで」切り出せるかにかかっている。絞り込みが効果的に行なわれるほど、そのマーケット・セグメントに向けて発信するメッセージの作成が容易になり、口コミで早く伝わるからだ。

設立されたばかりのベンダー、あるいはかぎられた資源でマーケティング活動を展開しているベンダーは、マーケットを絞り込むことによって自社の競争力を高める必要がある。そうしないと、熱きマーケティング・メッセージはあっという間に雲散霧消し、口コミによる連鎖反応は起きず、営業部隊は相変わらず誰も知らない製品を売る努力を続けることになる。これは、ベンダーが初期市場からメインストリーム市場に進もうとするときに見られる、典型的なキャズムの兆候である。このようなときには、製品に対する引き合いがなくなり、営業部隊の士気が落ちるのだが、その原因は他でもない、市場の絞り込みをしっかり行なわず、手広く性急に攻め入ろうとしたからだ。

しかし、Dデー作戦に従えばこの失敗を避けることができる。そして絞り込んだ相手にしっかりと照準を定めれば、企業全体に活力を吹き込むことができる。この際、「絞り込んだ相手」とは、(一)攻略可能な相手であり、(二)将来的にもそこを起点にして市場を拡大できる相手、でなければならない。ベンダーがキャズムを越えられずに敗退する大きな理由は、メインストリーム市場には多くの可能性があるため、焦点を絞り切れずにあらゆる可能性を追い求め、結局、どの実利主義者に対しても相手が納得するソリューションを提示できないで終わるからだ。Dデー作戦に従えば、焦点を絞り込めるようになる。結局のところ、ノルマンディーを占拠しないかぎり、パリに向けて侵攻することなどできはしない。そして、持てる全勢力をこの小さな地区に集結することによって、成功確率を一気に高めなければならない。

ただ残念なことに、この戦略は大きな成果を生むが、新興ベンダーの経営者の直感に反するものなのだ。そのため、この戦略を知識として知っていても、それを実行に移す経営者は少ない。この話をもう少し続けよう。

火を熾す方法

火を熾《おこ》すことは、ボーイスカウトあるいはガールスカウトなら誰でもできる。紙の上にたきつけと薪をのせて火をつける。これほど簡単なことはない。**まずニッチ市場から攻めるというアプローチをとらないでキャズムを越えようとするのは、たきつけを使わないで火をつけるようなものだ。**

火をつけるときに使う紙はマーケティングのために使える予算で、燃やす薪はマーケットに潜んでいるビジネスチャンスだ。ターゲットとするマーケット・セグメントがなければ、薪の下に紙を何枚敷こうが、その紙はいつか燃え尽きてしまい、薪には火がつかない。ウェブバン（Webvan）、ソリンドラ（Solyndra）、ベタープレイス（Better Place）などの新興ベンダーが、何百億ドルものベンチャー資金を使い果たして会社を清算したが、これは、授業料というにはあまりにも高すぎた。

火を熾すことは、ロケット工学ほどに難しくはないが、相応の信念が必要なのは確かだ。そして、ハイテク企業の経営者に欠けているのが、実はこの点なのだ。ハイテク企業の経営者は、市場を選ぶ段になると、ほとんどがニッチ市場を避けるのである。これはちょうど、結婚したがらない独身男性が、あちこちで適当に相槌を打ちながらも、結局は、ウェディングベルが鳴る日に姿を見せないようなものだ。なぜだろう？

ここで強調しておきたいことがある。それは、もしキャズムを越えられなかったとしたら、その原因は、越え方を知らなかったのではなく、越えようという意志が弱かったからだ。つまり、キャズムを越えられなかった経営者は、ニッチマーケティングを知らなかったのではない。過去二五年間のMBAにおけるマーケティングの授業を調べてみると、マーケットをセグメンテーションすることの必要性と効用がすでに説かれている。したがって、ニッチ市場の重要性に気づかなかったとは、誰も言えないのだ。その代わりに、「ニッチ戦略が最適であるのはわかっているが、時間がない」とか、「いま、ニッチ市場を相手にしている資金的余裕はない」とかいう言い訳があちこちから聞こえてくる。もちろん、これは彼らの本心ではない。本音は――**売上が期待できないような分野に手間暇をかけるつもりはない**――ということだ。見方を変えれば、彼らは販売は重視するがマーケティングには関心がない、ということになる。

ここで、(一) このような戦略は企業にいかなる影響を与えるか、(二) 販売重視は正しい戦略か、(三) 販売を続けていけばマーケットがついていきて、そうすれば何もかもうまくいくか、という三つの問いについて考えてみよう――答えは、(一) 壊滅的、(二) 必ずしもそうとは言えない、(三) 百万年たってもそうはならない、である。

ひとことで言うなら、**キャズムの時期に販売重視の戦略を立てるのは致命的である。**その理由はこうだ。これからメインストリーム市場に進出しようとする企業が目指すのは、何よりもまず、メインストリーム市場での橋頭堡《きょうとうほ》を確保することである。つまり、先行事例となる実利主義者の顧客を獲得し、そこを起点としてメインストリーム市場の他の顧客を攻略するのだ。この先行事例を打ち立てるためには、メインストリーム市場における最初の顧客の購入目的――発注書をもらうために、ベンダーが顧客に約束したこと――が完全に実現されるように、ベンダーは万全の体制で臨まなければならない。そのためには、ベンダーは単に自社が販売している製品だけでなく、ホールプロダクトを顧客に提示しなければならない。あとで詳しく見ていくが、ホールプロダクトとは、顧客の目的を達成するために必要とされる一連の製品やサービスのことである。ここで必要なものが一つでも欠けていたらソリューションとしては機能せず、そのため、顧客に約束したことも実現されず、先行事例の確保に失敗する結果となる。よって、先行事例をなんとしても確保するため――それが、キャズムを越えるときの主目標でもあるのだが――顧客にホールプロダクトを提供することを確約しなければならない。

しかしながら、ホールプロダクトを確約するのは、大きなコスト負担を強いられることになる。かりにホールプロダクトを構築するためにパートナー企業や提携先企業を迎え入れたとしたら、それだけで十分、人手のかかる仕事となる。しかも彼らの製品をこちらが責任を持ってサポートすることにでもなれば、現在、社内の他のプロジェクトで手が離せないキーパーソンまでもが必要となるかもしれない。したがって、顧客にホールプロダクトを提示する場合には、戦略的に、かつ顧客を絞って進めなければならない。すなわち、そこを起点として別の顧客を攻略することができそうな顧客を重点的にサポートするのである。それができるのは、営業部隊が一つのニッチ市場に焦点を絞っている場合にかぎられる。それ以上に手を広げると、貴重な資源を使い果たし、確約したホールプロダクトは実現不可能となり、そしてキャズムの中に拘束される期間をさらに長引かせることとなる。そして、一〇〇パーセント販売重視という方針を掲げるならば、永遠にキャズムから抜け出すことはできない。

ホールプロダクトを梃子にしてマーケットを拡大させることを考えれば、販売重視の戦略が間違いであることがわかる。しかし、セイレーンの呼び声があまりに魅力的なので、ついつい社内の資源を販売に振り向けてしまうのだ。さて、ここで次のような状況を考えてみよう。新市場に入って行くときには、自社製品が顧客の口コミで評判になることが必須条件だ。ハイテク製品を購入するときには、口コミによる情報がもっとも信頼されているという調査結果が多数報告されている。セールスサイクル（商談が開始されてから成約するまでの期間）の初期には、購入製品の候補を集めるために口コミが活用され、セールスサイクルの終わり頃、つまり購入を決定する頃には、購入製品を最終決定するために再び口コミが利用される。いかなる市場であろうとも、口コミが効果的に広がっていくためには、そこに一定数以上の参加者がいなければならない。そしてそのような市場参加者が折に触れて集まり、意見を交換し、製品やベンダーの位置づけをたがいに再確認するのである。口コミによる評判は、このようにして広がっていく。

この口コミによる情報交換のきっかけを作るには多額の費用を必要とし、メインストリーム市場の場合には特にそれが顕著となる。初期市場では、技術専門紙や特殊なメディアを通じて顧客に効果的にメッセージを伝えることができるが、メインストリーム市場ではそうはいかない。これまで見てきたように、実利主義者というのは同じ業界の中で、あるいは同じ職業に携わる者同士で情報交換をする傾向が強い。化学者は化学者同士、弁護士は弁護士同士、保険会社の経営者は保険会社の経営者同士で情報交換をするのである。複数にまたがるマーケット・セグメントで一社あるいは二社の顧客を獲得しても、口コミの効果は現れない。販売重視の戦略を採用した場合には、このような結果になりがちである。顧客がベンダーについて誰かと話をしようと思っても、話をする相手がいないのだ。それとは対照的に、一つのセグメントで四社あるいは五社の顧客を獲得した場合、口コミの効果が十分発揮されることになる。このように、特定のマーケット・セグメントをターゲットとして選定したベンダーには、キャズムを越える初期の頃から口コミ効果が現れるが、ターゲットを絞らずに販売に注力したベンダーにその効果が現れるのは、ずっとあとになってからである。さらに悪いことに、その効果が現れるという保証はどこにもない。**口コミ効果がないと、製品を売り込むのに苦労すること になり、その結果、販売コストが上がり、売上が不安定になる。**

キャズムを越えるときに、ホールプロダクト、口コミに次いで、ニッチ市場に着目しなければならない三番目の理由について説明しよう。それは、マーケットにおけるリーダーシップである。実利主義者は、マーケット・リーダーから製品を買おうとする。理由は簡単で、ホールプロダクトというのは、マーケット・リーダーの製品を中心に形成され、それ以外はあり得ないからだ。たとえば、ダウンロードできるアプリの数の多さにおいて、アップルのiOSやアンドロイドは、ウィンドウズ8やブラックベリーに勝っている。ルーターやスイッチをサポートできる人間の数において、シスコはジュニパーに勝っている。各ベンダーが持っているこのような付加価値は製品の価値を高めることになるが、当然、実利主義者はこのことに気づいている。その結果、彼らは揃ってマーケット・リーダーの製品を購入し、その後もずっとその製品を使い続けようとするのである。実利主義者が新興ベンダーの製品の購入について、その決定を遅らせるとしたら――これがまさにキャズム現象なのだが――その主たる理由は、誰がマーケット・リーダーなのかを見きわめるためである。マーケット・リーダー以外からの購入は避けたいのだ。

さて、ここに、キャズムを越えようとしているベンダーがいたとする。キャズムを越えようとしているのだから、このベンダーは当然マーケット・リーダーではない。ここで問題。一刻も早くマーケット・リーダーになるには、どうすればよいだろうか？　これは簡単な数学の問題でもある。どのようなマーケットであろうとも、リーダーであるためには最大のマーケットシェアを持っていなければならない。通常、新市場ができあがった頃は五〇パーセント以上、そして、時の経過とともに、それが三〇ないしは三五パーセントになることもあるが、とにかくこれがリーダーの条件だ。そして、ある期間のあいだに――たとえば、二年と仮定しよう――計上したい売上を決めるとする。その数字を二倍にしたものが、自分が支配可能なマーケットの規模だ。ここでは、一つのマーケット・セグメントからのみ収入がもたらされると想定しているので、厳密に言うと、この数字はマーケット規模の**最大値**を表している。このことから、早くマーケット・リーダーになりたいのであれば――もちろん、なりたいに決まっている――**唯一の戦略は、「小さな池で大きな魚になる」というアプローチである。**実利主義者はマーケット・リーダーからしか買わないし、新興ベンダーにとっては先行事例となる実利主義者を獲得することが当面の最大の目標であることを考えあわせれば、これが最良の戦略であることがわかるだろう。

セグメント、セグメント、セグメント。このアプローチの良いところは、「マーケットの支配」を目標にしていることだ。つまり、実利主義者がマーケット・リーダーから製品を購入したという実績を作れば、あとは彼らの口コミがこのベンダーを下支えしてくれる。いったんそうなれば、ライバルがこのマーケットに入ってこないようにするための障壁ができたに等しい。ライバルがいかに大企業であろうとも、また、その製品にどのような機能が付加されようとも、マーケット・リーダーに対抗するのは容易でない。メインストリーム市場の顧客は、このマーケット・リーダーの製品がライバルに比べて機能が劣っているとか、ライバルに負けないようにアップグレードせよとか、いろいろと言うだろう。しかし彼らの本音は、マーケット・リーダーから離れたくないのだ。マーケット・リーダーであれば、購入を決定するときの社内手続きが楽であり、品質もまず心配はなく、ホールプロダクトを支配するためのコストが低く、そして何よりも、ベンダーが消えてしまう心配が少ないからである。メインストリーム市場の顧客は、要求は厳しいがマーケット・リーダーの強い味方なのだ。言ってみれば、マーケットを支配するというのは、「年金」のようなものだ。自分が好調なときに積み立てをしておいて、不調になったときにはそれが自分を救ってくれる。収入は安定しており、販売コストはライバルより低い。

このようなことから、キャズムを越えようとするときには、一つのマーケット・セグメントに絞り込むことにより、**ホールプロダクトによる梃子の原理**、**口コミの効果**、そして**マーケットにおけるリーダーシップ**を最大限に活用することが肝要だ。加えて、メインストリーム市場に到達するために、キャズムを越えるという強い意志が必要であるのは言うまでもない。

マイクロソフトの場合

最初に、筆者が知るかぎり、マイクロソフトは本書で提唱しているニッチ戦略を採用しなかったことを記しておきたい。マイクロソフトは、これまでDデー作戦を敢行していないのだ。その代わりに、同社が一貫して取ってきたアプローチは、言ってみれば「イーブル・クニーブル作戦」であった。キャズムなどは気にしない、ひとっ跳び、というわけだ。では、マイクロソフトはどのようにしてあれほどの成功を収めたのだろうか？　ムーアのキャズム理論など忘れて、マイクロソフトを真似ればよいではないか？

結論から言えば、マイクロソフトの例はあまりにもユニークなので、他の企業が戦略を決定するときの参考にはならない。同社の三つの主要製品——ウィンドウズ、ウィンドウズＮＴ、そしてインターネットエクスプローラー——はすべてＰＣ向けＯＳの延長線上にあり、そしてこのＯＳは、マイクロソフトがＩＢＭから継承したものである。この話は、神の火を人間に与えたとされる、ギリシア神話のプロメテウスを思い起こさせるが、それは不正な行為というわけではなく、むしろ才知に長けていたというべきであろう。そして忘れてならないのは、マイクロソフトは当初からデファクトスタンダードとなった製品を扱っているということである。

そのような有利な立場にあるため、マイクロソフトは自ら新テクノロジーを開発しなくても、その気になればライバルが市場に出したものを取り込んでしまうことができる。言い換えれば、マイクロソフトの成功は、他社が発表した新テクノロジーを猛烈な勢いで追いかけ、そして追い抜くというたぐいまれなる力量に負うところが大きい。マッキントッシュにヒントを得たウィンドウズ、そしてネットスケープナビゲータと同種製品のインターネットエクスプローラー。いずれもその良い例である。オフィスについても同様だ。オフィスを構成する製品であるワード、パワーポイント、エクセルは、DOSからウィンドウズに移行するときに、それぞれ、既存のベンダーであるワードパーフェクト、アドビ、ロータスに追いつき、追い越したものである。

ここでは、マイクロソフトはイノベーションを起こせるかについての議論をするよりも、むしろ、他を寄せつけない同社の市場開発戦略を賞賛すべきであろう。一九九〇年代にクライアント／サーバー革命が起きたときに、クライアント側の支配者となった同社は、実利主義者の熱烈な支持を取り付けたのだった。たとえてみれば、マイクロソフトは、街に入ってくる人々をそこで止める関所《ゲート》のような機能を手中にしていたと言える。不穏な人物が不連続なイノベーションを持って現れたら、そのゲートを閉ざしてしまえばよいのだ。そして、マイクロソフトがすでに世に出している製品と同種の製品を携えた通行人が来れば、ゲートを開けてやるのである。これは、非常に有利なフランチャイズ・ビジネスであり、このように、当時、ゲートを開け閉めすることにより自社を優位に導く芸当ができたのはゲイツだけであった。その後、モバイル通信とクラウドの台頭により、マイクロソフトの輝きに影が差したかに見えたが、現在でも、同社は潤沢なキャッシュフローを生み出しており、同業他社の羨望の的となっている。

これほど劇的な成功を収めたマイクロソフトではあるが、それでも、他社が真似をするのは難しい。ここで注目すべき点は、マイクロソフトは、キャズムの両岸、つまり初期市場とメインストリーム市場の両方で活動できるということだ。それとは対照的に、多くのベンダーは孤軍奮闘してキャズムを越えなければならない。さらに悪いことに、マイクロソフトの抵抗を押しのけてキャズムを越えなければならないこともある。メインストリーム市場に入っていく行為は、押し込み、家宅侵入、詐欺、場合によっては密偵行為に近いものがある。すでに世界中に兵を配したマーケット・リーダーならば、すべての戦線で同時に敵を襲うという作戦も有効かもしれないが、経験の浅いベンダーがそのような行為に及ぶのは愚かと言う他はない。キャズムを越えようとしているベンダーがなすべきは、攻撃地点を慎重に選び、一気に敵を襲い、そしてそこを死守する——それに尽きる。

ニッチ市場の次は?

これでキャズムを渡り終えたわけではない。ニッチ市場を獲得したあとにも、なすべきことはまだ残されている。ニッチ市場自体も、日々、新たなセグメントが加わり成長していくものではあるが、マスマーケットに出て行くためには、いつかそこを去らなければならないのも事実である。そして、ここから先が本当に大きな利益が生まれる場所なのだ。これはまさしくキャズムを越えたときに見られる兆候だが、実はこれをあらかじめ計画しておかなくてはならない。ちょうど、西ヨーロッパを解放するという**長期目標**を達成するために、ノルマンディー海岸を占拠するというDデーの**短期目標**を設定したように、マーケティング戦略を立てるときにも、まず長期ビジョンを打ち立て、そこに至る戦術を組み立てることが必要だ。

最初に獲得したニッチ市場から次の段階に進むときに何よりも大切なのは、次にターゲットとするマーケット・セグメントを戦略的に選ぶことである。つまり、そこからさらに次のセグメントにつながるようなマーケット・セグメントを意識的に選ぶということだ。たとえば、一九八〇年代にマッキントッシュが初めてキャズムを越えたとき、ターゲットとしたニッチ市場はフォーチュン五〇〇社のグラフィックス・アート部門であった。これは特に大きなニッチ市場というわけではなかったが、経営陣やマーケティング担当者のためのプレゼンテーション資料を作るという大切な業務がそれまで社内で滞っていたのだ。このマーケット・セグメントが比較的小さなものであったことが幸いし、アップルはこのセグメントを短期間で支配することに成功した。そして、顧客企業内のかぎられた部門だけではあったが、アップルが標準仕様となったのだ。このとき、各社のIT部門はIBMのPCを社内の標準機にしようと考えていたが、前記の部門にかぎってはそうはいかなかった。しかし、もっと重要なのは、このニッチ市場を支配したアップルは、そこを起点として社内の隣接する部門に市場を拡大していったことだ。まずマーケティング部門を支配し、それから営業部門を支配した。マーケティング担当者は、製品展示会に向かう途中でもプレゼンテーション資料の修正ができることに気づき、営業担当者は、マックがあればマーケティング担当者が横にいなくてもよいことに気づいた。同時に、グラフィックス・アート部門で築いたこの橋頭堡は社外のマーケットにも広がりを見せ、クリエイティブ・エージェンシー、広告代理店、そして出版社というように、多くのグラフィックス・アート関係者の心を捕らえた。彼らはみなマックで作成したグラフィックス資料を交換し合い、そこでは、これまで標準でなかったプラットフォーム上に標準化されたエコシステム（生態系）［訳注5］が見事に構築されたのだった。
戦略的にみて最適なDデー上陸地点をどのようにして選ぶかという点については、第4章で詳しく見ていくが、その前に、目標を明確に設定してキャズムを無事に越えることができた事例をいくつか見てみよう。

訳注5◆エコシステム
自然界の生態系のように、組織・個人が、循環しながら共存共栄していく仕組み。

キャズムを越えた成功事例

これから、キャズムを越えた三つの事例を見ていくことにする。いずれの事例も顧客企業にとって、なくてはならないシステムとなっている。最初の事例は、一九九〇年代初頭に発表されたコンテンツ管理システム、ドキュメンタムだ。ドキュメンタムは、サーバーやネットワークを管理しているシステムソフトウェアの上位層で稼働しており、通常、エンドユーザーの目に触れることはない。そのあとに続く二つの事例は、ドキュメンタムとは対照的だ。セールスフォース・ドットコム社の最初の旗艦製品(サービス)は、エンドユーザーが直接利用するアプリケーションであるのに対し、ヴイエムウェア社の旗艦製品は、システムソフトウェアの一部として、ハードウェアとOSの上位層で作動する。

これらの事例の重要性はどこにあるのか？　まず、アプリケーション層で稼働するソフトウェアは本質的に垂直的《バーティカル》、つまり、それぞれの業界の独自性が強いものとなる。その理由は、アプリケーションはエンドユーザーが自らの手で直接に使用するものであり、そのエンドユーザーは通常、業界別にそして職業別に組織化されているからである。このことは、ベンダーがキャズムを越えようとするときに、橋頭堡とするニッチ市場として最適であることを意味している。しかし、市場がテクノロジー・ライフサイクルに沿ってさらに拡大していくときには、多くの業界に適用できる水平的《ホリゾンタル》なソリューションが有利となり、エンドユーザーと密接につながっているアプリケーションにとっては、ここが高い壁となる。

プラットフォームは本質的に水平的だ。その理由は、通常エンドユーザーがプラットフォームを直接操作することはなく、プラットフォームが接する部分は、ハードウェアや他のプログラムである。プラットフォームがユーザーに提供する価値は、安定性や標準インターフェースなどである。どのニッチ市場に対しても同じプラットフォーム製品が提供され、特定の業界だけを対象にしてマーケティングが展開されることは通常ない。

残念なことではあるが、多くのニッチ市場の実利主義者が一斉に新テクノロジーを採用することはまれであり、このようなイノベーションを採用するのは、なんとしても他社に先んじなければならないという切迫した状況にある企業だけである。そして他の実利主義者は、その新テクノロジーがどの程度使えるかという点について、自分はリスクを冒さずに高みの見物をきめこむのだ。ここで、橋頭堡を築くというベンダーの戦略が正しく実行され、ニッチ市場がそれまで抱えていた問題が最新のテクノロジーを使うことによって解決されれば、ニッチ市場にとっても大成功。そして、メインストリーム市場で、少なくとも一つのセグメントの実利主義者に製品が認められたという点で、ベンダーにとっても大成功となる。ここで、**テクノロジー・ライフサイクルの特性を考えれば**、いかにプラットフォームといえども、キャズムを越えるときには個別の業界（垂直市場）に特化すべきであることがわかる。これはプラットフォームにとっては不自然なアプローチに見えるかもしれないが、製品がニッチ市場向けにカスタマイズできるか否かには関わりなく、避けては通れない道なのだ。ただし、ここでプラットフォームに一つ救いがあるとすれば、のちにマスマーケットが姿を現したときに、プラットフォーム・ベンダーはそのマーケットの恩恵を受けやすいということだ。

さて、まずは、無事にキャズムを越えたベンダーの中でも古参の部類に入るドキュメンタムから見ていこう。ドキュメンタムは、人々がインターネットの存在をまだ知らなかった頃、クライアント／サーバー型システムが注目されていた頃に、キャズム理論を忠実に実行して成功したソリューションだ。

事例その1◆ドキュメンタム——コンテンツ管理

一九九三年にジェフ・ミラーがドキュメンタム社の社長に就任したとき、その三年前にゼロックス社からスピンアウトした同社は、多岐にわたる文書管理技術を「無料で」ゼロックス社から継承していた。にもかかわらず、ドキュメンタムの売上は、それまでの三年間、二〇〇〇万ドル近辺で横ばいとなっており、これはキャズムに落ち込んでいる企業の典型的な財務状況だった。しかし、ジェフが経営に参画してからというもの、八〇〇〇万ドル、二五〇〇万ドル、四五〇〇万ドル(この年に上場)、そして七五〇〇万ドルと、まさに破竹の勢いとなった。これは、キャズムを越えた企業の中でも、大成功の部類に入る。ジェフと彼の同僚はいったい何をしたのだろうか?

実を言うと、彼らは本書 *Crossing the Chasm* の初版を読み、それを参考にして市場開発プランを立てていたのだ。彼らは、自分たちがキャズムの中にいることを自覚していた。そして、そのキャズムから抜け出すためには、まず、橋頭堡となるマーケット・セグメントを決めなくてはならないことも知っていた。そこで、それまでに入手していた顧客の声をあらためて調べ直し、驚くほど小さなニッチ市場をターゲットとした。そのニッチ市場とは、フォーチュン五〇〇社に含まれる製薬会社の薬事規制担当部門だった。世界中見渡しても、このクラスの製薬会社は四〇社程度しかない。その中で最大規模の企業でも、薬事規制担当部門の社員数は二、三〇人かそこらだろう。これからターゲットにするマーケットを、「あらゆる大手企業で複雑な文書管理に携わっているあらゆる人たち」から、「地球上のすべてのユーザーを合計してもたかだか千人程度の小さなマーケット」に絞るなどということを、どのように説明するのか?

答えは——キャズムを越えようとするときには、顧客の数でターゲット・マーケットを決めるのではなく、顧客が感じている痛みの大きさで決める——ということだ。製薬会社の薬事規制担当部署の場合、その痛みが激しかったのである。この部署は、新薬認可申請書を世界中に百ほどもある認可省庁にそれぞれ提出しなければならなかった。そして、その作業は特許が認可されてようやくスタートすることになる。特許の有効期限は一七年で、うまくいけば一つの医薬特許が年間平均四億ドルの収入をもたらすこともある。ただし、特許有効期限が満了すれば、当然ながら特許収入はなくなる。つまり、新薬認可申請作業が一日遅れれば、特許有効期限を一日無駄にするということだ。そして、それまでは製薬会社が認可申請書を提出するまでに、数カ月かかっていた。誤解しないでいただきたいのだが、新薬の認可までに数カ月かかっていたのではない。申請書を作成し提出するのに数カ月かかっていたのだ。

その理由は、申請書は全部で二五万から五〇万ページにも及び、それを完成させるために、臨床試験結果、各種連絡文書、医薬品製造データベース、そして、特許関連省庁や研究ノートなどからの膨大な情報を必要とするからである。このような資料はすべて、マスターコピーとしてある時点でいったん凍結し、その後に加えられた改訂はすべて記録され、それが検索できるようになっていなければならない。この問題は、製薬会社にとって頭痛の種であり、そのために費やすコストも相当の額——およそ一日に百万ドル——に達していた。

この一日百万ドルの問題にドキュメンタムは真正面から取り組み、顧客からの強い支持を取り付けることに成功した。ただし、この場合の顧客は製薬会社のＩＴ部門ではなかった。ＩＴ部門は、それまでに実績のあるベンダーと取引し、現行の文書管理システムに「連続性のある」改善を施すことで満足していた。ドキュメンタムを支持したのは、実は製薬会社の一人の経営者だった。彼は、ドキュメンタムの製品を見た結果、それまでの認可申請に関わる業務をリエンジニアリングして、まったく新たなものに生まれ変わらせることができると判断した。そして、すでに社内の人間が下していた決定を覆し、この新しいパラダイムを彼らも支持するように迫ったのだ。これは、まさにキャズムを越えるときの典型的なパターンでもある。現場部門が発端となり（問題を抱えている）、経営層が決断し（問題は全社に影響を与えている）、そして社内の技術部門がそれを遂行する（現行システムを稼働させながら新システムを導入する）。

それから一年のうちに、ドキュメンタムはこの問題を解決できることを実証してみせた。その結果、製薬会社のトップ四〇社のうち、約三〇社がドキュメンタムの製品を使うようになった。ドキュメンタムの売上は八〇〇万ドルに伸び、それがさらに二五〇〇万ドルに跳ね上がった。売上がこのように急激に伸びたのは、まさにニッチ市場のボウリングピン効果によるものだった。ドキュメンタムは、薬事規制担当部署におけるすべてのドキュメント管理業務の標準になったあと、さらに研究所へ、製造工場へと広がった。製造工場でドキュメンタムが使われるようになると、工場の建設やメンテナンス業務を請け負っていた外部業者も、顧客工場内のシステムや作業手順を管理するためにドキュメンタムを使い始め、そしてあることに気づいた。つまり、装置産業の他社の工場でも同様のニーズがあるのではないか、と考えたのだ。そして、ドキュメンタムを規制化学薬品や非規制化学薬品の製造工場ならびに石油精製工場に紹介した。ドキュメンタムが石油精製工場(石油業界では「下流」と呼ばれている)で使われるようになると、そこのIT部門の人間は、ドキュメンタムが「上流」、つまり石油開発や石油採掘で問題になっていることを解決するのではないかと考えた。その上流部門で問題になっていたのは、リース機材の管理、すなわち、利用可能なオプションは何か、いま契約されているのはどれか、担当者は誰か、といった内容であった。そこでは関連情報が入り乱れ、文書管理システムなどというものは存在せず、口頭と紙の山でものごとが処理されていた。ドキュメンタムに新たな成功事例をもたらすマーケットが見つかったのだ。さらに、その成功事例がウォール街の注意を引くこととなった。そして、ウォール街の人間は、ドキュメンタムを使ってスワップやデリバティブといった商品を管理できると考えたのだ。最終的に、金融業界はドキュメンタムにとって最大の顧客セグメントとなったのだが、キャズムを越えようとしているときに、金融業界は適切なターゲット・セグメントでなかった点に注意しておきたい。というのは、当時、金融業界における文書管理へのニーズは、製薬会社の薬事規制担当部署ほど切実ではなかったからだ。

ドキュメンタムを売上一億ドル以上の企業にしたのは、まさにこのような連鎖反応だった。そして、会社を成功に導いた最大の要因はニッチマーケティングである。この一連の事象を眺めてみると、注目すべきポイントが二つあることがわかる。第一のポイントは、キャズムを越えるには、まず一番ピンを倒して橋頭堡を築かなければならないこと。ここで、一番ピンの大きさは重要ではない。解決されるべき問題の経済価値が重要なのだ。そして問題が深刻であればあるほど、ターゲットとしているニッチ市場がベンダーをキャズムから引き上げてくれる力が強力なものとなる。そしてキャズムから抜け出せば、次のニッチ市場を支配できる可能性がぐっと高まる。というのは、このベンダーを強く支持してくれるニッチ市場がすでに存在するため、次のニッチ市場で、新興ベンダーと見られてまるで相手にされないという心配がなくなるからだ。

第二のポイントは、二番目以降のニッチ市場を選ぶときには、最初のニッチ市場でのソリューションを活用できるような市場を念頭に置くことである。この点を理解できれば、キャズムを越えることによって得られる財務的なメリットに対する考え方が変わってくるはずだ。キャズムを越えることによって得られるのは、最初のニッチ市場からの収入だけでなく、後続のニッチ市場を合計した収入だ。つまり、一番ピンだけではなく、レーン上のすべてのピンが計算の対象になるということだ。これは、大企業の内部で新規事業を始める立場の者にとっては、ことのほか重要な点である。なぜならば、このような立場にいる人間は、もっと規模が大きくて、見通しの利きやすいビジネスを相手にして事業資金を社内で争うことになるからである。もし、投資に関する社内審議会が二番目以降のニッチ市場の可能性を認識しなければ、そもそも投資が行なわれない。逆に、審議会がいくつかのニッチ市場の合計に目をつけ、水平市場での超成長《ハイパーグロース》に期待しているのであれば、投資は行なわれるだろう。しかし、そのような急激な市場の成長を短期間で実現できなければ、担当者は職を失うことを覚悟しておかねばならない。ボウリングピン・モデルに従えば、支出を抑え、目先の市場を確保するという短期目標と、市場の勝者になるという長期目標を両立させることが可能となる。

事例その2◆セールスフォース・ドットコム――SaaS

エンタープライズ・アプリケーションが世に紹介されたときから、ソフトウェアは製品として顧客に納入され、データセンターにある顧客のコンピューターにインストールされ、顧客の記憶装置やネットワークに接続されるのが普通であった。そして、ソフトウェア資産の取得ならびに専門要員によるサポートのために、企業は多額の投資をしなければならなかった。さらにソフトウェアを稼働させるために、システムインテグレーションが必要になることがある。そのために、ソフトウェアの購入費用の何倍もの費用を要することがあり、ときには一〇倍以上の費用となることもある。そして、ソフトウェアがインストールされる頃には、ソフトウェアの次のリリースが発表されていることもあるが、新しいリリースをインストールするための労力が障害となって、何世代ものリリースアップをやり過ごし、結局、最新の機能を使えないままにそのソフトウェアを使い続けるということがある。何か良い方法はないだろうか？

セールスフォース・ドットコムを創業したCEOのマーク・ベニオフは、良い方法があることを世間に知らしめた。そして、それは「ソフトウェアの終焉」を告げるものでもあった。それは、ソフトウェア・アズ・ア・サービスと呼ばれるものであり、のちにSaaSと略されるようになった。その仕組みは、ベンダーのデータセンターで稼働している一つのソフトウェアを、複数の顧客がインターネット経由で同時に利用するというものだ。それぞれの利用者のデータはたがいに隔絶され、最新技術と優秀な専門家によってシステムは安全に運用されている。このサービスを使えば、顧客はデータセンターを保有する必要がなく、ITの専門家が不要となり、システムをインストールし、稼働させるためのシステムインテグレーターが不要となる。そして、このサービスは破壊的な効果を持っていた。利用者に対してではなく、旧来のアプリケーションとのしがらみから使われ続けてきた、利用者を取り巻くエコシステムに対して破壊的だったのだ。

実際、セールスフォース・ドットコムのサービス開始によって立場が危うくなった者も存在し、彼らからの反発も少なくなかった。エンタープライズ・アプリケーションに関わる者たちからは、SaaSは安全でなく、企業のデータをクラウドに置くのは愚かなことだ、という声があがった。PCに関わる者たちは、このようなサービスはネットワークに依存するため、応答時間が不規則となり、パッケージソフトウェアに比べて複雑になると指摘した。SaaSに対して懐疑的なアナリストからは、時代の先を行きすぎており、いずれ消えていくドットコム企業の一つだろう、と評価された。そして、セールスフォース・ドットコムがキャズムを越えるどころか、キャズムの場所に到達さえしないだろう、と多くの人間が考えていた。しかし、セールスフォース・ドットコムは、ソフトウェア史上最速の成長企業となり、売上は四〇億ドルに迫っている。さらに、この企業規模に達してもなお、本書執筆時点で、二五％の成長率を保っているのだ。彼らはいったい何をしたのだろう？

興味深いことに、彼らは、業界に特化した市場（垂直市場）を追い求めなかった。その代わりに彼らが着目したのは、次のようなセグメントだった。

◆営業担当者だけを対象とする

カスタマーサービス、マーケティング担当者などは対象外。

◆ターゲット・カテゴリーで中位に位置している企業を対象とする

カテゴリーのリーダーに対抗するために、社内のシステム化を必要としている。しかし、大規模なＩＴ投資が許される企業規模ではない。

◆米国内だけを対象とする

いつでも顧客と接触できるように。また、エンタープライズ・アプリケーションに関して米国は「アーリー・アドプター」の国だから。

◆テクノロジーに詳しい業界を対象にする

ハイテク企業、通信会社、製薬会社、金融サービス会社など。

対象としていた見込み顧客が抱えていた課題は、「四半期目標を達成する」ことだった。ＳＦＡに関わるそれまでのソフトウェアパッケージは、企業の経営者レベルを対象とした予算管理を目的としたものが多かった。しかし、セールスフォース・ドットコムが対象としたのはあくまでも営業担当者であり、彼らと彼らの上司が営業の進捗状況《パイプライン》を把握することが主たる目的だった。そして、このシステムにより、それぞれの見込み顧客がいまどのような状況まで進んでいるか、また、その見込み顧客を次の段階に進めるために何をすればよいかを把握することができた。また、それまでのソフトウェアパッケージは、最新のリリースに保つために手間がかかり、日々、ベンダーからのサポートを得るのも簡単ではなかったが、セールスフォース・ドットコムは、顧客をそのようなわずらわしさから解放し、営業担当者の生産性を引き上げるのに大きく貢献した。

営業担当者は、セールスフォース・ドットコムを心底気に入っており、彼らがここまで賞賛するサービスは過去になかった。彼らが気に入っていたために、口コミで他の営業担当者に伝わり、サービスの利用者が増えていった。利用者が増えたのは、「これが、我が社が使う新しいソフトウェアパッケージだ」とCIOが宣言したからではない。営業担当者はCIOの助けがなくてもセールスフォース・ドットコムに加入することができた。それどころか、CIOの許可を取る必要すらなかったのだ。SaaSは加入契約形式であるため、加入者が実際にサービスを使っているかどうかが、セールスフォース・ドットコムの大きな関心事だった。システムの運用は同社が行なっているため、彼らは、利用している加入者とそうでない加入者をすぐに把握でき、それに基づいた顧客サポートを行なうことができた。それとは対照的にソフトウェアパッケージは、顧客企業全体でライセンス契約を締結するという形態をとっていた。中には利用していない社員もいたが、それに対して誰かがそれを咎めるわけでもなかった。その結果、誰かがセールスフォース・ドットコムを使い始めると、それが周りの人間に伝播し、その伝播を妨げる要因は存在しなかった。

ここで、キャズムを越えるときに橋頭堡として選ぶべきセグメントを、以下にまとめてみよう。

◆次の段階で先行事例にできるほど大きいこと
◆そのセグメントを制覇できるほど小さいこと
◆ベンダーが提供する製品（サービス）が効果を発揮するセグメントであること

実は、これはセールスフォース・ドットコムが実行したことである。カスタマーサービスやマーケティングなどを含めた複数の部門を対象とはせず、営業という一つの部門だけを対象としたために、利用者が広がるのが速かった。もし複数部門を対象としていたら、顧客企業内での承認手続きが複雑になっていたであろうし、現行システムのベンダーに、十分な反撃時間を与えていたかもしれない。さらに、技術に詳しい米国の企業を対象として絞ったため、そして、営業担当者は転職の頻度が高かったために、セールスフォース・ドットコムの利用経験について語る人が業界内で増えていった。

現行システムのベンダーには、セールスフォース・ドットコムの侵攻を止める有力な手だてがなかった。できることと言えば、セールスフォース・ドットコムのサービスは企業向きでないと主張することだったが、それも、メリルリンチがセールスフォース・ドットコムと一万シートの契約を結ぶまでのことだった。その後、他の金融機関がメリルリンチのあとを追い、セールスフォース・ドットコムの快進撃が始まった。この頃になると、キャズムは、バックミラーに小さく映っていた。

事例その3◆ヴイエムウェア——破壊的な仮想化プラットフォーム

ヴイエムウェア社は、コンピューターを「仮想化する」ソフトウェアを作っている。その意味がわかるだろうか？　ひとことで言えば、ヴイエムウェア社のソフトウェアを使うと、一つのコンピューター上で二つのプログラムを同時に、たがいに干渉せずに稼働させることができるのだ。また、この発想を逆転させて、複数のコンピューターを一つの大きなコンピューターのように使うこともできる。いずれの場合も、アプリケーションプログラムは現実のコンピューターを意識することなく、作られた「仮想コンピューター」で稼働するように見える。

そこまではわかった。しかし、それがどうした？　これは、破壊的なイノベーションに対して多くの人間が投げかける質問だ。そして、この質問の答えは、テクノロジー・ライフサイクルの中に隠されている。ヴイエムウェアが実行したことを見ていこう。

ヴイエムウェアの最初の利用事例は、一つのPCでウィンドウズとリナックスの両方のOSを動かしたいと思ったテッキーに端を発する。これはちょうど、一台の自動車をガソリンでも液化天然ガスでも走ることができるようにするのに似ている。テクノロジーに詳しくない者には興味の対象とならないという点も似ている。もし読者が個人的にコンピュータープログラムを書いており、同時に会社勤めをしているのであれば、会社で標準となっているビジネスアプリケーション（ウィンドウズOSを使うケースが多い）と、個人の趣味で開発しているプログラム（リナックス、あるいはそれに類するOSを使うケースが多い）を走らせるPCの両方が必要となるだろう。このような場合、両方の仕事を一つのPCで処理できれば理想的だ。ヴイエムウェアが、PCのアフターマーケットを狙って、インターネット経由でダウンロードできる最初の製品を九九ドルで発売したとき、テクノロジー・マニアはこの製品を絶賛した。

その次に発売した二つの製品も、最初の製品の延長線上に位置するものであり、やはりテクノロジー・マニアを主たる対象者としていた。最初の製品は、ウィンドウズの二つのアプリケーションを一つのPC上で動かすものだった。実は、ウィンドウズ自身がこの機能を備えているので、理屈のうえではヴイエムウェアは必要ではなかった。しかし現実には、ウィンドウズのこの機能には問題があったため、その目的のためにウィンドウズを利用する者は少なかった。その結果、一つだけのアプリケーションが稼働しているPCサーバーがサーバー室に溢れ、費用がかさむこととなった。特に、アプリケーションの利用頻度が低い場合、ユーザーはこれをなんとかしたいと考えていた。ヴイエムウェアは、二つのOSの同時並行稼働を可能にするシステムであるため、この二つのOSが同じものであっても問題はない。そして、ウィンドウズではうまくいかなかった、一つのPC上での二つのアプリケーションの同時並行稼働は、ヴイエムウェアを使うことによってうまく処理することができた。テクノロジー・マニアは、この点を高く評価したのだ。

この成功を出発点として、ヴイエムウェア社は次のテーマに挑むことにした。それは、一つのアプリケーションを複数のサーバーで分散処理することだった。アプリケーションの負荷があまりにも高いと、一台のサーバーでは処理できなくなる。そして、この問題への通常の対策は、処理能力の大きいサーバーを購入することだ。しかし、ヴイエムウェアの答えはそうではなかった。二台目のサーバーがあれば、そのサーバーの処理能力を活用する――。これがヴイエムウェアの答えだ。予算が潤沢にあるならば、何も心配はない。しかし、ＩＴバブルが崩壊したあと、ＩＴ部門は少ない予算で多くの仕事をこなすことを要求されてきた。ヴイエムウェアにとって、成功の鍵がここにもあった。

ヴイエムウェアのこれらの成功例は、数人の人間が技術ノウハウを活用して、見落とされていた問題を解決したものであり、キャズムを越える前の話だ。キャズムを越えるには、現行のソリューションではうまく解決できない問題が頻繁に発生している、という状況が必要となる。そして、ヴイエムウェアがキャズムを越えるために必要であったこの「状況」は、ソフトウェア開発におけるテストフェーズだった。

たとえば、読者が会社と自宅の両方でプログラムを作っているとしよう。デバッグは自宅のＰＣでもできる。そして、ある時点でこのプログラムを本番システムで走らせるわけだが、その前に、テスト環境で本番の負荷を与えてみたいと考えるだろう。このテストをいきなり本番環境で行なうわけにはいかない。そこで、テスト環境を構築するのだが、それには本番システム並みの処理能力が必要となる。ここで忘れてならないのは、このテスト環境が必要になるのはある一定期間だけということだ。

プログラムが本番システムで稼働するようになれば、そのときはテスト環境は不要となっている。テスト環境を作るということは、ハードウェアの準備だけでなく、本番環境と同じ状況をテスト環境上に構築することを意味する。そして、それを作ったり元に戻したりするのは費用のかかる仕事だ。

ヴイエムウェアの出番がここにもあった。すでに手元にあるハードウェアを利用できる点と、テストが終わればすぐに元の状態に戻せる点が、ヴイエムウェアのセールスポイントだった。つまり、一つのハードウェアによって何種類もの本番環境をシミュレーションすることが可能となり、お好みしだいというわけだ。これが、多くのシステムアドミニストレーターにとって大きな福音となり、この「状況」によって、ヴイエムウェアはキャズムを越えることができたのだ。

ヴイエムウェアのこの利用法が広まると、それに続く利用法が次々と考え出され、本書執筆時点で、ヴイエムウェアは売上五〇億ドルの企業に成長した。システムアドミニストレーターの願いが叶えられたあと、ヴイエムウェアの次のターゲットはIT部門の管理者層に移っていった。このときのキャッチフレーズは、「少ない資源で多くの仕事こなす」だった。ハードウェアへの投資額を減らす方法は？　手持ちのPCを仮想化することだ！　企業内で活用できていないPC処理能力の割合は全体の九〇パーセントという報告がある。ヴイエムウェアを使うことは、まるでダンプカーの荷台一杯のタダのPCを、荷台から一気に降ろすようなものだ。ヴイエムウェアが雑草のようにたくましく成長したわけが、これでおわかりいただけただろうか？

ヴイエムウェアが続いて注目を集めた特徴は「安定性」だった。まずメールサーバーがダウンしないことで、ＩＴ部門の管理者が喜んだ。その次は、「迅速性《アジリティー》」だった。社内のＩＴ関連業務がスピードアップされたことでＣＩＯが喜んだ。要するに、サーバーの「仮想化」が、多くの企業が採用するＩＴ戦略となり、サーバーを配備する際の基本要件となったのだ。ヴイエムウェアがこのような活況を呈するようになったのはキャズムを越えたあとだが、こうなりたいという夢を創業時から持っていた。ここで見逃してならないことが一つある。ヴイエムウェアは、顧客のＩＴ部門責任者やＣＩＯの夢を叶えるほどに大きく育ったが、最初は、ソフトウェアをテストするときの疑似本番環境構築という、システムアドミニストレーターの夢から始まったのだ。その意味で、ヴイエムウェアがキャズムを越えたときのヒーローは、顧客企業のシステムアドミニストレーターであったと言えるだろう。

理論から実践へ

ここまで見た三つの事例は、すべてキャズムを越えた実例だ。さて、いよいよキャズムを越えるための実践編に移るとしよう。この先の四つの章では、その難題を四つのタスクに分割し、それぞれのタスクを各章で見ていくことにする。まず、次の第4章では、攻略地点、キャズムを越える地点、橋頭堡、あるいは一番ピンをどのようにして選び出すかを見ていく。続く第5章では、最初のターゲット・マーケットを獲得するために何を顧客に提示すべきか、そして経営資源の乏しい新興ベンダーが、その提示したものをもとに顧客から受注するにはどうすればよいかという点について見ていく。第6

章では、ベンダーをキャズムに追い返そうとする相手、つまり競合他社について考察を加え、そして相手の反撃を抑えて成功を収めるにはどうすればよいかを詳しく見ていく。第7章では、製品の販売方法、価格設定、販売チャネルなどについて見ていき、この危険な時期にマーケティングを展開していくうえで正しいアプローチを選択するための指針を得る。

これら四つのタスクを通して忘れてならないのは、キャズムを越えようとしている時期は、企業の歴史の中でもきわめてユニークなものであるということだ。それは、ビジョナリーに販売することが最重要テーマであった過去とは大きく異なり、また、ニッチ市場あるいはマスマーケットに目を向けることになる未来とも大きく異なる時期なのだ。そして、この二つの段階のはざまに、他には例をみない、段階遷移の時期がある。この時期にはメインストリーム市場への強行突破が要求され、これは家宅侵入あるいは破壊侵入に近い行為である。そして、それを無事に成功させるために、テクノロジー・ライフサイクルの他のいかなる段階においても見られない、特殊な技術が必要とされる。

第4章

攻略地点の決定

Target the Point of Attack

キャズムを越えようとしている者にとって、左記のヨギ・ベラ〔訳注6〕の言葉ほど、的を射たアドバイスはないだろう。

「どこへ行こうとしているかがわかっていなければ、おそらく目的地にはたどり着かない」

キャズムを越えるときの大原則は、特定のニッチ市場を攻略地点として設定し、持てる勢力を総動員してそのニッチ市場をできるかぎり早く支配することである。実は、これは市場に新規参入するときの昔からあるセオリーそのものであり、それに対する解答はすでに用意されている。まず、想定されるマーケット全体をいくつかのマーケット・セグメントに分割する。次に、各セグメントの将来性について調べてみる。こうして、ターゲットとするマーケット・セグメントがいくつかの「最終候補」に絞られたら、各候補について、市場規模、可能な販売チャネル、そしてライバル企業に対する差別化要因などを推定してみる。最後に、この中から一つ選んで、そのセグメントに全精力を傾ける。それだけだ。何か難しいことでもあるだろうか?

経験的に言えるのは――難しいかどうかはわからないが、そのとおりにうまく実行している企業は少ない――ということだ。たとえば、筆者が代表を務める「キャズムグループ」を訪れる顧客企業のうち、マーケット・セグメンテーション戦略をすでに用意しているところはきわめて少ない。かりに用意していたとしても、自分たちが選んだセグメントに対してあまり自信を持っていないことが多い。彼らはみな優秀な人たちであり、その多くがビジネススクールの卒業生でもあるため、マーケット・セグメンテーションについてはすでに十分な知識を持っている。つまり、マーケット・セグメンテーション戦略がうまくいかないのは、それに対する知識が不十分だからではないのだ。そうではなくて、危険性が高く、頼りになるデータが少ない、つまりハイリスク・ローデータの状況によって判断力が麻痺してしまったため、内なる猜疑心や自信の欠如に悩まされているのだ。

訳注6◆ヨギ・ベラ
一九四〇年代から五〇年代にかけて、ニューヨーク・ヤンキースの名捕手として活躍した。一九四九年から一九五三年にかけて、ヤンキースがワールドシリーズ五連覇を達成したときの立て役者の一人。のちに、ヤンキースの監督となり、一九七〇年代にはニューヨーク・メッツの監督も務めた。

ハイリスク・ローデータ環境での意思決定

キャズムを越えることはきわめてリスクの高い行為であり、手強い大手ライバル企業との戦い方についてまだ誰もわかっていないということを、これまでに学んだ。無事にキャズムを越えられればよいが、失敗すれば企業の資産価値の大部分(場合によってはすべて)を失う結果となる。要するに、キャズムを越えるに当たって決定すべきことはたくさんあり、ひとたび判断を誤ったら、その結果は惨憺たるものになるということだ。

つまり、これからマーケティングを進めていくに当たり、**信頼できる情報がほとんどない**状況下で、これまでもっとも難しい決断を下さなければならないのだ。当然のことながら、これからターゲットとするマーケット・セグメントに関して、自分たちの経験は十分なものではない。さらに、過去に例のないイノベーションをそのセグメントにもたらそうとしているため、何が起きるかを経験から予測できる者はどこにもいない。そして、これから入って行くマーケット・セグメントの中で、このイノベーションに関わる製品について知っている者は誰もいない。この製品をすでに使っているビジョナリーは、ベンダーがこれから攻め入ろうとしているマーケット・セグメント、つまり実利主義者とはサイコグラフィック特性が大きく異なるため、ベンダーの過去の経験をそのまま適用することはできない。要するに、ハイリスク・ローデータの状況に置かれているのだ。

ここで、マーケット・セグメンテーションに関して信頼のおけるケーススタディーをひもといてみるならば、おそらくそこで目にするのは、**既存のマーケット**での市場占有率に基づくセグメンテーション手法であろう。つまり、すでに十分なデータが揃っているマーケットについて分析がなされているのである。ところが、セグメント内の市場専有率に関するデータがない場合にはどうすればよいかを示唆してくれる事例は、まったくと言ってよいほどない。そのため、これから顧客になってほしいと思うような人たちに対して、詳しい情報に基づく聞き取り調査すら実施できない。要するに、頼れるものは何もないのだ。

このようなときに犯しやすい最大の過ちが——逃げ場あるいは安心材料を求めて——数値情報に頼ろうとすることだ。「嘘には三つの嘘がある。普通の嘘、とんでもない嘘、そして統計」というマーク・トゥエインの言葉はつとに有名だが、マーケティングに関する数値データについても、それが新種の嘘でないか、十分に注意する必要がある。そのような数値データはちょうどソーセージのようなものだ。それが作られたプロセスを知れば知るほど食欲がなくなってくる。特に、新しいテクノロジーや製品の市場規模について、明るい未来を予感させる予測数値が新聞などに発表されている場合には要注意だ。たとえ、それが信頼できる大手調査会社の手によるものであっても、いくつかの仮定に基づいているからだ。このような仮定が予測数値に与える影響は大きい。すべての仮定はマーケットアナリストの深い経験に根ざすものであるとはいえ、やはり随意に決められている。さらに、通常、それらの仮定についてレポートに詳しく背景説明がなされているのだが、このレポートを読む人は、仮定など気にせずに予測数値だけをそのまま使うことが多い。そして、ひとたび数値が新聞で発表されたら、それが「真実」となってしまうのだ。やがて、その数値をもとにした別の予測値が出回るようになり、「予測の根拠はここから取ったので間違いない」と主張されることとなる。このようにして、一連の数値はますます「真実」となっていく。

もうおわかりだろう。このような予測値はすべて砂上の楼閣なのだ。ときには、財務部門の管理者がハイテク市場をマクロ的に捉えようとして、このような予測値を使うことはある。しかし、キャズムを越えるためのマーケティング戦略を組み立てる際に、このような予測値を使うのは愚行という他はない。それはちょうど、サンフランシスコ空港から市内のフェリープラザへの道を探すのに世界地図を使うようなものだ。

しかし、現実にはそのようなことをしている人がたくさんいる。さらに、予測数値が図表化されたりグラフ化されたりするとますます信憑性を帯びてきて、ハイリスク・ローデータ環境であるがゆえに、ますます頼りにされる指標となっていく。そして、もともとデータが少ないために、人々はこのような予測値に飛びつきやすいのだ。「三年後には一億ドルの市場となる。その市場の五パーセントを取れれば……」という話が聞こえてくるのはこのようなときだ。そのような声が聞こえたら、財布をしっかり握りしめて静かにその場を立ち去ることをお勧めする。

「キャズムグループ」を訪れて来る人たちはそこまで無定見ではなく、このような予測値が自分たちの疑問に答えるものではないことをよく知っている。とはいえ、ハイリスク・ローデータの状況、つまり障害物の向こう側が見えない状況で決断を下すことに抵抗を感じていないわけではない。そのために、判断力が半ば麻痺したこのような状況から彼らを救い出し、正しい行動を取れるようにするのがわたしたちの役目である。

このような状況でなんらかの決断を下すときには、まず、判断材料が少ないという事実を素直に受け止めることが必要だ。もちろん、目的に沿ったデータを自分で集めて判断の一助とすることはできるが、ローデータの状況を一夜にしてハイデータに変えることはできない。しかし、キャズムを越えるうえでもはや一刻の猶予もならないため、予測値とはまったく別の観点で判断材料を探すことが必要となる。つまり、決断を下すに当たってわたしたちがいま必要としているのは、**数値の分析**ではなく、**情報に基づく直観**なのである。

情報に基づく直観

わたしたちは往々にして、非言語的なプロセスに頼ることに不安を覚えがちであるが、左脳型の戦術を右脳型で置き換えるほうが有効な場合もある。偉大な運動選手しかり、芸術家しかり、カリスマ的指導者しかり、偉大な意思決定者しかりである。このような人たちの行動パターンには共通するものがある。それは、パフォーマンスの準備段階と本番のおさらいをするときには理詰めでものごとを考えていくが、本番の「その瞬間」には直観で決断するということだ。さて、ここで問題は、彼らのこのような判断プロセスを、わたしたちがキャズムを越えるときの戦略に生かすにはどうすればよいかということだ。

まず大切なのは、直観、特に**情報に基づく直観**が、実際にはどのようにして働くのかを理解することである。直観を働かせるときには、数値解析とは異なり、有意性のあるサンプルデータを統計処理して一定レベルの信頼性を確保するなどということはしない。そうではなく、瞬間的に二、三の鮮明なイメージを切り出すのである。これは、ある意味、「データの小片」と呼べるものかもしれない。そしてこのイメージは、さらに複雑かつ大きな実体の一つの「原型」となる。実のところ、このイメージは、頭の中で騒がしく動き回っている多くのイメージの中でもひときわ目立つものであり、それゆえにまた記憶しやすいものでもある。このことから、イメージを扱うときの原則は――記憶できないイメージは放っておけ。そんなものに価値はない――ということになる。もう少し端的な表現をするならば――記憶できるイメージだけを大切に扱う――ということになろうか。

たとえば、文学作品の中にも記憶しやすい人物がいる。ハムレットしかり、ヒースクリフしかり。映画では、ダンブルドアやヴォルデモートも記憶しやすい人物だ。彼らはみな、ひときわ目立つ存在であり、ある種のセグメントの人間を代表していると考えることができる。このように、マーケティングを進める際に、ターゲットとする人たちを、たとえばジェネレーションXとか、ジェネレーションYとか、ゴート族とか、オタクとか、ビーバーとか、DINKS(Double Income, No Kids)とか、あるいはHenrys(High Earners, Not Rich Yet)とか、いろいろな人物としてイメージするのだ。このようなイメージはすべて、ある種の情報を与えられた結果、過去の経験に基づいて、その情報にもっとも合致するイメージを、多くの候補イメージの中から選び出したものである。言ってみれば、このようなイメージは「イメージキャラクター」のようなものだ。

このようなイメージを思い描くことを**特徴づけ**《キャラクタライゼーション》と呼ぶことにしよう。イメージがマーケットの特徴を表していることから、そのように呼ぶのである。たとえばジャスティン・ビーバー世代の若者は、ショッピングモールで買い物をし、ロック歌手の真似をし、同世代の人間の注目を浴びようとし、親の言うことには耳を傾けない。このようなマーケットの特徴を理解していれば、より効果の大きいマーケティング手法の採用が可能となり、それに伴って販売も伸びるようになる。一方、**ビジョナリー**とか、**実利主義者**とか、**保守派**といった言葉も、それが少し高次元の抽象概念である点を除けば、ゴート族や、オタクなどと同様、ある種のイメージを想起させる。ここにあげた言葉は、特に不連続なイノベーションを人々が採用する際の、それぞれのマーケットの特徴を表しており、あるマーケティング手法を採用したときにそれが成功するか失敗するかを、この特徴から事前に予測できる。ところが、これらの言葉は少し抽象的すぎるところが問題であり、ターゲット・マーケットに、もっと具体的な特徴を与える必要がある。それが、**ターゲット・カスタマーの特徴づけ**と呼ばれる作業だ。

ターゲット・カスタマーの特徴づけ◆シナリオの活用

最初に、これから検討するのはターゲット・マーケットの特徴づけではないという点に注意していただきたい。これまでに述べたように、キャズムを越えるときにはマーケット・セグメンテーションを行なうが、そのときにターゲット・マーケット、あるいはターゲット・セグメントだけに焦点を当てていると、たいていの場合キャズムの途中で頓挫することになる。間違えてはいけない。焦点を当てるのは、ターゲット・**カスタマー**なのだ。

マーケットというのは人格をもたず、抽象的な存在である。スマートフォンのマーケット、ギガビットルーターのマーケット、オフィスオートメーションのマーケット――どれを取ってみてもその例外ではない。マーケットの名前を耳にしても、また、その説明も聞いても、何一つイメージはわいてこない。その理由は、マーケットの名前も説明も、人の直観を呼び起こさないからだ。実際、前記のようなマーケットという言葉の用法は顧客を連想させず、わたしたちがこれから見ていくマーケットとは少し異なっている。わたしたちが必要としているのは、複雑な購買理由を持った生きた人間に対応するための、もっと明確な手がかりなのだ。しかし、実際にはまだ顧客を獲得していないので——もし、いたとしても、きわめて少数なので——、これから顧客のイメージを作っていかねばならない。顧客のイメージがわたしたちの頭の中にしっかりと定着すれば、あとはその顧客のニーズに応える形でマーケティングを進めていけばよい。

ターゲット・カスタマーの特徴づけというのは、このようなイメージを作りあげていく作業であり、具体的には、一人ひとりの頭の中にあるイメージを抽出して、それを市場開拓について意思決定をするグループの前に並べることから始まる。ここで大切なのは、考え得る一人ひとりの顧客ごとに、あるいは製品の異なる用途ごとに、できるかぎり多くの特徴を抽出することである。その結果、通常は二〇から五〇の特徴が抽出され、その中で類似したものを一つのグループにまとめると、結局は八種類から一〇種類の異なる特徴が残ることになる。このようなターゲット・カスタマーのプロフィールが集まれば、あとはその「データ」を使って、有望と思われるマーケット・セグメントを、優先順位をつけながら決定するのだ。ここで、データという言葉を括弧でくくったのは、言うまでもなく、わたしたちはまだローデータの域を脱していないからだ。いまわたしたちが手にしているものはデータと呼ぶにはほど遠く、単なる「材料」とでも言うべきものなのだ。

事例◆3Dプリンター

ここで、３Ｄプリンターをマーケティングする場合を考えてみよう。本書の執筆時点で、３Ｄプリンターは各所で注目を集めており、初期市場がすでに形成されていると言ってよいだろう。作りたい物体の三次元ＣＡＤデータを入力すれば、あとは、指定した断面形状に従って樹脂が積層されていくというのが、３Ｄプリンターの基本的な仕組みだ。３Ｄプリンターを使えば、おもちゃ、宝石、工芸品、医療用の義足、工業用の金型などをはじめとして、あらゆる物体のプロトタイプを作ることができる。そして、できあがった物体の種類の多さと精巧さは、まさに驚嘆に値する。

さて、この先二、三年のあいだ、テクノロジー・マニアとビジョナリーの支持を得て、３Ｄプリンターが初期市場で受注を続けていくと仮定しよう。このとき、テクノロジー・マニアは、「どうだい？　ぼくが夕べ作ったビーチサンダルを履いてみないか？」と、友人に自慢するかもしれない。また、ビジョナリーは、「メガネフレームの流通市場に革命を起こす。これまでは、製造してから流通させていたが、これからは、客の目の前で製造するのだ！　在庫ゼロ、マス・カスタマイズの時代だ！」と叫ぶかもしれない。次世代の歯列矯正装具と言われる「インビザライン（Invisalign）」［訳注7］を製作するために、３Ｄプリンターの使用が決定された。今後、歯列矯正の業界は大きく変貌するだろう。OEM（相手先ブランド製造）メーカーは、大量生産を開始する前に、工具や装置のプロトタイプを3Dプリンターで短時間のうちに作ることができるようになった。さらに、トム・クルーズが、次の映画の中で3Dプリンターを使っている。金属探知機で発見されないプラスチック製の拳銃を作るためだ。さあ、いよいよメインストリーム市場に攻め入って、旧来の製造装置の市場を奪うときがきた。ところで、どこから攻めていけばよいのだろうか？

これは、「候補となるマーケット・セグメントは多いが、残された時間があまりにも少ない」典型的な例である。そして、このような場合には、ターゲット・カスタマー・シナリオが効果を発揮するのだ。このシナリオのフォーマットについては次のセクションで詳しく見ていくが、最終的なシナリオは一ページ以内に収まっていなければならない。シナリオを作るという行為は、高度に戦術的な、そして対象を限定した演習であり、実際のマーケティング戦略を立てるうえで多くのヒントを与えてくれる。

訳注**7**◆**インビザライン**
透明で目立たない、マウスピース型の歯列矯正装具。

サンプル・シナリオ

1 ヘッダー情報

シナリオの先頭には、エンドユーザー（製品を実際に使う人）、テクニカル・バイヤー（製品の革新性を評価する人）、エコノミック・バイヤー（製品の経済性を評価する人）について簡単なプロフィールを記しておく。企業向け市場の場合には、業界の種類、地域情報、所属部門、役職などを、消費者市場の場合には、年齢、性別、収入、社会グループなどの人口統計情報を書き込んでおく。

ここでは、シナリオ作りの対象として、新しい家庭用照明器具の商品化を検討している照明デザイナーについて考えてみよう。彼の計画では、この照明器具は卸売業者を経由して、裕福な顧客の代理人となっている内装業者やインテリアデザイナーに販売されることになっている。この場合、ヘッダー情報のキー項目は次のようになる。

エンドユーザー◆商品選択について顧客にアドバイスを与えるインテリアデザイナー

テクニカル・バイヤー◆照明器具を取り付ける建築業者あるいはリフォーム業者

エコノミック・バイヤー◆最終的に照明器具に対して支払いを行なう顧客

消費者市場の場合であれば、エンドユーザー、テクニカル・バイヤー、エコノミック・バイヤーの三つの役割は一人あるいは二人に集約されることが多い。また、エンドユーザーが子どもの場合には、エコノミック・バイヤーはその親であることが多いが、どちらがテクニカル・バイヤーかは、家庭によってさまざまである（我が家では、もちろん子ども）。逆にエンドユーザーが大人の場合には、エコノミック・バイヤーはその配偶者であることが多く（当然、我が家では……、無駄話はここらでやめておこう）、またテクニカル・バイヤーはエンドユーザーと同一人物であることが多い。ここで一つ注意しなければならないことがある。それは、消費者市場でキャズムを越えるのはきわめて難しいということである。無事キャズムを越えた製品のほとんどは、企業を対象としたものである。その理由は、製品やサービスの完成度が低い場合には、顧客企業内のテクニカル・ユーザーやエコノミック・ユーザーがその弱点を補ってくれるので、消費者市場よりもキャズムを越えやすいからである。逆に、消費者市場では、テクノロジーがすでに市場で認められたものであれば、キャズムを経験せずに市場が拡大していくことがある。そして、この場合の競争相手は「新たなビジネスモデル」である（このケースについては、巻末の「補足2 デジタル市場のフォー・ギアズ・モデル」を参照されたい）。

さて、わたしたちのシナリオに戻ろう。このシナリオのバリューチェーンはB2B2Cだ。ここでは、流通業者とインテリアデザイナーがともに、製造業者と消費者をつなぐ仲介者として機能している。ところで、シナリオのヘッダー情報が欠かせないのはなぜだろう？　それは、ベンダーのマーケティング担当者やR&D担当者にとって、顧客が製品を購入するタイミングや製品が使われる環境をはっきりとイメージできるようになるからだ(このような、ユーザーの要件を文書化したものを、マーケティングの世界で**ユースケース**と呼ぶことがある)。また、この時点で焦点を絞りすぎて見当違いの顧客を対象にしてしまうことを恐れる必要はない。実際には、焦点を絞るほど見えてくるものが多くなる。「悪魔は細部に宿る」ものであり、シナリオを作るということは、このような悪魔をあぶり出すことを目的としているからだ。

2 ある日のできごと[新テクノロジー適用前]

シナリオの二番目の記載内容は、エンドユーザーが抱えている問題が原因となってエコノミック・バイヤーに及ぼされている影響だ。ここで記述する項目は、以下の五つだ。

◆**現状認識**――エンドユーザーが抱えている問題をしっかりと把握する。いま、何が起きているのか? それに対して、エンドユーザーはどうしようとしているのか?
◆**望まれる結果**――エンドユーザーが手に入れたいものは何か? なぜそれが必要なのか?
◆**試みたこと**――新しいテクノロジーがまだ世に出ていないとき、エンドユーザーはどのように問題を解決しようとしたか?
◆**阻害要因**――そのときに何がうまくいかなかったのか? そしてうまくいかなかった理由

は?

◆経済的影響――結果はどうだったか? うまく問題解決を図れなかったために、どのような影響が出ているか?

ここで、照明器具の例では、次のようなシナリオを作ることができる。

現状認識

インテリアデザイナーであるデイヴィッドの顧客は、裕福であり要求が厳しかった。この顧客は、改築した居間と台所用に「完璧な」照明器具を欲しがっていた。デイヴィッド自身も、照明器具を見る目は厳しいため、素晴らしい商品を見つけることができると二人は確信していた。

望まれる結果

二つの部屋のデザインにマッチした照明器具を見つけて購入する。このとき、すっきりした線と微妙な色使いを組み合わせて、複数の照明器具の一つひとつが異なったテーマを表現できるようにする。そのためにデイヴィッドは、同じ素材ではあるが、デザインと大きさが異なる、複数の照明器具を見つけたいと考えている。

試みたこと

デイヴィッドは、「デザイン地区」と呼ばれる、ショップ、画廊などが並ぶ地域をくまなく歩き、大量のカタログや写真集を持ち帰った。そして、彼は顧客と一緒に、カタログと写真集をレビューし、その結果、彼らが求めているものについて、さらに具体的なイメージにたどり着くことができた。ただし、そのイメージ通りの商品を見つけることはできなかった。イメージに近い商品を二つほどカタログで見つけたが、実際に展示されている物を見に行った結果、満足できる物でないことがわかった。

阻害要因

デイヴィッドと顧客は、照明器具を二人で「共同デザイン」するつもりでいたが、売られている照明器具にあとからデザインを施す余地はなく、できるのは商品を選択することだけだった。さらに、カタログに掲載されている商品がすべて展示されているわけではないため、ときには、実物を見ないで購入を決めなければならないことがあった(その結果、実物を見て返品することもある)。これは、昔から小売業に付き物の問題でもある。

経済的影響

デイヴィッドの顧客は満足していない。よって、デイヴィッドも満足していない。二人は、望ましいことではないが、そこそこの商品で妥協することもできる。ただし、その場合は、デイヴィッドが顧客に約束したことは守られず、彼に対する顧客の信頼が揺らぐ。さらに、商品を販売した卸売業者がデイヴィッドからの信頼を失うことになる。卸売業者も、今回の商談のバリューチェーンを構成する一員だ。

3 ある日のできごと[新テクノロジー適用後]

シナリオに三番目に記載する項目は、新しいテクノロジーが採用された場合の新たな状況だ。この場合、「現状認識」ならびに「望まれる結果」は先ほどと同じだが、残りの三項目を次のように書き換える。

◆**新たな試み**――新しいテクノロジーに基づく製品を使って、エンドユーザーはどのようにして問題を解決しようとしたか?
◆**支援材料**――この新しい製品のどこがよかったのか? 問題を解決できた理由は?
◆**経済効果**――削減できた経費はどれほどか? また、得られた便益は何か?

この照明器具の例では、次のようなシナリオを作ることができる。

新たな試み

デイヴィッドと顧客は、その週の半分以上の時間を割いて、カタログと写真集をウェブ経由でレビューした。そして二人は、ようやく気に入ったデザインにたどり着いた。それは、実際の照明器具のデザインを少し変えたもので、顧客の意見を参考にしながら、デイヴィッドがスケッチしたものだ。彼らは、3Dプリンターを配備している照明器具の卸売業者にこのデザインを渡した。この卸売業者が契約しているフリーランスのデザイナーが、デイヴィッドのスケッチをスキャンし、それをCADデータに変換する。同時に卸売業者は、照明器具の材料と仕上げ方法について、デイヴィッドの希望を聞く。卸売業者がCADデータと材料を3Dプリンターに入力し、完成品の照明器具ができあがる。この完成品に対して手直しをしたい部分があれば、CADデータを修正して、もう一度プリントを行なう。さらに、CADデータのパラメータを変更することにより、デザインは同じだが大きさが異なる照明器具を作ることもできる。

支援材料《イネーブリング・ファクター》

3Dプリンターを使えばなんでも作れる。3Dプリンターを使えば、製作費用を抑えることができるし、在庫の中から妥協して商品を選ぶ必要もなくなる。二つのインプット、つまり、CADデータと使う材料を変えることができるので、デザインの変更に柔軟に対応できる。現在では、通常のPC

でCADソフトウェアを稼働させることが可能であり、パフォーマンス的にも問題はない。また、3Dプリンターの価格はPCと同程度になってきており、プリントに要する時間も数時間となっている。

経済効果

デイヴィッドの顧客は大いに満足している。顧客は、できあがった照明器具に対して少し多めの対価を支払ってもよいと考えており、デザイナーに対してコンサルティング料を支払う用意もある。実際のところ、家の他の部屋用にも、この方式で照明器具を作りたいと顧客は考えている。卸売業者は、大量の在庫を持たなくて済む新しい販売方法を確立できたことに満足している。危機感を抱いた照明器具メーカーは、3Dプリンター用のデザイン集を出版しようと考えている。3Dプリンターで作った製品は、価格は低いが利益率が高い。よって、メーカーは、いずれはこれまで以上の利益を計上できると考えている。そして、ウェブで各種のデザインを展示することができるため、これまでのように展示会に出品して説明員を配備する必要もなくなる。

シナリオの検証◆市場開発戦略のチェックリスト

ターゲット・カスタマーの特徴づけという作業は、キャズムを越える際のマーケット・セグメンテーション戦略の中核を成すものである。なぜならば、それによって「データ」を手にすることができるからだ。そこで、現場に詳しい3Dプリンター製造会社の社員を一〇人ほど集めて、一日かけて二〇から四〇件ほどのシナリオを作ったとしよう。その中には、現在の顧客をはじめとして、受注、失注にかかわらず、見込み顧客のすべてと、これまでの経験から面白いと思われる見込み顧客に関する、現実の「ユースケース」が含まれている。

言うまでもなく、これは正式なセグメンテーション調査ではない。セグメンテーション調査は時間がかかる割には、そのアウトプットは無意味なものであることが多い。それに対して、シナリオは実際のビジネスを想定したたとえ話の宝庫だ。そして、たとえ話という性格上、このようなシナリオには作り話や、思い込みや、場合によっては正しくない情報も含まれるであろう。にもかかわらず、マーケットのセグメンテーションが急務とされている現段階においては、入手し得るもっとも有用かつ正確なデータなのだ。SICコード（産業分類コード）などに比べても、このようなシナリオのほうがはるかに正確で現実に即しているのだが、それでもまだ粗削りなものであることは否定できない。そこで、このシナリオをさらに完成度の高いものにするために、それを市場開発戦略チェックリストに照らしてみることにする。

次に示すリストは、マーケティング戦略を作成するときに検討すべき項目であり、同時に、キャズムを越えるときに解決しなければならない課題でもある。

2◆購入の必然性
3◆ホールプロダクト
4◆競争相手
5◆パートナーと提携企業
6◆販売チャネル
7◆価格設定
8◆企業のポジショニング
9◆次なるターゲット・カスタマー

シナリオを検証するということは、それぞれのシナリオをここにあげた項目に照らして評価することから始まるが、実際の検証作業は二つの段階を経て進められる。第一段階では、すべてのシナリオをリストの先頭四つの項目、すなわち最重要項目について評価する。これらの四項目のいずれかで極端に低い評価を与えられたシナリオは、**橋頭堡候補から除外する。**つまり、そのようなシナリオは、キャズムを越えたあとならば面白いかもしれないが、いままさにキャズムを越えようとしているときには不向きなのだ。

このような第一段階でのテストにパスしたシナリオは、次の第二段階で残る五項目について評価される。両段階とも、シナリオは項目ごとに評価され、評点順に並べられる。最後に、最高点を取ったシナリオが、キャズムを越えるもっとも有力な橋頭堡候補とみなされる。さらに評価チームは、最終的に一つの——**ただ一つの**——シナリオに絞り込むまで、徹底的に検討を加えるのである。

この右の行の太文字は、「キャズムグループ」に寄せられるもっとも多い質問、すなわち、「**同時に複数のセグメントを追い求めてもよいか？**」という質問に答えるものである。簡単に言えば、答えはノーである（難しく言ってもノーなのだが、そうすると説明に時間がかかるので、ここではやめておく）。バットの一振りで二つのボールを打つことができないように、一つの石で二羽の鳥を落とせないように、そして、歯を磨きながら髪を梳かすことができないように、二つの橋頭堡を目指してキャズムを越えることはできない。この点についてはすでに数度にわたって考察を加えてきたことではあるが、なかなか理解できない人が多いのも事実である。

さて、ここで先のチェックリストに戻り、キャズムを越えるときの四つの最重要項目についてさらに詳しく見ていこう。

ターゲット・カスタマー

製品を購入するエコノミック・バイヤーの特徴を一つだけ想定できるか、これから使おうとしている販売チャネルはそのエコノミック・バイヤーと接点を持っているか、そしてそのエコノミック・バイヤーはホールプロダクトに対して対価を支払うだけの資金を持っているか？　このようなエコノミック・バイヤーがいないと、営業部隊は多くの見込み顧客に製品の価値を説いて回らねばならず、かぎられた時間を無為に過ごすこととなる。こうした場合には、セールスサイクルは先に進まず、現行のプロジェクトはいつ中断されてもおかしくないという状況に陥る。

購入の必然性

現行システムの問題点は、エコノミック・バイヤーが改革を決断するほど甚大なものか？　実利主義者は、あと一年いまのままでなんとかなると判断すれば迷わずそうする。しかし彼らは、代替策について調べておこうという意識も持ち合わせているため、ベンダーの営業マンを何度も呼びつけて、新製品について説明を求める。一方、営業マンが何度説明しても受注に至らず、彼は会社に戻って「素晴らしいプレゼンテーションだと顧客が言っていた」、と報告する。しかし、この顧客が本当に言いたいことは、「勉強させてもらったけれど、いま購入するつもりはない」ということなのだ。

ホールプロダクト

わたしたちは、パートナーや提携企業と協力しながら、向こう三カ月以内に、ターゲット・カスタマーの「購入の必然性」に応えるホールプロダクトを提示することができるだろうか？　つまり、来四半期の終わりまでに新たな市場に乗り出し、一年以内にその市場を支配することができるだろうか？　残された時間はかぎられている。いまキャズムを越えなければもう間に合わない。つまり、顧客が抱えている問題をいまわたしたちが把握していなければもう遅い、ということだ。そして、ホールプロダクトを提示するに当たってやり残したことがあれば、それがどんなに些細なことであっても、やがて足もとをすくわれる原因となる。

競争相手

顧客が抱えている問題は、すでに他のベンダーによって解決されていないか？　つまり、そのベンダーがすでにキャズムを越えていて、これからわたしたちが攻め入ろうとしている場所を占拠していないか？　ＨＰのレーザープリンター部門を率いたディック・ハックボーンの有名な言葉がある。それは、「堅固な要塞を攻め入ってはならない」というものだ。わたしたちの橋頭堡についても同じことが言える。すでに先にキャズムを越えているベンダーがいるならば、わたしたちがこれから手に入れようとしている先行者利益は、すでにそのベンダーの手に落ちているのだ。そこに向かって行ってはならない。

まず、この四項目に対してシナリオを評価するのだが、各項目に与えられる評点は一から五まで。つまり、合計点の最高得点は二〇点、最低は四点ということになる。もちろん評点が高いほうがよい。ただ、ここで一つ注意しなければならないことがある。それは、いずれかの項目で他の項目よりも極端に低い評点を取ったシナリオは、失敗の可能性が高いということだ。つまり、単に合計点だけで決めればよいというものではないのだ。そして判断に迷ったときには、「購入の必然性」の項目で高得点を獲得したシナリオを優先するとよい。さらに、すでに強力な競争相手がいるのであれば、そのベンダーとぶつからないようにする道を調べてみるのも必要なことだ。また、ホールプロダクトを提示するのが困難なシナリオが最善のシナリオである、ということも覚えておくとよい。もし簡単ならば、すでに誰かが先にやっている可能性が高いからだ。実際のところ、わたしたちがホールプロダクトをすでに手にしているのであれば、それを作るのが難しいほど、他のベンダーの参入を妨げる障壁となり、こちらにとっては有利な展開となる。

以下の五項目は、「あれば望ましい」という範疇のものである。すなわち、それに対して与えられた評価点が低くても、時間と資金を費やせば克服できるたぐいのものだ。とはいえ、時間と資金は実に希少な資源であるため、「安くて早くできる」というのがシナリオを評価するときの重要なファクターであることは言うまでもない。この五項目について、これから個別に見ていこう。

パートナーと提携企業

ホールプロダクトを顧客に提供するために必要な提携関係が、他ベンダーとのあいだで築かれているか？　もし、そのような関係がすでに築かれているならば、それは初期市場におけるプロジェクトを進めているときに築かれたものであろうし、そのような関係は大切にしなければならない。ベンダーのホールプロダクト担当マネージャーにとって、他ベンダーとの提携関係を構築することは一筋縄ではいかないたいへんな仕事だが、それは、ベンダーがキャズムを越えるうえで重要な意味を持つ。

販売チャネル

ターゲット・カスタマーを訪問し、彼らの要求を理解してホールプロダクトを提示する販売チャネルがすでに築かれているか？　顧客企業の現場の人たちと話をするためには、ターゲットとしているそのニッチ市場の業界用語に通じている必要がある。一方、見込み顧客内のバイヤーやユーザーとのあいだに良好な関係が築かれていれば、それは強力な支援材料となる。見込み顧客とのあいだでこのような関係が築かれていない場合には、ベンダーは、そのニッチ市場に精通した人間を新たに採用し、その人間を先頭にして顧客と商談を進めるのが望ましい。

価格設定

ホールプロダクトの価格はターゲット・カスタマーの予算範囲内か？　その価格は、問題点が改善されることによって得られるメリットに見合うものか？　販売チャネルも含めて、すべてのパートナーは、彼らの労働意欲と忠誠心を維持するために十分な見返りを得ているか？　ここで大切なのは、「価格」というのはホールプロダクトの価格であって、決して製品単体の価格ではないということだ。サービスは、ときには製品価格と同等、あるいはそれ以上の対価を必要とする。

企業のポジショニング

ベンダーは、製品及びその関連サービスの提供者として、ターゲットとしているニッチ市場から信頼されているか？　キャズムを越えようとしているときに、その答えは普通「ノー」だ。ただ、ニッチ市場の良いところは、問題に対するソリューションをベンダーが責任を持って提供するならば、顧客からの信頼を勝ち得るのが早いという点だ。

次なるターゲット・カスタマー

かりにニッチ市場を首尾よく支配できたとして、そのニッチ市場は「ボウリングの一番ピン」としての機能を果たしてくれるか？　つまり、このニッチ市場の顧客とパートナーは、ベンダーがさらに次のニッチ市場へ侵攻していくための礎石となるか？　実は、これはマーケティング戦略を立てるときに見逃してはならない重要な点である。キャズムを越えることは、それが最終目標ではなく、むしろこれからメインストリーム市場に進出していくための出発点なのだ。そのためには、次々とニッチ市場を制覇していって利益を確保することが必要となり、それができなければ、ニッチ市場をターゲットとするマーケティング戦略は失敗したということだ。

第一段階のテストをパスしたシナリオは、第二段階でここに述べた五項目について評価を与えられ、再び得点順に並べられる。ここに至って、シナリオ評価チームは「データ」を手にしたと言える。そして、ようやく「ハイリスク・ローデータ」環境で決断を下し、その決断に基づいて前に進むことができるようになったのだ。

攻略地点に対する信念

いったんターゲットと決めたニッチ市場に対して信念を持ち続けるのは容易なことではない。特に、自分自身がテクノロジー・マニアであったり、あるいはビジョナリーであったりする経営者は、実利主義者の考えを素直には受け入れられず、また、本書に記されているハイテク市場の特徴についても十分に理解できないことが多い。しかし、いまは彼らの人生をも決定づける大切なときなのだ。スタートアップ企業は、キャズムを越えるか、さもなくば死か――そのいずれかだ。しかし、自分の信念に逆らって生きなければならないとしたら、何のための人生か？　これは容易に答えられる問題ではない。

判断が難しい局面に遭遇しても、迅速に決断し、ためらわずその方向に踏み出し、ひたすら前進する。これは、水しぶきをあげる急流を下るようなものであり、意見が真っ二つに分かれたときに決断を逡巡することは、ボートを転覆させる最大の原因となる。方向を決めたら迷わず、途中で自信が揺らいでも決めた方向にひたすら進む。キャズムを越えるときも同様だ。

ここで一つ救いがあるとすれば、それは、橋頭堡を選ぶときに必ずしも最適な候補を選ぶ必要はないことだ。選んだ橋頭堡を支配できさえすれば、それで目標は達成されたと言える。選んだマーケット・セグメントが問題を抱えて困っていれば、そのマーケットこそがベンダーをキャズムから引き上げてくれる力となる。それが解決困難な問題であり、マーケット・セグメントが小さければ、競争相手はおそらくいないだろう。そうなれば、ベンダーはホールプロダクトの提供に専念できるようになり、それがうまくいけばキャズムは越えられる。

では、途中で軌道修正を余儀なくされるとしたら、その原因は何だろう？　よくあるのは、シナリオを作成するときの仮定に誤りがあったというケースだ。このような事態を避けるには、最終決定したシナリオを、マーケティング活動の初期の時点で、外部のマーケティング専門家に検証させておくことも必要だ。ただし、専門家による調査結果が出揃うまで足踏みして待っていることは許されない。キャズムを越えるときの最大の敵は時間だ。キャズムを越えるときには、常に前進していなければならない。これは、選んだ方向に対して自分自身が疑念を抱き始めたときにも言えることだ。何もしないでその場に立ち止まることは、大手ベンダーをはじめとする既存勢力の思うつぼとなる。

妥当な市場規模

ターゲットとするマーケット・セグメントを最終決定するときには、当然、そのセグメントから得られるであろう収入について予測をすることになる。このとき、セグメントが大きいほど望ましいと考えがちだが、実は必ずしもそうではない。その理由はこうだ。

市場で活動を続けていける企業、つまり、経営基盤が安定した企業になるためには、そのベンダーの製品が、顧客の基幹業務を支援するデファクトスタンダードとして認められなければならない。そして、デファクトスタンダードになるためには、年間受注額の少なくとも半分、あるいはそれ以上の部分をターゲット・マーケット・セグメントから得る必要がある。そのような実績を示して初めて実利主義者の注意を引くことができるようになるのだ。同時に他のセグメントから受注してもかまわない。ここで簡単な計算をしてみよう。

次年度の新規受注の半分以上が、ターゲットにしているマーケット・セグメントから得られると仮定しよう(これは口で言うのは簡単だが、実現するのは容易でない。それに、二、三日前まではそのようなことは考えてもいなかったに違いない)。さて、ここで目標とする年間売上が一千万ドルとすると、ターゲット・セグメントからは少なくとも五百万ドルの収入をあげなければならない。その理由は先にも述べたように、マーケット・リーダーとして認知されるためには、年間収入の半分以上を一つのマーケット・セグメントから得る必要があるからだ。言い換えれば、かりに次年度の売上目標が一千万ドルならば、一千万ドル以上の規模のセグメントをターゲットにしてはならないということだ。と同時に、五百万ドル以下のセグメントであってもならない。つまり、キャズムを越えようとしているときにターゲットとすべきマーケット・セグメントは、(一)次の段階で先行事例にできるほど大きいこと、(二)そのセグメントを制覇できるほど小さいこと、（三）ベンダーが提供する製品（サービス）が効果を発揮するセグメントであること、の要件を満たすものでなければならないのだ。

この要件に照らし合わせてみて、ターゲットとみなしているセグメントが大きすぎると判断されるなら、それを分割する必要がある。しかし、このときには、口コミが伝播する境界線を考慮しながらセグメントを分割するよう、十分な注意を払わなければならない。目標は一つの小さな池で大きな魚になることであり、決して、複数のたがいに無関係な水溜まりを渡り歩くことではない。そして、セグメントを分割するときに、一般的な集団から、利害を共有する一つの集団を切り出すことができれば、それが最良の方法である。このような集団は解決すべき共通の問題を抱えていることが多く、さらに緊密にネットワーク化されており、自然発生的に集団を形成する傾向がある。このような方法でセグメントを分割することができない場合には、地域で分割するのが無難な方法である。ただし、これは人々が地域ごとに集団を作っている場合にかぎる。

逆に、ターゲット・セグメントが小さすぎて、次年度の予定売上の半分に満たない場合には、複数のマーケット・セグメントをつなぎ合わせて一つのセグメントにすることも考えなければならない。このとき、セグメント分割のときと同じように、セグメントの境界線に十分な注意を払いながら、一つのセグメントにする必要がある。複数のマーケット・セグメントをつなぎ合わせて、意味のある大きなセグメントを作れないときには、元に戻って、別のセグメントを選択するほうがよいこともある。

本章のまとめ◆ターゲット・マーケットの選び方

本章ならびにこのあとの三つの章では、戦術的な内容が記載されている。つまり、具体的な活動内容《タスク》と課題を設定し、それを何度もくり返して実行する方法が説明されている。このようなアプローチをまとめる意味で、この先、各章の最後にそれぞれのタスクのチェックリストを掲載することにする。マーケティング・チームを統率するとき、あるいは、そのチームが下した最終判断をテストするときなどに、このチェックリストを活用していただければ幸いである。キャズムを越えてメインストリーム市場に入って行くためには、まず攻略地点を決定する必要があるが、その攻略地点を決めるときのチェックリストを以下に掲げる。

1◆ターゲット・カスタマーについて記述したシナリオを、できるだけ多く集める。社内の全社員にシナリオを提案する機会を与え、顧客と接する立場の社員からは、特に積極的にシナリオを提案してもらうようにする。新たに提案されるシナリオがすべて、すでに提案されたもののマイナーチェンジという状況になるまでシナリオを集め続ける。

2◆ターゲット・マーケットを選定する委員会を任命する。委員会の構成メンバーはできるかぎり少なくし、その中に、採択された結論に対して拒否権を持つ者を含めておく。

3◆すべてのシナリオに番号をつけ、それを社内に配布する。このとき、一つのシナリオは一ページ以内に収まっているようにする。このシナリオの束に、一枚のスプレッドシートを添付しておく。このスプレッドシートには、縦方向に各シナリオの名前を、横方向に評価項目を記載しておく。そして、横方向の評価項目は、第一段階と第二段階の二つのグループに分類しておく。

4◆委員会の各メンバーがそれぞれ、すべてのシナリオについて第一段階の評価をする。シナリオごとに各委員の評点を合計する。このとき、各委員のあいだで評点について大きな差があれば、それについて十分に議論する。それによって、一つのシナリオに対して各委員が異なる見解を持っていることが明らかになるが、この作業を通じて、有望なシナリオが顕在化するばかりでなく、将来に向けての社内のコンセンサスが醸成される。

5◆各シナリオを合計点の順に並べ、第一段階のテストにパスしなかったシナリオは破棄する。破棄されるシナリオは、通常、全体の三分の二ほどになる。

6◆次に、オーブンの温度目盛りを二百度にセットして……、おや？　それは違う本だ。失礼！　次に、残ったシナリオに対して第二段階の評価をする。まず、各委員がそれぞれのシナリオを評価し、続いてその評点を合計する。そして、残ったシナリオを二、三の最終候補に絞り込む。

7◆状況に合わせて、以下のように処理を進める。

橋頭堡とするマーケット・セグメントついて委員会が合意した場合◆その方向に進む。

橋頭堡とするマーケット・セグメントついて、委員会で合意に至らない場合◆委員会のメンバーから一人を選び出し、「ボウリングピン」モデルを作成させる。この「ボウリングピン」モデルでは最終候補として残った複数のシナリオが材料として使われ、そして、どのシナリオを一番ピンにするかがここで決定される。あとは、決定された一番ピンを倒すことに専念する。

委員会が納得するシナリオがなかった場合◆これは現実に起こり得るケースである。このような場合には、キャズムを越えようとしてはならない。初期市場でのプロジェクト受注を続け、営業費用をできるかぎり削減し、そして、現実的な橋頭堡の候補を探し続ける。

第5章 部隊の集結

Assemble the Invasion Force

「いつも思うことだが、この世界では優しい言葉だけよりも、優しい言葉と拳銃の両方を使うほうが、多くのものを手に入れることができる」
ウィリー・サットン

ウィリー〔訳注8〕は、軍隊の指揮官ならば誰でも考えることを代弁したにすぎない。つまり、これから侵略行為をしようとするならば、それなりの装備が必要だということだ。いまわたしたちが検討しているテーマに彼の言葉を重ねてみるならば――**マーケティングは戦いだ。遊びではない**――ということになる。

ハイテク企業経営者のあいだでは、マーケティングには長期的な戦略とそれをもとに営業部隊が顧客をサポートする戦術があり、両者のあいだに位置するものはないという考えが広く行きわたっている。しかし実際には、マーケティングの効果がもっとも顕著に表れるのは、その両者の中間においてなのだ。それは、すでに紹介した**ホールプロダクト・マーケティング**と呼ばれるものであり、「部隊を集結する」ときの考え方のベースとなる。

さてここで、次のようなシナリオを考えてみよう――セールスマンをしていたとき、わたしには夢があった。別にどうってことはない夢だ。大きな仕事（少なくとも五百万ドル）の入札チャンスがあり、顧客からはすでにＲＦＰ（リクエスト・フォー・プロポーザル、提案依頼書）が届いている。ギャンブラーの

図3◆ホールプロダクト・モデル

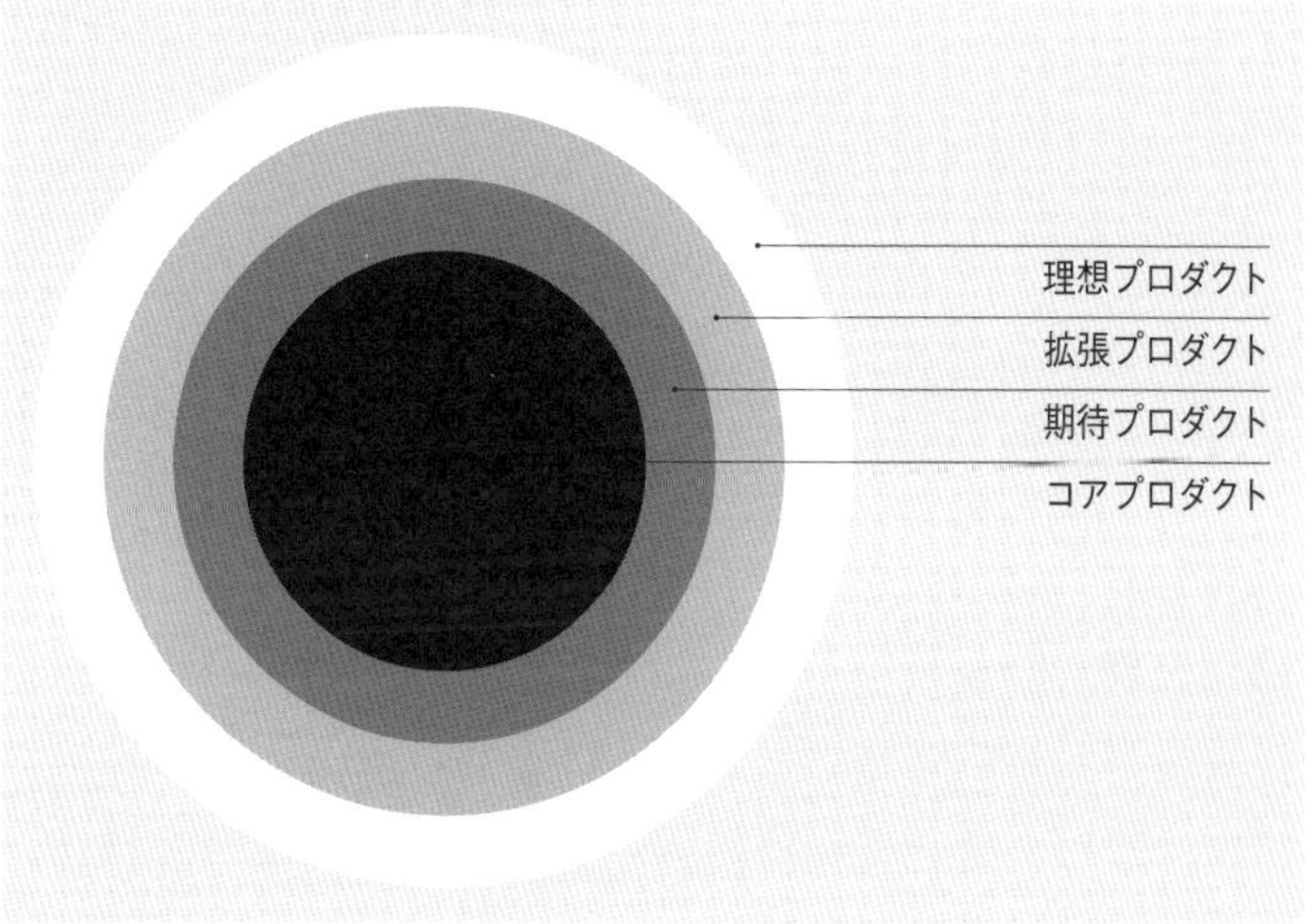

言葉を借りるなら、わたしは「銀行馬券」を持っていたも同然だ。顧客と長時間にわたって打ち合わせをしているとき、彼はわたしの製品を応援すると約束してくれた。その後、彼はわたしの製品が最高点をとれるようなＲＦＰを準備してくれた。受注は最初から見えていた――そこで目が覚めた。

そう、たしかにそれは夢かもしれない。けれど、その夢を実現するのは不可能ではない。そして、それを実現する方法はさほど難しくない。特定のターゲット・カスタマー、あるいは特定の業務にとって、あなたの製品が唯一の選択肢となるような市場を作り出せばよいのだ。第四章で見たように、そのためにはまず、「購入の必然性」が存在するマーケット・セグメントをターゲットとしなければならない。そして次のステップは、その「購入の必然性」に応えていくうえで、他社の追随を許さないような独占状態を確立することだ。

しかし、その独占状態を保持するには、（一）ホールプロダクトの構成要素、そして、（二）自社製品を中心としたホールプロダクトをどのようにして市場に供給していくか、について十分理解する必要がある。これからそれを見ていこう。

訳注8◆ウィリー・サットン
一九二〇年代から一九三〇年代にかけて出没した銀行強盗。ニューヨーク市ブルックリン出身。巧みな変装術により「映画俳優」と異名をとった。銀行強盗をはたらくときの優しい語り口から、「紳士」とも称された。

ホールプロダクトの考え方

ハイテク・マーケティングを進めるうえで役に立つものの一つとして、ホールプロダクトの考え方がある。ホールプロダクトの概念については、四〇年以上も前に、セオドア・レビットの著書 *The Marketing Imagination*（邦訳『マーケティング・イマジネーション』土岐坤訳、ダイヤモンド社、一九八四年）で詳述されており、また、その一〇年ほど後に刊行された、ウィリアム・H・ダビドウによる著書 *Marketing High Technology*（邦訳『ハイテク企業のマーケティング戦略』溝口博志訳、ティビーエス・ブリタニカ、一九八七年）においても、ホールプロダクトが重要な概念として位置づけられている。ホールプロダクトの考え方は明快である。それは――ベンダーが顧客に説明する製品の機能、つまり価値命題《バリュー・プロポジション》と、製品が実際に発揮する機能とのあいだには差がある――というものだ。その差を埋めるために、本来の製品に各種のサービスや補完的な製品を付け加えて、ホールプロダクトを作り出すのだ。

レビットはこのホールプロダクトを**図3**のモデルで表しており、そこでは「プロダクト」が四つのレベルに分類されている。

1◆コアプロダクト

実際に出荷される製品であり、購入契約書に記載されている機能を発揮する。

2◆期待プロダクト

顧客が前記のコアプロダクトを購入するときに、「こうであるはずだ」と考える製品である。これはまた、顧客の購入目的を満足させるために**最低限**揃っていなければならない製品とサービスの集合体でもある。たとえば、タブレットを購入すると通信接続のために、通常はＷｉ－Ｆｉ接続か携帯電話回線を必要とするが、これらは、タブレットの購入とは別に契約しなければならない。この場合、通信機能まで含んだものが期待プロダクトだ。

3◆拡張プロダクト

数多くの付属品をつけてコアプロダクトの機能を拡張したものであり、顧客の購入目的を**最大限**満たす製品である。タブレットの例では、メール、ブラウザ、カレンダー、住所録、検索エンジン、アプリなどが、拡張プロダクトに含まれる。

4◆理想プロダクト

さらに多くの補完的な製品が市場に出てきたり、あるいは、製品に顧客独自の機能強化が施されたりしたときに、顧客に提供される機能の理論的上限を表す。本書の執筆時点で、アップル・ｉＰａｄ向けにダウンロード可能なアプリが三七万四〇九〇種類ある。ｉＰａｄの利用価値をさらに高めるために、豊富なアプリが理想プロダクトの一部となっている。

他の事例を見てみよう。ウェブブラウザのカテゴリーにおけるコアプロダクトは、当初はモザイク、ネットスケープナビゲータ、その後インターネットエクスプローラー、最近はファイアフォックス、グーグルクロームなどの製品だ。期待プロダクトは、コアプロダクトに移植性《ポータビリティー》などが加わったものだろう。つまり、コアプロダクトがｉＯＳ、アンドロイド、ウィンドウズなどの、どのプラットフォームでも動くということだ。拡張プロダクトは、ブラウザの機能を拡張するためにサードパーティーが開発したプラグインを含んだものとなる。そして理想プロダクトは、クライアントの役割を一新するようなブラウザであり、その結果、ＯＳが不用になることも考えられる。また、このような環境では、アプリはデバイス（ハードウェア）に依存しないで稼働するようになっているだろう。一方、サービス提供者側から見れば、コアプロダクトには少なくともＩＳＰ（インターネット・サービス・プロバイダ）接続サービスが含まれていなければならず、期待プロダクトとしては、ホームページで検索エンジンが利用可能になっていなければならない。また、拡張プロダクトは、ボタンのクリックまたは「いいね！」で多くの機能を手軽に利用できるようになっていなければならず、理想プロダクトは、利用者の商品購入方法を一変させる可能性を秘めたものとなる。

ところで、不連続なイノベーションが市場にもたらされたときには、最初はコアプロダクトが戦いの中心となる。これは、ホールプロダクトの図［図3］（Ｐ169）で言えばもっとも内側にある円、つまり、製品そのものだ。このように戦場が**初期市場**の場合には、コアプロダクトが主役となる。ところが、市場が発達し、**メインストリーム市場**に近づくにつれて、コアプロダクトの機能はどれも似たようなものとなり、戦場は同心円の外側に向けて拡大していく。このことから、メインストリーム市場を支配するためには、ホールプロダクトについてさらに深い理解を必要とすることがわかるだろう。次にそれを見ていこう。

ホールプロダクトとテクノロジー・ライフサイクルの関係

まず、キャズムを越えることとホールプロダクトのあいだにどのような関係があるのかを見てみよう。ここで、テクノロジー・ライフサイクルの図［図1（P17）、図2（P25）］とホールプロダクトの図［図3］の両方を眺めてみると、前者の図でライフサイクルが左から右に移動するにつれて、ホールプロダクトの図では外側の円の重要性が徐々に増していくことが読みとれる。つまり、ホールプロダクトをもっとも必要としない顧客層はテクノロジー・マニアだということがわかる。その理由は、彼らは製品の不備や不具合を自分で修理し、自分なりのホールプロダクトを作ってしまうからだ。実際、新しい製品にあれこれと手を加えて自分たちに役立つものに仕上げるのが、テクノロジー・マニアがハイテク製品から得る大きな喜びの一つでもある。そして、真のテッキーはホールプロダクトを必要としないというのが彼らの信条なのだ。

一方、ビジョナリーにとって、ホールプロダクトを自分たちで作るということは何の意味も持たない。だが、新しいテクノロジーを使うことによって同業他社を出し抜くことができるのであれば、そして競争優位性が高まるのであれば、自社のチームを使ってホールプロダクトを作ることを躊躇するものではない。そして、ＩＴシステムを武器にして自社の競争優位性を高めるというビジョナリーの考え方は、システムインテグレーションの重要性を代弁してもいる。このことから、顧客のニーズに責任を持って応えるという点で、システムインテグレーターとホールプロダクト・プロバイダは同義語と言える。

テクノロジー・ライフサイクルの図でキャズムの左側にある市場、すなわち、初期市場についてはこれくらいにしておこう。この先、キャズムの右側の市場、つまりメインストリーム市場に到達するためには、実利主義者の要求に応えていかねばならない。実利主義者は、ホールプロダクトがいつでも利用可能であると信じており、たとえて言うならば、マイクロソフトオフィスのような製品を好んで使う人たちである。その理由は、デスクトップＰＣであれ、ノートパソコンであれ、事実上あらゆるＰＣ上で動き、ファイル変換が簡単にでき、製品の使用法を解説した書籍がどこでも手に入り、セミナーが頻繁に開かれており、ホットラインによるカスタマーサービスが充実しており、派遣社員であっても誰もが、ワード、エクセル、パワーポイントの使い方を熟知しているからである。かりに、他の製品、たとえばグーグルアップスが提示されたとしても、実利主義者がそちらに乗り換えることはないだろう。その理由は、ホールプロダクトの一部がまだ完備されておらず、その分、自分の負荷が高くなると感じるからである。

実利主義者がスマートフォン用に、インテルのＡｔｏｍプロセッサよりＡＲＭのプロセッサを好むのも同じ理由である。マイクロソフトのＢｉｎｇよりグーグルサーチ、ＲＩＭのブラックベリーよりアップルのｉＰｈｏｎｅ、プリンターならエプソンよりＨＰ、ルーターならファーウェイよりシスコ、すべて同じ理由である。この中で、コアプロダクトだけに焦点を当てるならば、優劣が逆転する例もあるだろう。しかし、ここにあげたすべての例に共通しているのは、ホールプロダクトが優れている製品が優位に立つということだ。

要するに、**実利主義者が必要としているのはホールプロダクト**なのである。コアプロダクト、すなわち、ベンダーが出荷する製品はホールプロダクトの中核であり、そこで失敗をすることは許されない。しかし、このコアプロダクトの類似商品が市場に出回るようになったら、そこにさらにR&D費用を投入しても満足なリターンは得られない。それよりもむしろ、期待プロダクト、拡張プロダクト、あるいは理想プロダクトを充実させる分野に資金を投入するほうが大きなリターンを期待できる。そして、企業の資金をどのように振り向けるかを決定するのが、ホールプロダクト構築計画の重要な役割なのだ。

ホールプロダクト構築計画

これまで見てきたように、ホールプロダクト・モデルはキャズムを越えるうえで重要な位置づけを占めている。初期市場とメインストリーム市場の決定的な違いは、前者では顧客がホールプロダクトを自分で作って競争力を高めようとするのに対して、後者では顧客がそういうことをしない点にある。これまで多くのハイテク企業がこの点を見落として失敗を重ねてきた。彼らは、まるで干し草の束をトラックの荷台から放り投げるように、自社の製品を無造作に市場に出してきた。そこにはホールプロダクトを用意しようという熱意のかけらもなく、素晴らしい製品だから顧客はこぞって買い求め、サードパーティーは向こうから寄ってくる、と勝手に決めつけている。たしかに、神はモーゼのために紅海を二つに割り、通り道を作るという奇跡を起こしはしたが……。

それとは対照的に、賢明なベンダーは、市場を支配するためにはホールプロダクトが重要であると認識したうえでマーケティング戦略を立てる。このとき実利主義者は、強力なリーダー候補が出現するまでは、どのベンダーに対しても支援の手は差し伸べないのだが、ひとたびそのような候補が現れれば積極的な支援を惜しまない。そうなると製品の標準化が促進され、現実にホールプロダクトが形成されるようになる。

コアプロダクトが優れていることはもちろん大切だが、それが成功のための必要十分条件ではない。オラクルが市場のスタンダードとなったのは、競合他社より製品が優れていたというよりも、むしろ顧客にとってベストのホールプロダクトを提供したからだ。それは具体的には、IBM標準であったクエリー言語SQLを装備したことと、種々のハードウェアへの移植性であった(さらに、攻撃的なほどに積極的な営業部隊の努力に負うところも大きい)。IT部門の実利主義者が支持したのは、オラクルのホールプロダクトだったのだ。

要するに、ホールプロダクトを制するものが戦いを制するのだ。さらに、市場がベンダーをどのように見ているかというのも重要なファクターであり、ホールプロダクトをめぐる戦いで勝っているように**見える**ことは、戦いを制するうえで重要な武器となる。それとは逆に、ホールプロダクトをめぐる戦場で勝っている**ふりをする**ことは、敗退への近道となる。メインストリーム市場では顧客が頻繁に情報交換をしているため、ごまかしは利かないのだ。そして、この両者の差は、第6章で企業の**ポジショニング**について検討するときの重要なテーマとなる。

しかしここでは、**キャズムを越えるために必要なホールプロダクト**に的を絞ることにしよう。言い換えれば、それは、**顧客の「購入の必然性」に応えるホールプロダクト**ということになる。それがどのようなものかを具体的にイメージするために、次にホールプロダクトの簡略モデルを見てみよう。

ホールプロダクトの簡略モデル

図4のホールプロダクトの簡略モデルに見られる製品カテゴリーは、(一) **コアプロダクト**(図の内側の円)と、(二) 顧客の**購入の必然性**に応えるために、**コアプロダクトの他に必要とされるもの**(図の外側の円)、の二種類だけである。後者は、受注するために、顧客に**暗に約束したあるいは期待させた機能**と言ってもよい。**契約**上はベンダーが後者の機能を顧客に提供する義務はないが、顧客との良好な関係を維持するためには提供するのが望ましい。特に、企業間での取引の場合には、この「約束」を破ると悲惨な結果が待ち受けている。ハイテク製品の評判は口コミによって伝わることが多く、「約束」を破った場合にはそれがすぐに市場の知るところとなり、製品の売れ行きに大きな影響を及ぼす。

図4◆ホールプロダクトの簡略モデル

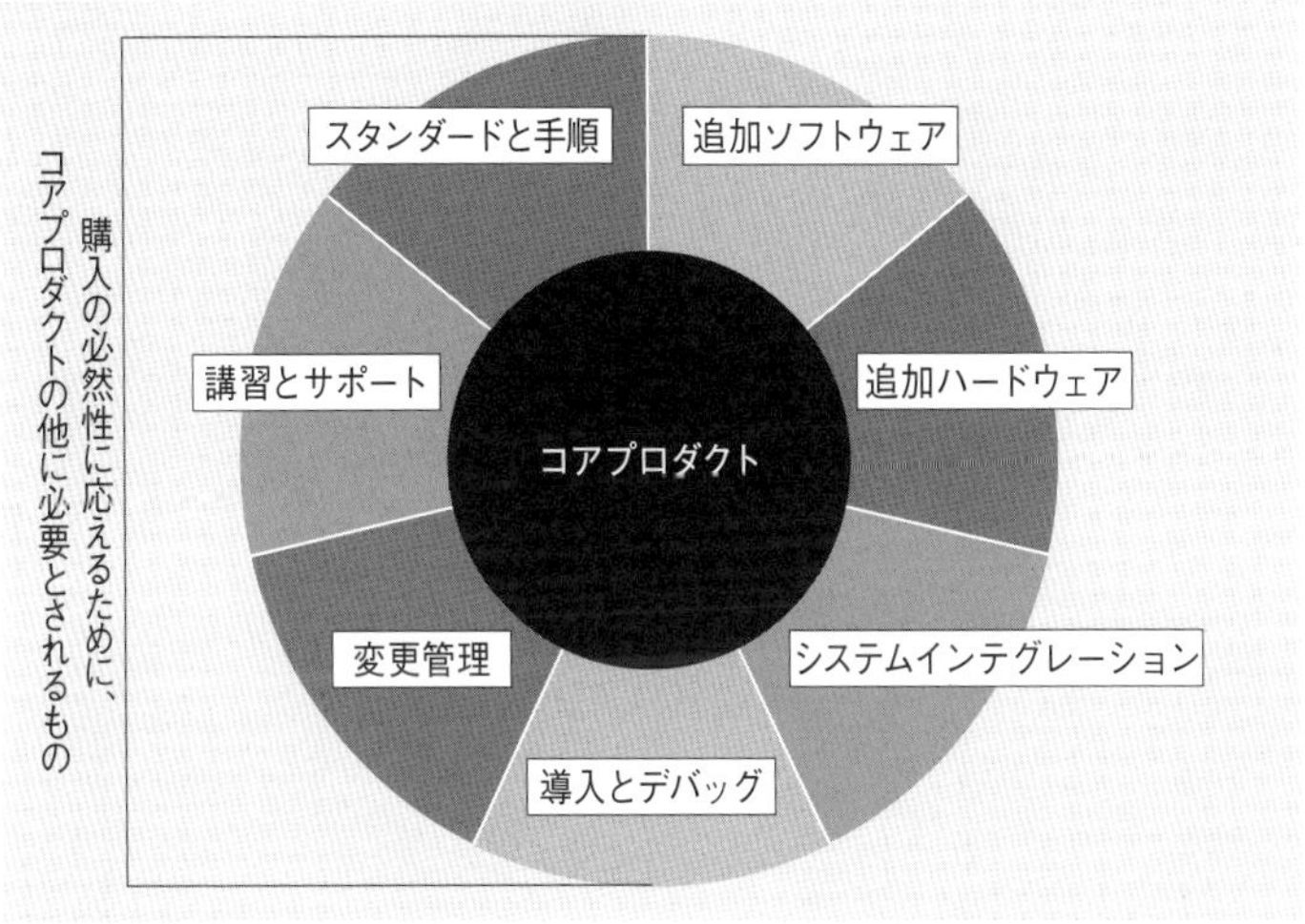

顧客がホールプロダクトに期待する機能の全体をかりに「一〇〇パーセント」と表現するならば、ハイテクベンダーがこれまで顧客に提供してきた「プロダクト」は、そのうちの八〇ないし九〇パーセントの機能を満たすものであり、一〇〇パーセントすべてを満たしたケースはまれである。ベンダーが顧客に提供したものが一〇〇パーセント以下であるということは、残りの部分を顧客が自分で調達したか、あるいは、その分だまされたと思っているかのいずれかである。また、ベンダーが顧客に提供するものが一〇〇パーセントを大きく下回るようであれば、たとえコアプロダクトが他社のどの製品より優れていようとも、ターゲット・マーケットは思うようには拡大しない。

要するに、投資家と顧客に対する「約束」をハイテクベンダーが果たせていない理由を知りたければ、まず、ホールプロダクト・マーケティングを怠っていないかどうかを疑ってみるのが早道である。逆に、ホールプロダクトの存在は、考えようによっては朗報とも言える。というのは、ターゲット・マーケットが満足するホールプロダクトを提供しさえすれば、マーケットを拡大するための最大の難関を克服したことになるからである。それをどのように実行するかをこれから見ていこう。

事例再掲◆3Dプリンター

第4章ですでに見た3Dプリンターのシナリオ（新テクノロジー適用後）をもう一度見てみよう。

新たな試み

デイヴィッドと顧客は、その週の半分以上の時間を割いて、カタログと写真集をウェブ経由でレビューした。そして二人は、ようやく気に入ったデザインにたどり着いた。それは、実際の照明器具のデザインを少し変えたもので、顧客の意見を参考にしながら、デイヴィッドがスケッチしたものだ。彼らは、3Dプリンターを配備している照明器具の卸売業者にこのデザインを渡した。この卸売業者が契約しているフリーランスのデザイナーが、デイヴィッドのスケッチをスキャンし、それをCADデータに変換する。同時に卸売業者は、照明器具の材料と仕上げ方法について、デイヴィッドの希望を聞く。卸売業者がCADデータと材料を3Dプリンターに入力し、完成品の照明器具ができあがる。

もし、この完成品に対して手直しをしたい部分があれば、CADデータを修正して、もう一度プリントを行なう。さらに、CADデータのパラメータを変更することにより、デザインは同じだが大きさが異なる照明器具を作ることもできる。

さて、このシナリオが実際に機能するためには、そこで前提となっているホールプロダクトがすでに完備されていなければならない。これからそのホールプロダクトの一部を見ていこう。

卸売業者が契約しているフリーランスのデザイナーが、デイヴィッドのスケッチをスキャンし、それをCADデータに変換する

そのためには、CADデータの標準フォーマットがあるはずだ。「AutoCAD」のファイルフォーマットがその一例だ。これなら多くの人間が使っている。

卸売業者は、照明器具の材料と仕上げ方法について、デイヴィッドの希望を聞く

ということは、デイヴィッドと彼の顧客の希望に応えるために、卸売業者が材料を揃えていることになる。本書の執筆時点において、この点が本シナリオの弱点とも言える。

もし、この完成品に対して手直しをしたい部分があれば、CADを修正して、もう一度プリントを行なう

そのためには材料が再利用可能であるか、あるいは、捨てても惜しくないほどに安価でなければならない。さらに、再プリントが迅速に処理されるためには、それ以外のプリント処理が予定されていないことが前提となる。

CADデータのパラメータを変更することにより、デザインは同じだが大きさが異なる照明器具を作こともできる

これは、作成する物の大きさに対して、プリンターが柔軟に対応できることを意味している。この点も、本書の執筆時点において、本シナリオの弱点となっている。

他にもいろいろあるが、ここで大切なことは、たった一つのターゲット・カスタマー・シナリオを取り上げただけでも、そこには、市場を拡大させる前に準備しなければならないホールプロダクトが数多くある、ということだ。

さて、３Ｄプリンターのターゲット・カスタマーあるいはターゲット・アプリケーションとして、さまざまな事例を想定することができると思うが、インテリアデザイナーであるデイヴィッドの他に

も、たとえば次のような利用者が考えられる。

◆**機械部品のプロトタイプを作る工業デザイナー**――現実的な環境下で使える部品を作成・テストするために、おそらく何種類もの耐久性の高い材料が必要になるだろう。
◆**注文ベースで仕事をしているおもちゃ製造業者**――中間色に加えて、鮮やかな原色の材料も必要となるだろう。材料に有害物質が含まれていないことは言うまでもない。
◆**物体のレプリカを作る博物館の学芸員**――3Dプリンターが必要とする3Dデータを作成するために、ホログラフィック・スキャナーが必要となるだろう。
◆**注文ベースで仕事をしている靴製造業者**――ファッション性があり、履き心地がよく、同時に、耐久性が高い材料が必要となるだろう。
◆**すでに市販されていないパーツを自作するクラシックカー・マニア**――精度の高いCADデータと、エンジンの振動に耐える金属を射出成型する技術が必要となるだろう。

右のリストは、想定される利用者のほんの一部にすぎないが、それでも、**ターゲット・カスタマーが異なれば求められるホールプロダクトも異なる**ということが理解できるだろう。つまり、価値命題を変えれば、顧客が求める機能を実現する製品やサービスの集合体も変わってくる、ということだ。このように見てくると、いかに楽観的なプロダクトマーケティング・マネージャーといえども、すべてのマーケットを同時に追い求めるのが現実的でないことを容易に理解できるだろう。かりにすべてのマーケットを対象にするならば、それぞれのマーケットを順序づけして、一つひとつ攻略していかなければならず、マーケットを個別にサポートするコストは膨大となる。

さて、顧客の「購入の必然性」に応えるにはホールプロダクトが必要であるということはわかったが、では、3Dプリンターのメーカーはいま何をすべきだろう？ さらに具体的に言えば、ホールプロダクトが間違いなく顧客の手元に届くようにするため、3Dプリンター・メーカーのプロダクトマーケティング・マネージャーはいま何をすべきだろう？ その答えは、「顧客にどうやってホールプロダクトを届けるか」ではなく、「顧客の問題をどうやって解決するか」という発想に見出すことができる。もし3Dプリンター・メーカーが、顧客のプロジェクトの成功に向けて積極的に関与せず、ただ顧客の成功を祈っているだけならば、そのメーカーは自分自身の成功をも神頼みにしていることに等しい。逆に、顧客が抱えている問題とそれに対する解決策を顧客と一緒に考えれば、顧客が必要としているホールプロダクトがどのようなものかが見えてくるようになり、その結果、顧客が真に必要としているホールプロダクトを提供できるようになるのだ。

キャズムを越えようとしているときには、顧客に対するこのような取り組み姿勢が何よりも大切である。キャズムの前の段階、すなわち初期市場では、ビジョナリーが自社の社員を使ってシステムインテグレーションを行ない、ホールプロダクトを自ら作りあげるということが期待できた。しかし、キャズムのあとの段階、すなわちメインストリーム市場においては、ひとたび製品が認知されれば、その後はサードパーティーがその製品を核にしてホールプロダクトを作り始めることが期待できる。しかし、**キャズムを越えようとしているときには、自分を支援してくれる相手をベンダーが積極的に探し求めないかぎり、そのような相手が自然発生的に集まってくることはない。**

事例

いままで述べたことが現実の世界でどのように起きているかを見ていこう。この先わたしたちが見ていく実例は、二種類に大別される。競争相手がすでに存在する場合と、存在しない場合だ。前者は、イギリスからノルマンディーに上陸するようなもので、この場合、すでに市場を席巻しているマーケット・リーダーは、さしずめナチの軍隊ということになろうか。後者は、一四九二年に大西洋を横断し、新大陸に上陸して先住民に品物を売る店を開くようなものである。いずれの場合も、気の弱い人間には向かない仕事だ。

事例その1◆アルバと大規模無線LAN

二〇〇六年、ワイヤレスネットワーク機器のベンダーが、Ｗｉ－Ｆｉ機器を企業に売り込むことを考えていた。会社の名前はアルバネットワークス(Aruba Networks)。この名前に思い当たらない読者がいるかもしれないが、アルバの競争相手の名前は知っているだろう。アルバが打ち破ろうとしていた相手はシスコだった。

この頃、アルバは急速に成長していたが、規模はまだ小さかった。二〇〇五年と二〇〇六年の売上は、それぞれ一二〇〇万ドル、七二〇〇万ドルだった。たしかに急成長していたが、この程度の企業が、四〇〇倍の規模を持つ競争相手に勝てるのか？ シリコンバレーのスタートアップ企業の世界にようこそ。アルバは、なんとしても成功したかった。そして、ここで知りたいのは、「どうやって？」に対する答えだろう。

ルールその1

これまでとは不連続なテクノロジーを最大限に活用して、現在の支配者をピンチに陥れる。アルバの場合は、無線LAN技術を前面に押し出すことだった。シスコも無線LANを手がけてはいたが、シスコの主戦場は有線による通信技術だった。そして何よりも、Wi-Fiに関する新たな規格（IEEE802.11n）が発表され、それまで有線によってのみ達成されていた通信パフォーマンスを、無線でも発揮できるようになったのだ。要するに、それまでの一〇倍の価値命題が提示されたことになり、これは不連続なイノベーションと呼ぶにふさわしいものであった。

ルールその2

第4章で見た池と魚の大きさについての法則を思い出してほしい。池は次の段階で先行事例にできるほど大きいこと、その池を制覇できるほど小さいこと、そして、提供する製品が効果を発揮する池であること、だった。ここで、「制覇できるほど小さい」が意味するところは、池が小さすぎて、自分よりはるかに大きな魚は相手にしないということだ。要するに、大きい魚にとっては、小さすぎて手間がかかりすぎるのだ。

アルバはこのルールを適用して、米国の大学に的を絞った。その当時は、自分のノートパソコンを持って大学に来る学生が増えている時期だった。これは、最初のＢＹＯＤマーケット・セグメントだった。そのため、学生寮の部屋に設置してある有線ＬＡＮ設備だけでなく、キャンパス内のいろいろな場所でネットワークに接続できる設備が必要になっていた。この頃の学生たちは、単に調べ物やメールの送受信をするだけでなく、音楽や映像をストリーミングでダウンロードするようになっていた。そしてこれが、次世代無線通信の規格制定を急がせる背景ともなっていた。そして何よりも、大学というセグメントは、他のセグメントに比べて、次世代のテクノロジーを標榜するベンダーを応援する気質を備えていたため、アルバがこのマーケット・セグメントを選んだのは正しい判断だった。

ルールその3

ルールその3は本章の主題でもある、不連続なイノベーションを製品化したコアプロダクトをホールプロダクトで補完することだ。コアプロダクトはベンダーを「舞台」に立たせてくれる必須要素ではあるが、ターゲット・カスタマーが抱えている問題を解決するのは、コアプロダクトではなくホールプロダクトだ。結局、ベンダーが「長期にわたって」舞台に立つことができるかは、ホールプロダクトにかかっているのだ。

ホールプロダクトを作るには、ターゲット・カスタマーのユースケースから遡るのがよい。つまり、実現手段が未定になっている部分を、R&D、買収、提携などの、どの方法で埋めていくかを順に決めていくのだ。大学のITサポート部門は、キャンパスのあらゆる場所でネットワーク接続ができることを狙ったが、その際の**コアプロダクト**は、次のようなものであった。

キャンパス内の数千に及ぶアクセスポイント

学生寮にはじまり、教室、図書館、学生会館、スポーツ施設に至るまで、ありとあらゆる場所からのネットアクセスが必要だった。さらに、キャンパスの外のパブにもアクセスポイントを設置した。多くの教授が昼の時間をそこで過ごしていたからだ。

一台あるいはそれ以上のモビリティ・コントローラ［アクセスポイントの管理・制御装置］

すべてのトラフィックを中央制御するために必要。Wi-Fiネットワークが有線LANの補助として使われていたときには、このようなトラフィック管理機能は不要であった。たとえば、会議室で来客がネットアクセスするときだけはWi-Fiネットワークで、というようなケースだ。しかし、Wi-Fiネットワークがネットワーク全体の中核を占めるようになると、このトラフィック管理機能が必要不可欠のものとなる。たとえば、試験が終わったときに、全員の学生が解答を一斉にアップロードするが、この瞬間はトラフィック量が急激に増大する。しかし、それによってネットワークがダウンしてはならないし、解答データが失われてもならない。

ネットワーク管理システム

ユーザーの認証、ファイルアクセス権限の管理、ネットワーク障害の修復などのために必要となる。

以上がコアプロダクトだ。では、**ホールプロダクト**をどのように作っていけばよいだろうか？

続いて、その点について見ていこう。

キャンパスにおける有線LAN

キャンパスには、まだ有線LANが残っている。ただし、当初に計画したほど積極的に拡張してはいない。その結果、ネットワーク管理システムには、旧（有線）ネットワークと新（無線）ネットワークの双方の管理が課せられた。そのために、アルバは、エアウェイブ（AirWave）と提携し、そして、やがては同社を買収することとなった。エアウェイブはネットワーク管理システムを販売するベンダーであり、シスコのルーターとスイッチを管理することで急成長した企業だ。

さらに、ほとんどの大学が学生と教授陣のディレクトリを保持しており、ディレクトリの管理に、多くの大学がマイクロソフトのアクティブディレクトリ（Active Directory）を使っていた。このことから、アルバにとってネットワーク管理システムを提供するベンダーとの提携が急務だった。

ネットワーク・オペレーション管制センター

あるネットワークアドミニストレーターがアルバにこう伝えた。「わたしたちのセキュリティーシステムは、学生のいたずらが学外に累を及ぼさないようには作られているが、その逆にはあまり頓着していない」と。この当時ナップスター（Napster）の騒ぎはすでに収束していたが、ビットトレント（BitTorrent）ファイル共有ソフトウェアが大学による許可の有無にかかわらず、キャンパスのあちらこちらで使われていた。当然、ネットワークアドミニストレーターは、この種類のトラフィックを減らしたいと考えた。その結果、アルバはブラッドフォードネットワークス（Bradford Networks）と業務提携し、やがて同社のネットワーク・オペレーション管制センター（NOC）を買い取ることとなった。NOCは、通信会社によく見られる施設だ。

ストリーミング配信装置

新たな学生の入学に伴い、大学は教育目的ならびに娯楽のために、学生のデジタル端末に映像などをストリーミング配信するようになった。そのために、特別なビデオコーデックが必要となり、アルバはビデオファーネス（Video Furnace）社の製品を使うことにした。

リモートアクセスポート

無線ＬＡＮ市場の拡大に伴い、アルバは、そのとき顧客となっていた各大学からメンバーを招聘して諮問委員会を組織した。そしてその委員会の一人の委員が、無線を有線の補完手段として使うのではなく逆にしたらどうか、と提案した。この場合、特に有線ＶＰＮ（Virtual Private Network）に接続できるリモートアクセスポートが必要だった。それによって利用者が自宅にいても、あるいはどこか外部にいても、同一のネットワーク管理システムで対応できるからだ。アルバは、そのようなリモートアクセスポートを新たに開発しなければならなかったが、逆にその装置が他社への差別化要因の一つとなった。

もうおわかりだろう。アルバの競争相手にとって、アルバがホールプロダクトを持っていることは、とてつもなく厄介な状況となっていたのだ。さらに、アルバの顧客は、顧客が抱えている問題をなんとしても解決しようとするアルバの熱意を感じて、アルバへの信頼度を一層深めることとなった。これは、これまで市場を押さえていたベンダーを打ち破り、キャズムを越えたスタートアップ企業の代表的な例である。

事例その2◆リチウムと顧客によるテクニカルサポート

無事にキャズムを越えたもう一つの実例を見てみよう。これは、(幸いなことに)こちらの侵略を防ごうとする敵軍がどこにもいないケースである。敵軍がいない理由は、(不幸なことに)彼らが死守すべきものがそこにはないからである。つまり、ベンダーが一から市場を作らなくてはならないということだ。このような状況では、メインストリーム市場の中心的存在となる実利主義者は、新しい製品に対し拒否するというより、世に普及するのを待つという姿勢をとる。つまり、実利主義者はノーとは言わない代わりに、イエスとも言わず、商談が先に進まないということだ。

このときベンダーは、時間を相手に戦っていることを忘れてはならない。このような環境に置かれたベンダーは、十六世紀から十七世紀にかけて、未開の地に足を踏み入れた入植者のようなものである。携えている物資(運転資金)には限りがあり、自給自足できる(十分な収入を得る)ようになるまでそれがもつかどうかが運命の分かれ目となる。ここで問題となるのは、「いつ、誰が、植民地を作るか」ではなく、「自分たちに植民地を作れるか」である。そして、作れなければ死が待っている。

具体例を見てみよう。リチウム・テクノロジーズ(Lithium Technologies)は、ＳａａＳの手法を使って、商品の消費者がオンラインコミュニティを作ることを可能にしている企業だ。このコミュニティの参加メンバーは、マーケティング、セールス、カスタマーサポートなどに関するオンライン情報を共同で作り出し、たがいに利用し合っている。今世紀の初めにＩＴバブルが発生し、リチウム社はその直後に創業されたのだが、同社のアイデアはすぐさま人気の的となった。そして、リチウム社の売り文句の一つが、同社の創業者たちがオンラインゲームの開発者であり、「バーチャルの報酬」が人の自発的行動に与える影響について熟知していることだった。アーリー・アドプターはこのアイデアを絶賛したが、読者の推測のとおり、実利主義者は静観する姿勢を見せていた。リチウムがキャズムを越えるためには、実利主義者が現状のシステムに不満を持っていなければならない。そこで、リチウムが目をつけたのが、テクニカルサポートの分野だった。

一般的に、テクニカルサポートというのは、労働時間が長い割には、なかなか評価されない職種だ。ハイテク商品は、他のハイテク商品と一緒に使うことがあり、使っていて問題が発生した場合に、原因を特定するのが難しいという問題がある。しかし、このような複雑な問題に対する解決策を知っている人間をカスタマーサービスのホットラインに配備するのは、コスト的に引き合わない。大手企業のコールセンターは、太平洋の向こう側の国で、スタッフがマニュアルを見ながら対応していることも少なくない。実際にコールセンターに電話をしたことがある者ならば、いらだたしい思いをしたこともあるだろう。

このような状況は解決できるのだろうか？　もし、読者があるウェブサイトにアクセスし、そこで商品に詳しい誰かが質問に答えてくれるとしたらどうだろう？　それも無料で。良い考えだと思わないだろうか？　素晴らしい、とデルは考えた。ＨＰも、レノボも、オートデスクも、そしてマイクロソフトも、素晴らしいと思った。商品の利用者が自ら行なうテクニカルサポートの世界にようこそ。

ここで大切なことは、オンラインコミュニティの中で、消費者が他の消費者の質問に答えるという点だ。これは、メーカーのカスタマーサポートを使わないことを意味する。しかし、このような専門知識を持っている人間が、なぜ人の質問に答えるのだろう？　それは、テクノロジー・マニアは、他の人間に手を貸したいと思う人たちだからだ。それが彼らの喜びでもある。そこにゲーム性を伴った報酬とソーシャル的な認知度を高める仕組みがあれば、さらにうまく機能するはずだ（ちなみに、そのような仕組みが「ゲーミフィケーション」と呼ばれることもあるが、元英語教師であった身にとって、この言葉には若干抵抗を感じる）。

この場合のコアプロダクトは、リチウムのウェブサイトだ。このサイトで、利用者が他の利用者の質問に答え、利用者がその回答の質を評価し、時間の経過とともに優れた回答者が絞られ、そのような回答者にコミュニティ内で高い評価が与えられる。これがコアプロダクトであり、これまでのシステムに比べれば、不連続なイノベーションと言える。これまでは、蓄積された知識ベースをもとにしてコールセンターの社員が答えていた。その社員はエンジニアにサポートされていたが、エンジニアは同じ質問に対する指導を何度も行なうことにうんざりしていた。

実を言えば、みなが書き込むという点でウィキペディアによく似たサイトを作り、それを運用するのは、さほど難しいことではない。では、疑い深い実利主義者を納得させるホールプロダクトを、リチウムはどのようにして作ったのだろうか？　ヒントはコスト削減だ。カスタマーサポート業務をコールセンターからウェブサイトに切り替えることによって実現できるコスト削減は相当な額に及び、ときには十分の一になることもあった。そして、コールセンターは本来的にコストセンターであったために、コスト削減は実利主義者にとって大きな関心事であった。ここで、キャズムを越えて、このカスタマーサポートのニッチマーケットを制するために、リチウムが行なったことを見てみよう（その前に、著者は、二〇一二年からリチウムの取締役会のメンバーになっていることを、ここで開示しておきたい）。

利用者が自分たちの知識ベースを作るための支援を行なった

利用者が作ったコンテンツを利用者が自ら管理し、コミュニティを成長させることができるように、リチウムはコンサルティングなどの支援活動を利用者に対して行なった。その結果、コミュニティ内での会話の内容が知識情報として整理され、他の利用者が参照しやすくなった。「クラウドソーシング」［訳注9］によるカスタマーサービスは、利用者の満足度を高め、必要な回答にたどり着くまでの時間を短縮し、コールセンターへの電話を減らし、回答者は——特に、他の利用者に対して価値の高い回答をしていた回答者は——ますます真剣に回答するようになった。

訳注9◆クラウドソーシング
これまでアウトソーシングしていた業務を、ウェブなどを使って不特定多数の人に委託する業務遂行形態。原語は、crowd-sourcing。

モバイル端末をサポートするようにした

最近、多くのウェブサイトがモバイル端末に対応するようになったが、利用者が回答を欲しいと思うときに手元にあるのはモバイル端末だ。これによって、リチウムのサービスが一層使いやすくなったばかりでなく、コールセンターへの電話が大幅に減少した。利用者は同じモバイル端末を使うにしても、電話をするよりウェブアクセスを選ぶようになったのだ。

リチウムのサービスを、エンタープライズCRM［顧客関係管理］システムと連動させた

これにより、リチウムの利用者とメーカーのカスタマーサービス担当者が結びつけられ、この担当者は、リチウムで回答されていない質問やリチウムから得た情報を、社内の開発部門にフィードバックできるようになった。その結果、当該商品に関するメーカー社内での知識ベースがさらに増えることとなった。

ソーシャルウェブ［フェイスブック、ツイッター、グーグルプラスなど］をサポートするようにした

これは、いろいろなデバイスをいろいろな環境で使っている多くの利用者に参画してもらうための、言ってみれば、テクノロジーの**オムニチャネル化**［訳注**10**］であった。これによって、コミュニティに蓄えられている商品の知識ベースとコミュニティへの参加者が、リンクによって他のサイトや他の

人々にシームレスにつながるようになった。

このようにして、コアプロダクトにホールプロダクトを付加することにより、リチウムはターゲット・カスタマー（ハイテク商品のメーカー）と、その顧客（質問の答えを必要としている消費者と自分の専門知識を活用したいと考えているテクノロジー・マニア）の両方の要求を満たすことができたのだ。

訳注10◆オムニチャネル化
実店舗やオンラインストアなどの各種の販売チャネルや流通チャネルを統合すること、及び統合された状態。

パートナーと提携企業

他のベンダーと共同でマーケティングを進めたり、戦略的提携関係を結んだりすることは、最近のハイテク業界では珍しくない。たとえば、フェイスブックなどで次のような記載を目にすることがある。

求む、ホットな新技術を持つテクノロジー・リーダー企業。

資金援助の用意あり。
当方、資金力があり、販売チャネルも豊富な大手販売会社。
連絡先は……。

ただ、この種の提携関係は、街角で探すよりパワーポイントによるプレゼンテーションのほうがうまくいくことが多い。相手がまったく見ず知らずの企業の場合には、まず、たがいの企業文化をすり合わせるのに時間がかかる。そして、両社の決断のスピードが大きく異なることもあり、その場合には、双方にフラストレーションが残る。さらに悪いことに、提携の交渉時に双方が自分たちの企業について十分相手に説明していないと、あとでいずれかが不満を感じたときに、相手方を糾弾することになりかねない。特にどこかの大手企業に買収されることを、最初から出口戦略として計算に入れている新興企業の場合には、このような行き違いが生じやすい。企業の合併というのは、たとえ理屈のうえでは申し分のない環境が整っていたとしても、実際に推進するのは容易ではない。

もちろん、これ以上ないほどにうまくいっている戦略的提携関係も中にはある。たとえば、クライアント／サーバー方式のERPを市場に浸透させ、企業向けシステム構築ベンダーの雄であるIBMに対抗しようと考えた、SAP、ヒューレット・パッカード、そしてアンダーセン・コンサルティング（現アクセンチュア）の三社の提携関係。あるいは、ウィンテルと呼ばれ、今日までPC産業を支配してきたインテルとマイクロソフトの関係。さらに最近では、クラウド・コンピューティングを推進するために、シスコ、ＥＭＣ、ヴイエムウェアの三社が発表した「ＶＣＥ連合（Virtual Computing Environment）」は、うまくいっている例だ。このような提携関係は強大な力を持ち、これまで膨大な額の企業価値（時価総額）を生んできた。ただし、これらのいずれの提携関係においても、当事者同士がほぼ対等の関係である点に注意していただきたい。さらに、たとえそのような良好な関係であっても、実際に販売活動が行なわれる「現場」において、戦略的な提携関係を維持、強化していくのは容易なことではない。そして、このような戦略的な提携関係を構築ならびに維持することは、ターゲット・カスタマーとしてのニッチセグメントの「購入の必然性」に応えることを主たる任務とするプロダクト・マネージャーの仕事ではない。

しかし、ホールプロダクトに基づく戦術的提携関係を築くのはプロダクト・マネージャーの仕事である。戦術的な提携関係が目指すところはただ一つ。それは、**ターゲットとするマーケット・セグメントが求めている、セグメント固有の「購入の必然性」に応えるホールプロダクトの構築を促進すること**である。つまり、ホールプロダクトを共同で市場に出し、それを共同でマーケティングすることなのだ。それによって、プロダクト・マネージャーは顧客満足度を高めることができ、一方、ホールプロダクトのパートナー企業にとっては、それまで販売チャンスのなかった市場との接点ができるようになる。

ホールプロダクトを目指した提携は、双方のプロダクト・マネージャーによって進められるのが望ましく、双方がそれぞれの責務を忠実に実行すれば、提携の成功確率が高くなる。よくあるのは、自社の営業あるいはカスタマーサポートのスタッフが、客先で将来の提携先企業に出会い、顧客の要求を満たすホールプロダクト・ソリューションを提供する案が浮上するケースだ。くり返しになるが、ここで必要なのは、ホールプロダクトを共同で作るための戦術的な提携関係であり、決して戦略的な提携関係ではない（著者の個人的な見解だが、戦略的な提携関係では、関与する人間が多い割には、達成される成果が少ない）。

パートナーと提携企業◆ロケットフューエルの例

前述のような提携が成功した例が、ロケットフューエル（Rocket Fuel）社だ。同社は、モール・ダヴィドドウ・ベンチャーズの投資先の一社であり、デジタル広告の世界で急速な進歩を遂げている企業だ。デジタル広告を立案し、実行し、状況を観察し、そしてそれを収益に結びつけるためには、多くの関係者の協力が必要だ。そして、この関係者で構成されるエコシステムの一員としてのロケットフューエル社の役割は、最適の広告を、最適のタイミングで、最適の相手に提示し、デジタル広告の効果を最大化することだ。この目的のために、同社は、機械学習による人工知能アルゴリズムを活用している。言うまでもなく、これを実現するには専門的な知識が必要とされる。

そして、その専門知識に基づくサービスは、事業の「コア」な部分に特別の注意を払わなければならない。「コア」というのは、競争相手に対して差別化要因を持つ企業活動であり、その逆の概念である「コンテキスト」の部分に多くの時間を費やすと、企業の成長を妨げることになる。その結果、ロケットフューエル社はコアの部分を強化するために、既存のシステムや関係者の力を最大限に活用しなければならなかった。そのため、たとえパートナーと呼べるほどの関係でなくても、ホールプロダクトを作っていくためにあらゆる関係者の力を必要とした。

そのための重要な戦術の一つが、自社システムと他社システムのあいだの「インターフェース」を明確に定義することだった。そのインターフェースというのは、デジタル広告の取引——広告メディアの提供者が持つメディアの提示と、広告主によるリアルタイムでのメディアの買い付けなど——に関する取り決めであり、取引への参加者——広告代理店やメディアバイヤーなど——に関する取り決めでもあった。ロケットフューエル社が目指すところは、広告主が最大の効果を得るための、メディアパートナーになることだ。

そして、ロケットフューエル社がターゲット・マーケットに直接働きかけるのは当然のこととして、同社を支えるパートナーが存在した。それは、インターネット広告業界団体のインタラクティブ・アドバタイジング・ビューロー(ＩＡＢ)だった。同団体の支援により、標準化された契約書を採用するなど、通常、小規模の企業には重荷となる法務関連部署の設置が不要となった。さらに、ＤＡＲＴ(Dynamic Advertising Reporting & Targeting)やＡｔｌａｓなどのサードパーティーによるシステムを使うことにより、ロケットフューエル社が顧客に提供しているサービスの効果を可視化することができた。そのおかげで、「広告予算の半分が無駄となっているのはわかっているが、どの部分が無駄になっているのかわからない」という顧客からの声がなくなった。

一方、消費者の意識が日増しにオンラインの世界にシフトしていることを、広告業界全体が認識し始め、ロケットフューエル、オーディエンスサイエンス（AudienceScience）、ビジブルメジャーズ（Visible Measures）といった企業が注目を集めるようになってきた。そして、広告業界のエコシステムの中で、誰もがこの新しい広告手法に関わらざるをえなくなってきた。ここで得られる教訓は――早くたどり着きたければ、一人で行け。遠くまでたどり着きたければ、みなで行け――ということだ。インターネットの時代には、この二つを同時に実行しなければならない。そして、このときに、ホールプロダクト・パートナーが力を発揮することとなる。

ロケットフューエルは、ビッグデータとデータ解析に強みを持っている企業だ。しかし、急速に成長している企業の中にはそうでない例もある。

たとえば、インフュージョンソフトは、人材に大きく依存している企業だ。

パートナーと提携企業◆インフュージョンソフトの例

インフュージョンソフト（Infusionsoft）は、セールスとマーケティングに関するサービス――CRM（顧客関係管理）サービスと呼ばれることもある――を、SaaS形式で小規模の企業に対して提供する企業だ。ここで言う「小規模の企業」は、通常、社員が二五人以下の企業を指し、ときには一人か二人ということもある。オンラインマーケティングの活用により、小規模企業の企業体質を強化させることがインフュージョンソフトの目的だったが、この規模の企業のオーナーの中には、マーケティングはおろかITさえ意識したことがない者もおり、彼らを説得するのは容易でなかった。

テクノロジーに対してレイト・アドプターであるこのような人たちに、どのようにしてテクノロジーを売り込むか？　これは、インフュージョンソフトが越えなければならない最初の難関だった。そもそも、オンラインマーケティングが功を奏するためには、その企業がオンライン環境に置かれていなければならない。結論を言えば、小規模企業のマーケティング活動に詳しい専門家と手を組むことによって、インフュージョンソフトはこの問題を乗り越えた。彼らは、小規模企業のオーナーを相手に、ビジネスのオンライン化についてセミナーを開いているような人たちだった。したがって、このような専門家は、オンラインマーケティングに関心がある見込み顧客を大量に集めることができた。見込み顧客を発掘するうえで、これ以上の方法があるだろうか？　セミナーの開催によりサービスが浸透し、サービスが浸透するとセミナー参加者が増える。たしかに、この初期段階で関心を持ってくれる顧客はアーリー・アドプターであったが、それでも、インフュージョンソフトにとって、通過しなければならない関門であった。

同時に、マーケティング手法の改革という市場でキャズムを越えるために、インフュージョンソフトは、初期市場のアーリー・アドプターから実利主義者へと、顧客の拡大を図る必要があった。そのために、今後の橋頭堡として期待できそうなターゲット・セグメントをいくつかアプローチしたが、数々の失敗をくり返した。そして、最終的に有望なセグメントとして残ったのが、プロの講演者（前述のマーケティングセミナーの講師を含む）、フィットネスクラブ、歯科診療所のセグメントだった。特に、最後の二つは、リテンションマーケティング［訳注11］が重要となるセグメントであり、オンラインによる顧客への連絡が欠かせなかった。

インフュージョンソフトは、それまで、顧客がサービスを利用し始めるときの一時費用を契約時に徴収していたが、方針を変更して一時費用を無料にした結果、利用者が急増した。しかし、そのうちの多くは、しばらく使ってみたあとに使うのをやめてしまった。インフュージョンソフトにとって、これは手痛い経験となったが、そこから教訓を得ることもできた。それは、技術的な問題に対する支援は当然のこととして、顧客がビジネスプロセス・リエンジニアリングを実現できているかについてのフォローアップを怠ってはならないということだった。

その後、低価格のサービスを新たに提供することによって、顧客離れを防ぐことはできるようになったが、インフュージョンソフトはさらなる問題に直面した。コールセンターのようなサービス機能を持たないで顧客の増大に対応するには、どうすればよいか？　さらに同社のサービス内容が、単なるマーケティングの支援からＣＲＭの分野に拡大するにつれて、これは一層深刻な問題となっていった。

しかし、機を見るに敏な人間はどこにもいるものだ。インフュージョンソフトの顧客が、最初の何回かのマーケティング・キャンペーンで指導を受け、その後、継続して受けるアドバイスに対して数千ドルの対価を支払うことを、エコシステムの関係者は見逃さなかった。インフュージョンソフトの土俵に、他のサービスプロバイダが上がり始めたのだ。

それに対抗するために、インフュージョンソフトは、「マーケティング促進ワークショップ」を主催することにした。このワークショップは、二五名の参加者が、マーケティングに関連する各分野の専門家とともに、二日間の「マーケティング・ハッカソン」〔訳注12〕を行なうものであった。このワークショップには、マーケティング戦略・戦術について顧客に指導をしているインフュージョンソフト社のコーチをはじめとして、コピーライター、シナリオ作家、ビデオカメラマン、ウェブマスターなどの専門家が参加していた。加えて、インフュージョンソフト社のテクニカルサポートスタッフが参加していたのは言うまでもない。この二日間で経験することは、それまで一年かかっても経験できないことばかりだった。ホールプロダクトが果たす役割の重要性が、この例からも見てとれる。

さらに、このワークショップを通じて、インフュージョンソフトは「トレーニング終了証明書」を発行することにした。これは、「インフュージョンソフト認定コンサルタント」であることを証明するものであり、過去二年のあいだに二〇〇名以上が取得しているが、そのなかにインフュージョンソフトの社員は一人もいない。そして、この認定コンサルタントの活動により、インフュージョンソフ

訳注11◆リテンションマーケティング
既存顧客との関係を維持していくためのマーケティング活動。

訳注12◆ハッカソン
通常、ソフトウェア開発者などが、一定期間のあいだ、技能やアイデアを競う催しを言う。「ハック」と「マラソン」の合成語。

トのサービスが広く知られるようになった。同社の直近の会計年度における獲得新規顧客の半分以上が、認定コンサルタントの活動によるものであった。

ここで得られる教訓は――包括的な戦略的提携を維持し、推し進めるのは困難をきわめることが多い。しかし、特定のターゲット・セグメントを対象とした、ホールプロダクトを中心とする提携関係は、成功確率が高い――ということだ。

パートナーと提携企業◆モジラの例

こと提携に関しては、ホールプロダクトに基づいた戦術的な提携を筆者は提唱するが、ときには、トップダウンで関係各社を提携関係に持っていかなければならないことがある。

二〇一一年にモジラ(Mozilla)プロジェクトが、デスクトップPCからモバイル端末に至るまで、ファイアフォックス(Firefox)を共通のブラウザにすると発表した。ファイアフォックスはオープンソースのウェブブラウザであり、マイクロソフトIE(インターネットエクスプローラー)7・0の問題点を解決するために世に出されたものだ。その問題とは、スパムが原因となってユーザーのコンピュータが第三者によって支配されてしまうというものであり、モジラプロジェクトはこの問題に対してIE以外の「選択肢」をユーザーに提供したのだった。そしてファイアフォックスは、発表の初年度に一億回のダウンロードを記録し、IEとグーグルクロームに次いで、利用者数が世界で第三位のブラウザとなった。そして、ファイアフォックスの出現に刺激されたマイクロソフトとグーグルは、ブラウザの最新バージョンに「トラッキング拒否(Do Not Track)機能」をオプションで組み込んだ。結果的に、ファイアフォックスは、「人のためになる」というミッションを遂行したのであった。

では、ミッションはこれで完了か? そうではない。これまでウェブにアクセスしたことがない発展途上国の二〇億の人が、この先、数年のあいだに、初めてインターネットにアクセスするという状況を考えてみよう。そうなったら、そのときに彼らが使うのはおそらくモバイル端末だろう。では、使うブラウザは何だろう?

「人のためになる」というミッションを遂行するために、モジラはモバイル業界を統一して、スマートフォンの標準となるブラウザを作りあげようと考えた。これは、アップルやグーグルと正面からぶつかることを意味し、モジラのオープンソース・プラットフォームをデファクトスタンダードとするエコシステムを形成できるかが成功の鍵となる。モバイルの世界に参入しているプレーヤーは、国を代表する通信会社から新規テクノロジーを売り物にする新参の企業に至るまで、多岐にわたっている。カリフォルニア州のマウンテンビューにある非営利団体モジラが、広大なキャンバス上に誰もが絶賛する絵を描くには、どうすればよいか?

彼らがこれまでに実行したことをまとめてみよう。

1◆将来の二〇億人のウェブ利用者をターゲット・カスタマーと設定した。 ただし、経済的に彼らが入手できるソフトウェアは無料のオープンソース・ソフトウェアだけである。また、ハードウェアはコストパフォーマンスに優れたものにかぎられ、必ずしも最新機能を搭載したものでなくてよい。

2◆そのために、キーとなる通信業者二社、ドイツテレコム(Deutsche Telekom)とスペインのテレフォニカ(Telefonica)の協力を取り付けた。モジラの当時のCEOであったゲイリー・コバックスは、「彼らは本気だ」と語った。

3◆この二社の協力を得て、さらにモバイル端末のメーカー二社、中国のZTE社(中興通訊)とTCL集団の協力を取り付けた。

4◆経営者と実務者の両レベルにおいてエコシステムを形成するために、一年以上にわたって、サミット会議や評議会などを開催した。

5◆標準プラットフォームとしての地位をかけて、競争相手と熾烈な争いを展開してきた。目指すところは、真のグローバルレベルでのプラットフォームだ。

6◆二〇一三年モバイルワールドコングレスで、CEOのコバックスが、他社の二三人のCEO

とともに檀上に上がり、ファイアフォックスを搭載した端末の発売に関して調印した。

スーパーパワー（一部の大企業の製品）が市場を席巻している現在、モジラは個人の権利保護を標榜する組織として、健闘していると言えよう。

ここで注目すべきは、マーケットを開拓するに当たって本書で記したステップを、彼らが踏んでいることだ。その例を以下に示そう。

◆まず、ウェブの情報を無料で入手したり、友人、家族、あるいは仕事で連絡を取ったりというような、利用の必要性を感じている層をターゲットとした。つまり、発展途上国でインターネット関連のサービスを誰よりも必要としている、市民権を剥奪された人たちを対象とした。

◆ホールプロダクトの重要性を認識し、通信業者と端末のOEMメーカーが中核的な提携相手であると判断した。

◆そして、発展途上国における二〇億人の市場に関心を寄せる提携相手として、世界的なOEMメーカー二社を選んだ。

◆競争相手がアップルとグーグルであることは、エコシステムの誰もが知っていた。それだけに、提携相手の通信会社とOEMメーカーは、それらのスーパーパワーに対抗する製品を市場に出すことに大きな意味を感じていた。

モジラが、自分たちを中心とした価値命題を前面に出したことは、これまでに一度もなかった。常に彼らの目線は世界に貢献するという線上にあり、利用者の判断基準は、「何を使ったら得か」ではなく、「何を使うべきか」という点にあった。

ロケットフューエル、インフュージョンソフト、モジラのいずれのケースにおいても、提携関係を結ぶ目的は市場を作り出すことであった。そして、市場というのは、単なる売り手と買い手の関係ではなく、たがいに影響を及ぼし合っているすべての参加者が作り出すエコシステムなのである。ビジネススクールでは、このエコシステムをバリューチェーン(価値連鎖)と呼ぶこともある。キャズムを越えようとしている企業にとって、ホールプロダクトを作るための提携関係を結ぶことは、バリューチェーンの種を植えることに等しい。いったん価値《バリュー》が形成されれば、自由市場の原理によりその価値が拡大し始め、その後のホールプロダクト・マネージャーの大切な仕事は、その勢いを殺さないようにすることとなる。

ここまでの話を要約するならば、ホールプロダクトを決めたあとは、それを素早く作り出すための提携関係を戦術的に推進する――これが、キャズムを越えるときの「部隊の集結」のすべてと言ってよい。そして、部隊が侵攻する「力」は、顧客の「購入の必然性」の強さによって決まるのだが、この力は努力せずに与えられるものではない。そのため、**ホールプロダクトによってこの力を大きくし、キャズムを越えてメインストリーム市場に到達する確率を高める**必要があるのだ。

本章のまとめ◆ホールプロダクトを構築するときの留意点

1◆「ホールプロダクトの簡略モデル図」〔図**4**〕を作成し、ホールプロダクトを決定する。次にその図の中で、自社で作る製品を塗りつぶす。塗りつぶしてない領域が、顧客あるいはパートナーや提携企業に頼らなければならない製品を表している。

2◆ホールプロダクトが必要最低限の機能に絞り込まれていることを再確認する。機能を盛り込みすぎたホールプロダクトを維持・管理するのは困難を伴う。

3◆すべての関係者の立場からホールプロダクトを見直してみる。そして、ホールプロダクトに関わっているすべてのベンダーが便益を受けていることを再確認する。さらに、特定のベンダーが不公平な扱いを受けていないことを再確認する。参画しているいずれかのベンダーが不公平だと感じることがあれば――特にそれがコアプロダクトを作ったベンダーに有利に働いている場合には――ホールプロダクトの計画は瞬時に頓挫すると知るべきである。もともと企業間では不信感が発生しやすいものであり、提携条件がコアプロダクトを作ったベンダーに有利なものとなっていれば、他のベンダーからの信頼は得られない。

4◆ホールプロダクトをめぐる提携関係を拙速で作らないこと。これまでの協力関係をベースとして、それをホールプロダクトのための提携関係にもっていければ理想的である。ホールプロダクトに関わるすべての企業――当然、その先にいる顧客も含まれる――が便益を受けることを確認してから、提携関係の構築を進める。さらに、競合関係にあるパートナー同士を招き入れないこと。そのようなことをすれば、ホールプロダクトを作ろうとする彼らの意識が希薄になるおそれがある。

5◆相手が大企業の場合にはボトムアップで、そうでない場合にはトップダウンで提携関係を作りあげるようにする。いずれの場合にも、決定を下した当事者同士が、できるかぎり密に連絡を取り合うことが大切である。

6◆提携関係が正式に樹立されたら、それは双方のコミュニケーションのスタート台としてのみ使うべきである。この提携関係だけで、双方の協力体制が推進されると考えてはならない。つまるところ、提携関係というのは、双方の当事者がたがいに相手を信頼できると感じているときにのみ効果を発揮するものである。

7◆相手が大企業の場合には、その支店レベルと話を進めるようにし、大企業との交渉にありがちな時間の無駄をできるかぎり排除することが大切である。逆に、相手が小企業の場合には、彼らの人的資源が豊富ではないことを理解し、相手を支援できることがあれば、ためらわずそれを推進する。

8◆最後に、もっとも管理しづらいパートナーは自社であることを認識しておくとよい。もしも他のベンダーとのパートナーシップが真に公正、対等なものであるならば、もう少し自社にとって有利に取り計らうようにと言い出す人間が必ず現れるものだ。そのような社内勢力に対抗するためには、顧客を味方につけて適正な判断を求めるのが最善の策である。

第6章

戦線の見定め

Define the Battle

侵攻を開始する前に、これまで準備してきたことを見直してみよう。攻略地点、つまり、ターゲットとすべきマーケット・セグメントはすでに決定した。このマーケット・セグメントは、現在、問題を抱えていて誰かの助けを必要としている。わたしたちは、この問題を解決できるホールプロダクトについて綿密に調査し、その構築のために必要なパートナーや提携企業とすでに手を組んだ。この先、わたしたちの進路を阻んでいるのは競争相手だけだ。これから橋頭堡となるべき地点に攻め入るに当たって、わたしたちはまず、競争相手は誰なのか、その競争相手はわたしたちのターゲット・カスタマーにどこまで食い込んでいるのか、競争相手を駆逐してその地位を奪い取るためにはどうすればよいのかについて事前に十分理解しておく必要がある。

要するに、戦線を見定めるとはそういうことなのだ。**戦線を見定めることができれば敗れることはない**というのが戦いの原則だ。しかし、戦場について十分に理解しており、自軍を勝利に導く方法がわかっていながら、これまで多くのベンダーが敗退していった理由はどこにあるのだろう？　その答えはただ一つ。方法を理解してはいたが、それを正しく行なわなかったからだ。わたしたちは、往々にして、自分自身の強さと弱さ、あるいは競争相手の強さと弱さを誤認しがちだ。ときには、ターゲット・カスタマーが本当に必要としているものを見逃しているところにも失敗の原因がある。さらに、ターゲット・カスタマーが必要としているものを理解していながら、それを彼らが入手できるように、ベンダーが最善の策を施さなかったというのも失敗の原因だ。

では、顧客はいったい何を必要としているのだろう？　キャズムを越えるためにベンダーが必死で自社製品を売り込んでいるとき、顧客が知りたいと思っているのは、実は競合製品についてである。しかし、ベンダーがこれまでビジョナリーと協力して新たな製品分野を開拓したばかりならば、そのような競合製品が存在するはずもない。少なくとも、実利主義者が認めるような競合製品はまだ市場には出ていないはずだ。さて、そこでベンダーがすべきことは何だろう？　それは競争を作り出すことだ。

競争を作り出す

テクノロジー・ライフサイクルの進展に伴って、競争の持つ意味合いが大きく変わってくる。そして、テクノロジー・ライフサイクルの進展があまりにも速すぎるため、ときに競争相手が存在しないという時期すら発生する。ただ残念なことに、競争がないところには市場もない。そのため、キャズムを越えようとしているときには、何としても競争を作り出さなければならないのだ。

これまでの経験から、初期市場における競争相手はベンダーのライバル会社ではなく、顧客企業の内部に潜んでいるということがわかっている。つまり、顧客の現状を維持しようとする力、リスクに対するおそれ、あるいは「購入の必然性」の欠如というようなものが、新しい製品の導入を阻害するのだ。そのため初期市場では、ビジョナリーの支援を得ながらこの抵抗勢力を打破しなければならない。そして、ビジョナリーの内なる競争相手は社内の実利主義者であり、両者はたがいにプロジェクトを進めるための予算獲得をめぐって競い合っている。通常、実利主義者は問題を一つひとつ順番に解決するという手段をとるが、ビジョナリーは、それとは対照的に予算を一気に使って改革を断行するという習性を持っている。ちょうどアレクサンダー大王が、ゴルディアスの結び目をほどく代わりに、一刀両断のもと断ち切ってしまったように……。そして実利主義者は、問題解決策がもたらすリスクとコストについて十分に社内で説明しようとするのに対し、ビジョナリーは、そのカリスマ性を利用して、ものごとを一気に推し進めようとする。このように、初期市場におけるベンダーの競争相手はライバル会社ではなく、顧客企業の中に存在しているのだ。

これが初期市場における競争の本質である。しかし、ひとたびメインストリーム市場に足を踏み入れれば事情は大きく異なってくる。というのは、メインストリーム市場にはビジョナリーがいないからだ。ビジョナリーの活躍場所はメインストリーム市場の前の段階で終わっており、この先、メインストリーム市場を左右するのは実利主義者なのだ。そして、**実利主義者にとっての「競争」とは、一つの製品カテゴリーの中で複数の製品とベンダーを比較検討することである。**

このように複数の製品を比較検討した結果、実利主義者は購入の意思決定を正当化するのである。この比較プロセスは実利主義者にとって欠かせないものであり、それぞれの評価項目ごとに採点したり重み付けしたりして作成された比較マトリックスがその正当性の裏づけとなる。さらに、この比較マトリックスから抽出された結論が、やがてはメインストリーム市場における各社の製品の力関係を決定することになる。オフィスオートメーションの分野では、いまでもウィンドウズに代表されるデスクトップPCが多く使われている一方、持ち運び可能なノートパソコンの分野ではアップルも負けていない。さらに、タブレットではアップルが圧倒的な人気を博しており、スマートフォンに至っては、アップルの他にグーグルのアンドロイドが高いシェアを誇っている。その結果、無線通信の利用者が増えつつあり、シスコにとって脅威となっている。そして、このように勝敗がはっきりしている状況は、マーケット・リーダーから購入するという行動パターンを示す実利主義者にとっては望むところだ。というのは、ひとたびリーダーが決まれば、ホールプロダクトを構築する体制がその周りに形成され、その結果、市場が成熟していくということを、実利主義者は知っているからである。

何度も言うようだが、実利主義者は複数の製品を比較するまでは購入の決定を下さない。したがって、**この段階では、競争相手の存在がベンダーにとって必須の条件となる。**初期市場では競争相手の存在は必須ではなかったが、メインストリーム市場ではそうはいかない。そこで、**自ら競争を作り出す**必要に迫られることになる。

メインストリーム市場に侵攻するに当たって、競争を作り出すことはもっとも大切な要素の一つである。競争を作り出すということは、具体的には、実利主義者がよく知っている製品カテゴリーの中に自社の製品を位置づけることから始まる。そして、この製品カテゴリーには他社の類似製品も存在していなければならず、実利主義者がよく知っている製品がそのなかに含まれていればさらに申し分ない。そして、このカテゴリーの中で自社製品が実利主義者によって選ばれるようにすることがこの段階での目標となる。

図5◆競争力を高めるポジショニング

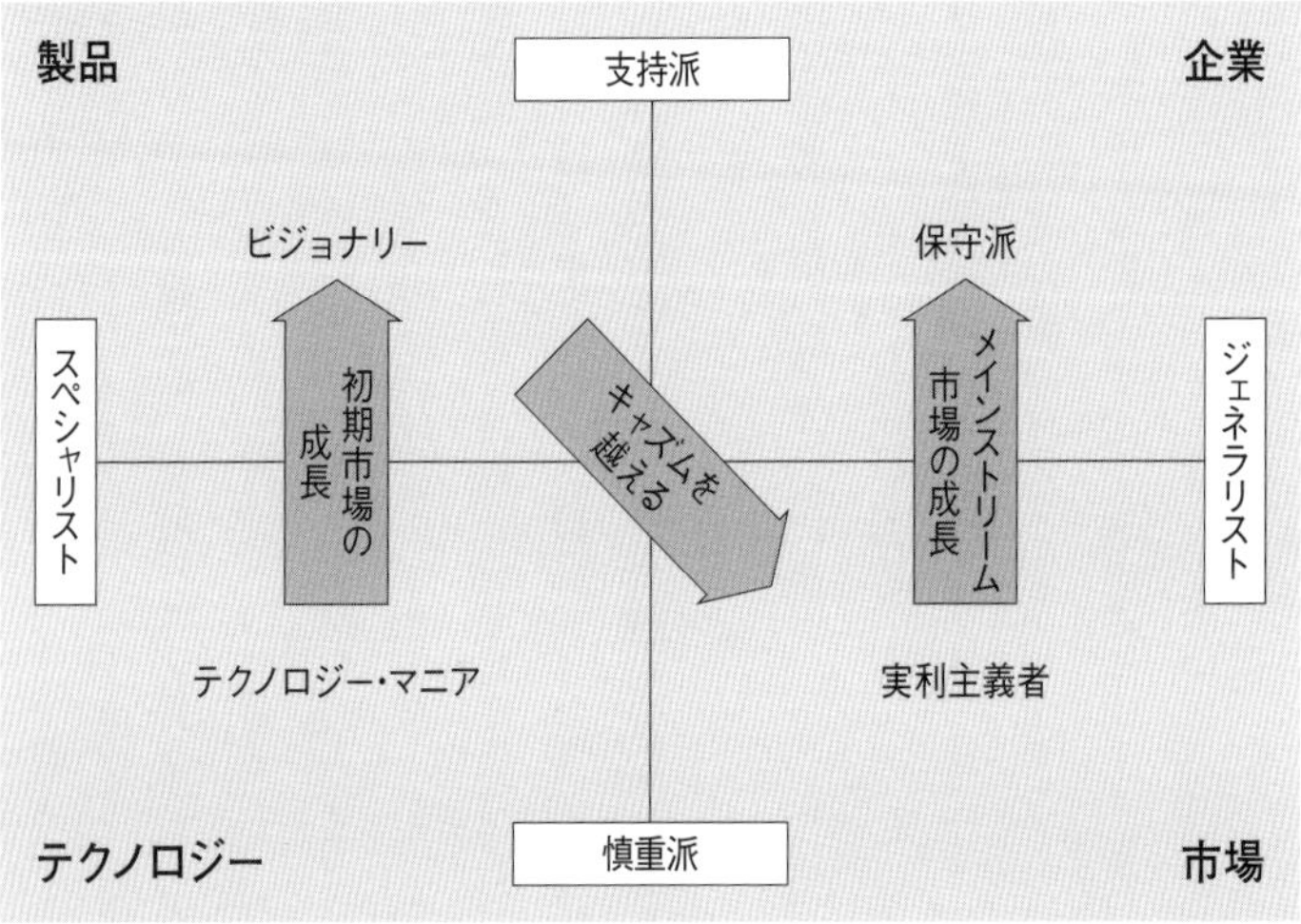

しかし、ここで注意しなければならないことがある。それは、競争を捏造してはならないということだ。言い換えるならば、恣意的に、そして事実に反する方法で自社の製品を位置づけてはならない、ということだ。その気になれば、自社の製品がベストという競合環境を、いかようにも作り出すことができるが、そのような競合環境は信憑性に欠けるか、あるいは実利主義者の関心を引かないものとなってしまう。たとえば、筆者はルネサンス期英文学の博士号を持つハイテク・マーケティングのコンサルタントである、と自らを主張することはできる。この主張に信憑性はあるのだが、だからといってそれが人の関心を呼び起こすものではない。逆に、筆者は過去に例を見ないほどの偉大なコンサルタントである、と自己主張することもできる。これは人の注意を引くものではあるが、い

かんせん信憑性に欠ける。

それでは、自己中心的な、あるいは無意味な競合環境を作らないようにするためにはどうすればよいか？　大切なのは、実利主義者の価値観と関心事に注意を払うことである。そのために、ここで、**競争力を高めるポジショニング**について**図5**にまとめてみる。この図は、テクノロジー・ライフサイクルの各段階において、それぞれのターゲット・カスタマーが何に対して価値を見出しているのかをわかりやすく示したものである。また、この図を参考にすれば、それぞれのターゲット・カスタマーが求める競合条件がどのようなものか、そしてその条件の優先度はどうなっているかということを理解したうえで、企業の「ポジショニング」戦略を立てることができるようになる。これから、それを見ていこう。

競争力を高めるポジショニング

ハイテク・マーケティングの世界には、テクノロジー、製品、市場、企業の四つの価値領域が存在する。そして、すべての製品に対して言えることだが、テクノロジー・ライフサイクルが進展するにつれて、顧客が価値を見出す対象がしだいに変化してくる。初期市場では、製品の購入を決定するのはテクノロジー・マニアとビジョナリーであり、このとき彼らが価値を見出す対象は「テクノロジー」と「製品」である。一方、メインストリーム市場では、実利主義者と保守派によって購入の決定がなされ、このときに彼らが価値を見出すのは「市場」と「企業」である。つまり、キャズムを越えるというのは、「製品」を中心とする価値観から「市場」を中心とする価値観に移行することなのだ。「競争力を高めるポジショニング」の図を見れば、それが理解できるだろう。

　この図には多くの情報が盛り込まれているが、これからそれを一つひとつ解きほぐして見ていこう。

◆図の横軸に沿って、ハイテク製品そのものに対する顧客の関心と理解度が変化していく。

つまり、図の左側半分を占める初期市場は「スペシャリスト」が支配する領域であり、ここでは、「テクノロジー」と「製品」に価値が見出される。一方、図の右側半分を占めるメインストリーム市場は「ジェネラリスト」が支配する領域であり、ここでは「市場でのリーダーシップ」と「企業の安定性」に価値が見出される。

◆図の縦軸に沿って、ベンダーが提示する価値命題に対する顧客の信頼度が変化していく。

つまり、図の下半分は価値命題に対する「慎重派」が支配する領域であり、上半分は「支持派」が支配する領域である。市場は例外なく、「慎重派」が支配する領域から始まり、「支持派」が支配する領域へと拡大していくものである。図の左側の初期市場を例にとってみれば、テクノロジー・マニアが「慎重派」として市場の門番の役割を果たし、一方、図の右側のメインストリーム市場では、実利主義者がその役目を担っている。そして、ひとたび彼ら門番が、製品が市場に入るための扉を開けたならば、彼らのあいかた、つまりビジョナリーと保守派は、安心してその製品を購入するようになるのである。

◆**ベンダーの価値命題を支持している顧客**［支持派――図の上半分］**は、「製品」と「企業」に関心を持っているが、まだ支持していない顧客**［慎重派――図の下半分］**はそのかぎりではない**。このことから、初期市場あるいはメインストリーム市場が形成され始めた段階で、「製品」あるいは「企業」の強さを顧客に訴えるのは誤った戦略であることがわかる。この段階では、顧客に製品を売り込んでいるベンダーが、良い製品を長期にわたって安定供給できる企業になるかどうかまだ疑わしいため、ベンダーが「製品」と「企業」について力説しても顧客は耳を傾けてはくれない。

◆とはいえ、「慎重派」を味方につける方法がないわけではない。**たとえ「慎重派」といえども、「スペシャリスト」は、ブレークスルーを起こしそうな新しいテクノロジーをいつも探し求めているもの**であり、新しいテクノロジーに対して納得すれば、それを利用した製品にも目を向けるようになる。そして、テクノロジーの持つ可能性が大きいほど、製品に対する信頼性も高くなる。

◆同様に、**「慎重派」の「ジェネラリスト」は実績のない企業には関心を示さないが、その企業が新たな市場を牽引していると知れば、それを放ってはおかない。**よって、「慎重派」の「ジェネラリスト」に対して、市場が現在抱えている問題を解決できることを示し、その効果のほどを納得させることができれば、彼らはこちらに目を向けるようになる。

◆右に述べたような**初期市場とメインストリーム市場の発展形態は、ハイテク・マーケティングにおける自然な流れに即したもの**と言える。要するに、テクノロジーの可能性を製品の信頼性に転換することで初期市場を成長させ、市場でのリーダーシップを企業の信頼性に転換することでメインストリーム市場を成長させるのである。

◆一方、**キャズムを越えるという行為は、自然な流れに逆らうものである。**図を見てもわかるように、キャズムを越えるというのは、ビジョナリーによって「支持された」領域から、実利主義者が「慎重になっている」領域に我が身を移すことである。それはまた、「製品」を中心としたなじみのある世界から、「市場」を中心とした不慣れな世界に居を移し、同時に、気心の知れた「スペシャリスト」に別れを告げ、慣れない「ジェネラリスト」を相手にすることを意味している。

さて、ここまで述べた「企業のポジショニング」を、先ほどの「競争を作り出す」というテーマに重ね合わせてみよう。「競争力を高めるポジショニング」の図で右下に位置している慎重派の実利主義者から支持を得るためには何よりもまず、ベンダーがマーケット・リーダーであることを示す必要がある。つまり、これまでの「製品」を前面に出したマーケティングから、「市場」に着目したマーケティングに軸足をシフトしなければならないということである。この両者を対比すると**表1**のようになる。

表1◆マーケティングの視点

製品重視	市場重視
時代の先端をいく製品	準備されたホールプロダクト
使いやすさ	これまでの実績
洗練されたアーキテクチャ	業界標準への準拠
製品の価格	ホールプロダクトの価格
ユニークな機能	ユーザーに固有な価値
	利用目的への適合性

ホールプロダクトならびにそれを構築するためのパートナーと提携企業について第5章で詳しく述べたが、実はホールプロダクトに期待していたのは、ベンダーの体質を**表1**の左側から右側に改善することだったのである。言い換えれば、いずれかのセグメントでマーケット・リーダーとなり、実利主義者にとって価値のある企業に脱皮することだったのだ。

つまり、**キャズムを越えるときには、市場重視の考え方を主とし、製品重視の考え方を従とすることによって初めてターゲット・カスタマーにとって価値のある企業になることができる**のである。ターゲット・カスタマーのこの価値基準は、競合しているベンダーを彼らがどのように見ているかを示すものであり、新たなベンダーが目の前に現れたときの判断基準となるのだ。

さらに見ていくと、考えられる競争相手には二種類ある。一つは、**代替手段**（顧客の問題解決手段としての競争相手）と呼ばれるものであり、その提供元はターゲット・カスタマーにこれまで製品を販売してきたベンダーであることが多い。この競争相手が解決しようとしている顧客の問題は、こちらが解決しようとしているものと同じだが、解決するための手段や製品は必ずしも同じではない。そして、この競争相手にすでに割り当てられている顧客の予算を、これからこちらが獲得しようとしているのである。新規参入ベンダーは不連続なイノベーションを武器に、現行ベンダーが提供している解決策の不備を突いて、この予算の獲得を目指すのである。

二つめは**対抗製品**（同種製品としての競争相手）であり、ここでの競争相手はこちら同様、不連続なイノベーションを武器にして、テクノロジー・リーダーを標榜している。しかし彼らの存在は、いまこちらが提示している不連続なイノベーションを顧客が認知するための手助けともなっている。このことから、競争に関するこちらの戦略は、相手のテクノロジーを認めながらターゲット・セグメントに的を絞って差別化を図る、というものになる。

さてここで、競争を作り出すことに成功した事例、ならびに失敗した事例を見てみよう。

競争を作り出す――事例その1◆ボックス

二一世紀になって、モバイル端末などを用いたコンシューマー・コンピューティングが世に広まると、クラウド・コンピューティングを活用したサービスが堰《せき》を切ったように現れ始めた。そのなかでも、ドロップボックス（Dropbox）はもっとも成功した事例の一つだろう。ドロップボックスは、写真や音楽などの交換を可能にする、単純なファイル共有ユーティリティだ。そして、ファイル共有ソリューションは、その使いやすさから、個人だけでなく企業内でも使われるようになった。しかし、ドロップボックスは、もともと簡単な個人利用という点に焦点を当てていたために、業務用として使えるほどの機能を盛り込んでいなかった。そのため、企業向けの製品を探していたＩＴ部門のアンテナには引っかかってこなかった。そこに、ボックス（Box）社［訳注13］が参入してきた。

ここでのボックスの課題は、企業向けのファイル共有ソリューションとして、マイクロソフトのシェアポイント（SharePoint）がすでに広く使われていたことだ。さらにこのとき、個人向けソリューションとしてはドロップボックスが地位を固めつつあった。では、ボックスが成功した理由はなんだったのか？

実を言えば、ソリューションのポジショニングがその大きな理由だ。ボックスは、シェアポイントを有力な**代替手段**と位置づけ、ドロップボックスを有力な**対抗製品**と位置づけたのだ。そしてボックスは、自身をドロップボックスとシェアポイントの「交点」に位置づけた。つまり、ドロップボックスの使いやすさと、シェアポイントが持つ業務用としての品質をあわせ持つようにしたのだ。両方

訳注13◆ボックス社
日本においても、二〇一三年に現地法人を設立し、二〇一四年五月に正式サービスを開始した。

図6◆競争相手に対するポジショニング

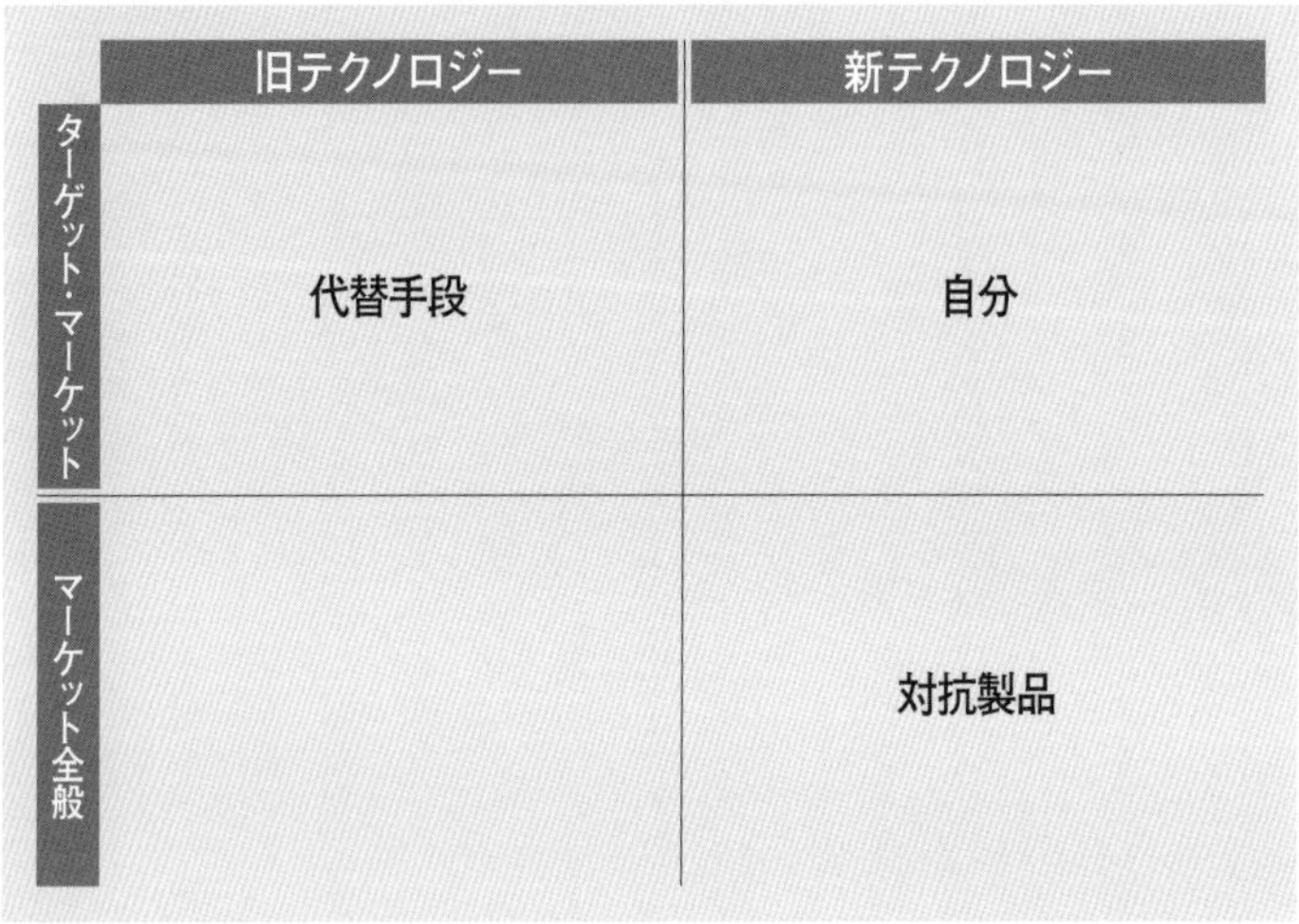

の特性をあわせ持つソリューションがベストであるのは言うまでもない。

「競争相手に対するポジショニング」の図［図6］で、この関係を見てとることができる。**図6**で、四象限の左上と右下は、ボックスの競争相手だ。左上は、**代替手段**としてのマイクロソフトであり、両者は同じユースケースに基づき、同じ顧客の予算を争う関係にある。右下は、**対抗製品**としてのドロップボックスであり、両者の共通点は、「このうえなく簡単」という不連続なイノベーションだ。

　ボックスは、この先も競争相手と熾烈な争いを続け、顧客に価値を提供し続けるであろうが、同社が進もうとしている方向は誰の目にもはっきりとしている。

競争を作り出す——事例その2◆ワークデイ

一九九〇年代に、クライアント／サーバー型ソフトウェアの普及に伴い、ＰＣがそれまでのコンピューター端末に取って代わったとき、エンタープライズ・アプリケーション・ソフトウェアとして最初に成功を収めたのがピープルソフト(PeopleSoft)だった。人事管理の分野をターゲットとしたピープルソフトは、それまでになかった機能をパッケージとして顧客に提供することにより、キャズムを越えることに成功した。

しかし、その後一〇余年の歳月が流れ、ある分野に特化したパッケージよりも、スイート方式で企業活動を支える統合アプリケーションが時代の潮流となっていった。そして、このときピープルソフトの前に立ちはだかったのがオラクルとＳＡＰだった。さらに、二〇〇二年前後のＩＴバブル崩壊を機に、オラクルがピープルソフトに対して敵対的買収を仕掛け、ついには同社を手中に収めることとなった。

しかし、ピープルソフトの創始者たちは、それで終わらなかった。彼らは、そのとき、エンタープライズ・アプリケーションの世界に新たな潮流が訪れていることを感じ取っていた。それは、クラウド・コンピューティングを活用したＳａａＳ型アプリケーションであり、クライアント／サーバー型が世に出たときに匹敵するほどの大きな変革をもたらすものであった。当時はまだＳａａＳの黎明期であったが、彼らは、人事管理の分野で再度、不連続なイノベーションを起こす気概に溢れていた。

では、彼らの新たなサービスを顧客に伝えるために、何が必要だったのだろうか？　まず、彼らがピープルソフトの創始者であることをマーケットが知っていたため、ピープルソフトを彼らの新たなサービスの**代替手段**と位置づけた。そして、当時、ＳａａＳとして注目を浴びていたマーク・ベニオフのセールスフォース・ドットコムを**対抗製品**と位置づけた。

ワークデイの場合も、市場に対するメッセージは明快だった。それは、ピープルソフトのアプリケーション——かつては自分たちが販売し、いまはオラクルが所有している——を導入した顧客に、自分たちの新たなソリューションを売り込むことだった。そして、ＳａａＳ方式のソリューションは、パッケージと同等の機能を顧客に提供し、費用は従量制で、機能は常に最新状態に保たれ、新サービスへの移行のためのスイッチングコストは低かった。これらは、昔のクライアント／サーバー型アプリケーションでは望むべくもなかった特徴だ。

公平を期して言えば、ボックスにしてもワークデイにしても、この先、立ちはだかるオラクルに対抗していくために、多くの困難が予想されるだろう。しかし、競争相手が誰であろうとも、相手と自分の関係（立ち位置）を明確にすることによって、自分たちの価値命題を顧客に正確に伝えることを怠ってはならない。

では次に、不運をかこった例を見ていこう。

競争を作り出す――事例その3◆セグウェイとベタープレイス

セグウェイ(Segway)が発表された当時は、まるで現在のグーグルグラスを思わせるものがあった。つまり、テクノロジーは素晴らしいが、使うのは少し気が引けるという製品だった。セグウェイを見たことがない人のために少し説明を加えると、芝刈り機を垂直に立てたような外観で、ステップの上に立ち、進行方向に向かって体重移動をすれば、好きなところに行けるという乗り物だ。これは、ジャイロセンサーを用いた優れた技術によってバランスが保たれ、その結果として実現できた電動立ち乗り二輪車だ。

セグウェイ社は、世界でも有数のベンチャーキャピタルであるクライナー・パーキンスからの出資を受け、新時代の乗り物として鳴り物入りで発売された。そして、仕事のために歩行をする多くの人が、セグウェイを試してみた。その中には、郵便配達員、巡回中の警官、メーターの検針人、戸別訪問の販売員など、ありとあらゆる人がいた。しかし、彼ら全員が直面した問題があった。それは階段だ。階段によって、セグウェイの活動範囲が大きく制限されたのだ。

もちろん、平坦な場所はいくらでもある。さらに、製品には日々、改善が施されている。セグウェイがもっと売れてもよさそうなものだが、なぜそうなっていないのだろうか？　それに対する一つの答えは、セグウェイの位置づけを顧客に明確に示すための、「競争相手」を見つけられなかったことだろう。まず、セグウェイの**代替手段**と位置づけられる競争相手がいなかった。これは、セグウェイが競争相手から奪い取るべき顧客の予算が存在していなかったことを意味する。**代替手段**として、オートバイ、電動車椅子、あるいはゴルフカートなどが考えられるが、それでも厳密な意味で、これらは代替手段ではなかった。また、セグウェイのような斬新なテクノロジーを前面に押し出した製品が他になかった。つまり、**対抗製品**と位置づけられる競争相手もいなかったのだ。要するに、セグウェイは孤軍奮闘しているのだが、これはキャズムを越えるときには逆風となる環境なのだ。

シャイ・アガシ[訳注14]が創設したベタープレイス(Better Place)も同様だ。ベタープレイスは、電気自動車に新たな価値をもたらすために創設された企業だ。電気自動車は、これからの時代を代表する製品となるであろうが、現時点では、充電に時間がかかることが制約の一つとなっている。それならば、電気自動車のバッテリーを簡単に交換できるようにしたらどうだろう? 電気自動車の充電ステーションに行き、使っていたバッテリーを降ろし、充電済みのバッテリーを搭載する。それだけだ。もちろん、中には不良品のバッテリーもあるだろう。そのために、携帯電話のバッテリーを買い替えるように、電気自動車用交換バッテリーのエコシステムを支えるインフラが必要となる。

ベタープレイスのこのアイデアは大いに注目を集め、八億五千万ドルの出資を得ることに成功したが、キャズムを越えることはできなかった。ただしベタープレイスの場合は、**対抗製品**と位置づけられる競争相手が存在した。それは、市場に流通している通常の電気自動車だ。その中でも有名なのはテスラだろう。しかし、**代替手段**と位置づける競争相手がいなかった。公共輸送機関やZipcar(カーシェアリングサービス)などは、代替手段と位置づける競争相手ではなかった。なぜなら、そこには、ベタープレイスが狙うべき顧客の予算が存在しなかったからだ。自動車メーカーとしては、ルノーがバッテリー交換方式の電気自動車を発売し、時代を牽引しようとしたが、それでも大衆の支持を得るまでには至らなかった。そして、ベタープレイスは、健闘むなしく、二〇一三年に会社を清算することとなった。

訳注**14**◆シャイ・アガシ
元SAPの生産技術グループ代表。

競争を作り出す◆要点

ここまでに記した事例を勘案しながら、いくつか注意点を述べておきたい。競争を作り出すという作業を進めているときに、もし、明確な**代替手段**としてのベンダーを見つけることができなかったら、あるいは、同じカテゴリーの不連続なイノベーションを標榜する**対抗製品**としてのベンダーを見つけることができなかったら、そのときは十分に注意する必要がある。つまり、その状況は、キャズムを越えるにはまだ早すぎることを意味しているからだ。キャズムを越えるときには、ターゲットとするマーケット・セグメントが、すでにそこに存在しなければならない。そして、製品を購入するための予算を顧客がすでに確保していなければならない。たしかに何かの間違いで、その予算がなんの役にも立たない他社製品に振り向けられることはある。しかし、そのような場合でも、ターゲットとするマーケット・セグメントの存在が必要不可欠なのだ。ターゲットとするマーケット・セグメントがそこになければ、自社製品の効用を顧客に説いて回るのに一年かかり、ようやく理解してもらったと思ったら購入予算は次年度に計上、ということにもなりかねない。

このようなことが起きないようにするためには、**代替手段**がすでに存在するマーケット・セグメントを選ぶことが必要となるが、その**代替手段**は広く認知されているものでなければならない。そして忘れてならないのは、そのマーケット・セグメントを選んだ瞬間から、**代替手段**との戦いが始まっているということだ。当然のことながら、**この競争相手は顧客が確保した予算は自分のものだと思っており**、それをやすやすと新参者に渡すものではない。

このようなときに、**対抗製品**としてのベンダーを味方にして、旧来の技術ではいま起きている技術革新に追随できないことを顧客に知らしめるのだ。ただし、旧来の技術に罵詈雑言を浴びせるのが目的ではないことを、ここで注意しておきたい。それどころか、ターゲット・カスタマーが長いあいだ使ってきたこの技術に対して敬意を払うべきであろう。大切なのは、技術革新の波が押し寄せていることをターゲット・カスタマーに知らしめ、旧来の実績ある技術に代わって、顧客が新技術を使いこなせるように支援することなのだ。

結局、**代替手段**のベンダーは、顧客は自分のものだと声高に叫び、**対抗製品**のベンダーは新技術の優位性を訴える。これは、実は競争相手と自分のポジショニングの問題であり、それがこれから詳細に見ていくテーマでもある。

ポジショニング

競争を作り出すか否かによって、企業あるいは製品のポジショニングが大きく異なってくる。そもそもポジショニングというのは、ハイテク・マーケティングの世界で頻繁に論じられながら、ほとんど理解されていない概念でもある。ポジショニングを考えるときに、次にあげる四項目に注意を払えば、少なくとも致命的な過ちを犯すことはないだろう。

1◆第一に、**ポジショニングという言葉は名詞(静的なもの)であって、決して動詞ではない(動的なニュアンスは持たない)**ことを強調しておきたい。つまり、ポジショニングというのは、企業あるいは製品の属性を表すものであり、「そうであればよい」とか、「その方向にもっていきたい」といった将来に関わることを表す言葉ではない。

2◆**ポジショニングは、購入に関する顧客の決断にもっとも大きな影響を与える要素である。**顧客は、企業あるいは製品のポジショニングをもとにして製品を評価したり、購入に関する決断を下したりする。このことから、顧客が製品を評価するという行為は、単純に、すでに確定しているポジショニングを是認するかどうかということでもある。

3◆ポジショニングは、企業あるいは製品に対して顧客が抱いている観念に根ざすものであり、決して、ベンダーが随意に選んだ言葉で表されるものではない。よって、正しいポジショニングをしたいと願うならば、宣伝のキャッチコピーをそのまま使うのではなく、製品に対して人々が感じていることをフレームワークとすべきである。

4◆ポジショニングの変更は、なかなか受け入れ難いものである。つまり、顧客は、すでに自分の頭の中にある観念を変えてほしくないと願うものであり、このことから、顧客が考えていることをできるだけ変えなくて済むようにするというのが、ポジショニングの要諦の一つである。

この四点を念頭に置いて初めて**ポジショニングという言葉が持つ動詞的側面**を考えることができるようになる。つまり、最終的な**ポジショニング(名詞)**に至るまでの行動を考えることができるようになるということだ。ところで、ポジショニングを考えるときに多くの人が犯す過ちがある。それは、**製品を売りやすくする**にはどうすればよいかという考え方だ。しかし正しくは、**製品を買いやすくする**にはどうすればよいかを考えるべきなのだ。

ベンダーが製品を売りやすくすることに腐心するのは、「売る」ということが、ベンダーにとって何よりも大切なことだからだ。そのため、宣伝のキャッチコピーは、いきおい売り手の視点によるものとなり、昔ながらの、下手な鉄砲も数撃ちゃ当たる式のコピーが満載という結果になる。顧客はそのような宣伝文句を一顧だにせず、それゆえに、営業マンはますます顧客を追いかけるというイタチごっこに陥ることとなる。コピーの文言は、一見、顧客の価値やニーズを代弁しているように見えるが、実は、売り手の価値観を色濃く反映しているものが多い。そして、ベンダーの視点が「買いやすく」ではなく「売りやすく」になっていることを顧客は容易に見透かし、その製品に対する興味を失ってしまうのだ。

言うまでもないことだが、普通は、ものを売るよりも買うほうが楽しいものだ。製品を買いやすくすることは、顧客が求めているものを理解することにつながる。そして、買いやすくなれば、それだけ顧客が製品を購入する可能性が高まるのだ。つまり、買いやすくすることは、結局は、売りやすくすることにつながるのである。このことから、ポジショニングの究極の目的は、ターゲット・カスタマーの頭の中に、「この状況ではこの製品を購入するのがベスト」という観念を植えつけ、それが未来永劫消えないようにすることである。顧客の頭の中に競合製品のかけらもなくなって初めて顧客にとって製品が「買いやすく」なったと言えるのである。

ところで、何が「ベストの製品」かは、ターゲット・カスタマーによって異なり、同時に、「ベストの製品」に対する顧客の信頼度は、テクノロジー・ライフサイクルの進展に伴って徐々に増大していく。このような信頼度増幅のプロセスは、次に記す四つの基本的な段階を踏んで進んでいき、それぞれの段階において顧客固有のサイコグラフィック特性が影響を及ぼすのである。

1 名前を付けることで概念に枠組みを与える

名前が付いていないものを買うのは難しい。そして、商品のカテゴリーがわかっていないと、商品を見つけるのも難しい。**名前とカテゴリー**——この二つは、**テクノロジー・マニア**が商品を買いやすくなるための、不可欠のポジショニング要素である。

ここでの目的は、不連続なイノベーションについて技術的に正しく記述し、それを適切なカテゴリーに分類し、正確な修飾語を用いることにより、そのカテゴリーの中の他の項目との差異を明確にすることである。たとえて言うならば、カール・リンネが作った生物分類体系を思い起こしてもらえばよいだろう。

以下に、不連続なイノベーションに名前を付け、それを適切なカテゴリーに分類する例を示してみよう。

◆ヴェリナタ(Verinata)は、遺伝子検査を行なう機関である。検査は、母親の血液検体から採取された胎児の細胞を分析することによって行なわれ、その目的は、胎児がダウン症に罹患しているかどうかを確認することである。

◆HANAは、メモリー上に構築されるデータベースである。これを使えば、ディスクの読み書きや、データウェアハウスへのデータのリホスティングに伴うパフォーマンス・ボトルネックを解消することができる。

◆ニシラ（Nicira）は、SDN（Software Defined Network）を実現する機器のメーカーである。この機器を使うことにより、これまでルーターやスイッチで行なっていたネットワークの設定やコントロールプレーンの機能などをサーバーで実行することが可能となり、ネットワーク全体を一つの制御ポイントで管理することができるようになる。

もし、読者がこれらの技術分野に不案内であれば、ここに記したポジションステートメントは大した意味を持たないだろうが、これらの分野の専門家にとっては、理解しやすい記述となっているはずだ。要するに、テクノロジー・マニアとコミュニケーションするときには、このような記述が必要になるということだ。

2 誰が使うのか、何のために使うのか

顧客が商品を購入するときには、誰が、何のために、その商品を使うのかがすでに決まっているは

ずである。**誰のために、何のために**——この二つは、**ビジョナリー**が商品を買いやすくなるための、不可欠のポジショニング要素である。

ビジョナリーは、イノベーションが持つ意味や概念にほとんど興味を持たない。彼らが知りたいのは、それが自分たちのビジネスにどのようなインパクトを与えるかということだ。彼らのビジネスにどのような変革をもたらしてくれるか、それを使ってライバル会社を出し抜くことができるか——それがビジョナリーの関心事だ。

ビジョナリーのこのような視点を考慮に入れて、先ほどのポジションステートメントを書き直すと、次のようになる。

◆ヴェリナタは妊娠中の母親、医師、医療保険会社の便益に供するために、胎児スクリーニング検査を行なっている。この検査は羊水穿刺《せんし》検査に比べて、安全で、痛みが少なく、費用が低廉で、かつ正確な結果が得られる。

◆HANAを使うと、これまでの手法と異なり、トランザクションがアンフォールドされるときの状況をリアルタイムで分析できるようになり、その結果、トランザクション処理環境の最適化を図ることができる。それにより、企業のビジネスプロセス構築責任者、及び彼らを支援するIT部門関係者は、競合他社の先を行くビジネスプロセスを構築できるようになる。

◆ニシラのネットワーク機器を使うと、稼働中の複数の基幹業務アプリケーションに合わせて、ネットワークの構成やパフォーマンスを柔軟に変更することができる。それにより、クラウド・コンピューティングシステムを運用しているネットワークアドミニストレーターにとって、ネットワーク変更の自由度と作業効率が大幅に向上する。

これらのポジションステートメントで注目すべきは、「何を」と「誰が」に焦点が当てられていることだ。そして、この「誰」の主が強い影響力と予算獲得の権限を持っており、「何」の主体が顧客のビジネスに変革をもたらすものであるならば、たとえ初期市場であっても、顧客獲得に向けてのリスクをとる価値がある。

3 競争と差別化

顧客は競合製品を比較検討して、初めて製品から得られる便益とそのために支払う対価について理解するようになる。**競争と差別化**――この二つは、**実利主義者**が商品を買いやすくなるための不可欠のポジショニング要素である。

キャズムを越えたあとのこの段階では、製品のカテゴリーが明確になっており、顧客の予算をめぐって複数のベンダーがしのぎを削っている。

これまで、**キャズムを越えるとき**には競争を作り出すことが必要であり、「代替手段」となる競争相手と「対抗製品」となる競争相手の両方の力を活用することが大切、と説いてきた。しかし、それはキャズムを越えるときの特殊なケースであった。テクノロジー・ライフサイクルに沿って対象とするマーケットが変遷するにつれ、ベンダーが顧客に提供する製品・サービスとベンダー自身のポジショニングを、慎重に設定し直す必要がある。ここで、以下の例について考えてみよう。

◆スマートフォンのカテゴリーで、デザイン面ではアップル・iPhoneが人気を博しており、価格性能比ではグーグルのアンドロイド搭載端末が優位に立っている。一方、ブラックベリーは往年の栄光が影を潜め、マイクロソフトのウィンドウズフォン8が後発のモバイルOSとして市場に姿を現した。

◆企業向けコラボレーションソフトウェアのカテゴリーで、IT部門主導でよく使われているのはジャイブ(Jive)であり、エンドユーザー主導でよく使われているのはヤマー(Yammer)だ[訳注15]。さらに、セールスフォース・ドットコムのチャター(Chatter)が、クラウド型企業内SNSとして注目を集めている。

◆パブリック・クラウドコンピューティング・サービスでは、アマゾンウェブサービス(AW

S)が断トツのマーケット・リーダーであり、オープンソースを基盤とするラックスペース(Rackspace)が対抗馬となっている。さらに、マイクロソフトが企業向けソフトウェアをクラウドサービスで提供している。

メインストリーム市場を支配するジェネラリスト〔図5参照〕は、このような各種の製品やサービスの違いを子細に検討し、同時に、自分と同じ立場にある人間の意見を参考にしながら、契約する相手を決めるのである。

訳注15◆ヤマー
ヤマーは二〇一二年にマイクロソフトに買収された。

4 財務状況と将来性

顧客は、製品を提供しているベンダーが将来的にもその製品をサポートし続けるということがわかって初めて安心してその製品を購入するようになる。**財務状況と将来性**——この二つは、**保守派**が商品を買いやすくなるための、不可欠の(そして最後の)ポジショニング要素である。

マイクロソフト、IBM、オラクル、インテル、SAP、EMC、シスコといったような企業はみな、長期にわたる優良企業であり、保守派が信頼を寄せる企業である。しかし、デルとHPは、ここ数年来、不振にあえいでおり、サン・マイクロシステムズは、さらに後れをとりオラクルに買収されてしまった。

ここに述べたポジショニングに関する四つの指針は、「競争力を高めるポジショニング」［図5］の四つの領域に対応していることに注意してほしい。そして、ここでの結論は、ポジショニングは、こうありたいというベンダーの希望に基づいてではなく、こうであってほしいというマーケットの考えを重視して設定すべきということだ。ポジショニングステートメントで失敗する原因の多くは、ベンダーが自分を外からの目線で見られないことによるものである。

ポジショニング・プロセス

ポジショニングを動詞として捉えるならば、それは実際には、次のような四つの段階からなる顧客への宣伝広報活動を意味する。

1 メッセージの作成

ここで大切なのは、「ターゲット・マーケットにおいてマーケット・リーダーとしての地位を確立している」というベンダーのメッセージを、二つのセンテンスから成るポジションステートメントに要約することである。

2　裏づけの準備

作成したメッセージが簡単に反論されるようなものであれば意味をなさない。ここで大切なのは、そのような反論を打ち破るための十分な裏づけを提示することである。

3　顧客への伝達

ここで大切なのは、しかるべき相手に向かって、しかるべき順序で、正しいメッセージを伝えることである。

4　フィードバックと作戦変更

フットボールのコーチがハーフタイムのときに必要に応じて作戦を変更するように、自社のポジショニングが競争にさらされたら、マーケティング担当者も作戦変更を迫られるかもしれない。競争相手は、こちらのポジショニングの不備な点を見つけてそこを突いてくるだろう。そのときには、この不備な点を修復して反撃に出なければならない。

この四番目のプロセスによって、ポジショニングというものが一回かぎりの行為ではなく、何度もくり返し行なわれる行動へと発展することになる。よって、マーケティング担当者は、製品のライフサイクルを通じて顧客の反応をくり返し確かめながら、顧客との信頼関係を高め、顧客との長いつきあいを保たなければならない。それが、成功のための秘訣だ。

ポジションステートメント◆エレベーターテスト

前記の四つのプロセスのうちもっとも難しいのは、「メッセージの作成」である。そして、難しいのはメッセージを作るための題材を探すことではなく、必要な内容を短時間で相手に伝えるメッセージにすることだ。早い話、エレベーターに乗っているくらいの短時間に製品を説明できるか、ということだ。「エレベーターテスト」という名前の由来はここにある。実は、ベンチャーキャピタリストは、投資案件を評価するときにこの手法をよく使っており、エレベーターテストにパスしなければ投資は期待できないと思ってよい。エレベーターテストにパスしないメッセージがどのような結果をもたらすかを、以下に見てみよう。

1◆メッセージの内容がどのようなものであれ、長すぎるメッセージは、口コミで人に伝わらない。 メッセージが口コミで伝わるためには、通常その内容は二つのセンテンスに収まっていなければならない。それ以上になると、正しく記憶することができないからだ。ハイテク・マーケティングで成功するためには、口コミによる宣伝が欠かせない。口コミで人から人へ的確に伝わらないようなメッセージは、マーケティング・メッセージとしては失格である。

2◆マーケティング用のメッセージはいろいろな機会に姿を現すことになる。**メッセージが長いと、誰かがパンフレットやプレゼンテーション用の資料などを作るたびに、メッセージが少しずつ違ってくるおそれがある。**そうなると、いま作っているメッセージがいかに優れたものであっても、くり返すことによって顧客の記憶を定着させるという効果が生まれなくなる。そして、市場はこの製品のポジショニングに対して不信感を抱き始めるようになる。ポジショニングがしっかりしていない製品は、顧客から見れば購入しづらいものである。

3◆**メッセージが長すぎると、製品の開発にも悪影響を及ぼす。**製品のポジショニングがしっかりしていないと、製品開発の面でも製品仕様の決定面でも、無駄な作業が発生するおそれがある。そのような事態になったら、ポジショニングに失敗したと言ってよい。

4◆**メッセージが長すぎると、パートナーや提携企業を見つけられない。**製品のポジショニングがはっきりしていないために、ベンダーが目指す方向をパートナーが理解できないからだ。そうすると彼らは、「テクノロジーは素晴らしいが、売るのは難しい」と言い始める。

5◆メッセージが長すぎると、投資を得ることができない。

先に述べたように、エレベーターテストをパスできないようなベンダーには適切なマーケティング戦略がないことを、経験豊かな投資家は知っている。よって、そのようなベンダーに対して投資は行なわれない。

では、エレベーターテストにパスするメッセージを作るには、どうすればよいか？　まず何よりも大切なのは、ターゲットとするセグメントの期待に応えられるように、製品をポジショニングすることだ。そのうえで競争相手をはっきり見据え、差別化を行ない、顧客の購買意欲をかき立てなければならない。そのようなポジションステートメントは、**誰に、何を**提供するかを明確に記したものとなる。そして、そのステートメントはビジョナリーの胸に響き、初期市場における競争相手を打ち破るための武器となる。さらに、「代替手段」としての競争相手と「対抗製品」としての競争相手への差別化要因を明確にすることで、メインストリーム市場での戦いに備える武器ともなる。

さて、二つのセンテンスから成る**ポジショニングステートメント**のひな形を以下に掲げておく。これは、エレベーターテストにパスするためのメッセージでもある。これを読者が扱っている製品にあてはめてみていただきたい。作業は簡単。ブランクの部分を埋めるだけである。

これは、

◆「　①　」で問題を抱えている
◆「　②　」向けの、
◆「　③　」の製品であり、
◆「　④　」することができる。
◆そして、「　⑤　」とは違って、
◆この製品には、「　⑥　」が備わっている。

そして、この六つのブランクには、それぞれ、①現在、市場に流通している「代替手段」、②橋頭堡となるターゲット・カスタマー、③この製品のカテゴリー、④この製品が解決できること、⑤「対抗製品」、⑥ホールプロダクトの主だった機能、を記入するのである。
それでは、本章ですでに検討を加えた企業に対して、このエレベーターテストを適用してみよう。

ヴェリナタ

これは、
◆「ダウン症検査のための羊水穿刺」で問題を抱えている
◆「妊娠中の母親」向けの、
◆「胎児の遺伝子を調べる」サービスであり、

◆「母親の子宮に針を刺すことなく、検査を実施する」ことができる。
◆そして、「胎児の疾患を調べる他の遺伝子検査」とは違って、
◆「ヴェリナタによる検査には最高の精度」が備わっている。

HANA

◆これは、
◆「顧客にリピート購入をしてもらえないこと」で問題を抱えている
◆「オンライン小売業者」向けの、
◆「オンライン・トランザクション処理のためのデータベース」であり、
◆「トランザクションをリアルタイムで分析し、顧客に最適の商品をオファーする」ことができる。
◆そして、「オラクルのデータベース」とは違って、
◆「トランザクション処理と分析の環境を分離することなく、双方を同時に処理する機能」が備わっている。

ところで、このようなポジションステートメントを書くときに大切なことは、「何を盛り込むか」ではなく、「何を捨てるか」ということである。たとえば、前述のポジションステートメントで、ヴ

エリナタがもっとも廉価であることに触れられていない点に注目してほしい。同様に、メモリー上に構築されるデータベースであるHANAの用途はいろいろ考えられるが、ここでは小売業者に限定している点に注目してほしい。しかし、多くの特徴をポジションステートメントに盛り込んだほうが、顧客の目を引きやすくなるのではないだろうか？

その答えは「ノー」である。そのような行為は、逆にポジショニングの効果を台無しにしてしまう。そもそも、**ポジショニングというのは、ターゲット・カスタマーの頭の中にこちらの製品に関する観念をしっかりと植えつけること**であったのを思い返してほしい。すでに述べたように、人がこれまでずっと抱いていた観念を変えさせるのは、とても難しいことだ。また、あまりに多くのことを彼らの頭の中に押し込もうとすると、逆に反発されることになる。人が記憶しやすいのは単純な概念だ。たとえば、メルセデスは「最高級、年輩向け」、BMWは「高級セダン、ヤッピー向け」、リンカーンは「アメリカの高級車、退屈」、レクサスは「新時代の高級車、お買い得」、といった具合だ。人々が通常、頭の中で思い描いている製品のイメージとはそういうものだ。それはちょうど、一行以内で終わる電報のメッセージにも似ている。そして、ベンダーがそのような単純化されたメッセージの作成を怠った場合には、市場がベンダーになりかわって作ってくれるだろう。ただし、このベンダーにとって不利なメッセージが作られてしまうこともあり得るので、市場に任せて安穏としているわけにはいかない。

次のテーマに進む前にもう一つ大切なことを話しておきたい。それは、**ポジションステートメン**

トは、宣伝のためのキャッチコピーとは一線を画するということだ。キャッチコピーを作るのは、普通は広告代理店であり、マーケティング担当者ではない。言ってみれば、ポジショニングステートメントの役割は、むしろキャッチコピーの方向性を決めることにあり、キャッチコピーがいかに魅力的なものであろうとも、それがマーケティング戦略から逸脱しないようにコントロールするのがポジショニングステートメントなのだ。もし、キャッチコピーの主旨がポジショニングステートメントと矛盾しているならば、そのコピーがいかに優れたものであろうと、変更を余儀なくされるのはポジショニングステートメントではなくキャッチコピーなのである。

裏づけの変遷

ハイテク・マーケティングを進めていくうえで悩ましいのは、何かに慣れてきたと思ったときには、往々にしてその「何か」が陳腐化していることだ。ハイテク市場における「裏づけ」についても同じことが言える。ハイテク市場では、見込み顧客の信頼を得るために裏づけを示すことが必要だが、この裏づけは、テクノロジー・ライフサイクルの進展に伴って変化していくのである。これは、先に述べた「競争力を高めるポジショニング」の図［図**5**］(P220)を使って説明するとわかりやすい。図**5**に、それぞれの市場段階で期待される裏づけを記入したのが図**7**である。

図**7**の左半分の領域で、下半分から上半分に移動すると、テクノロジー・マニアに示すべき裏づ

図7◆各市場段階で期待される裏づけ

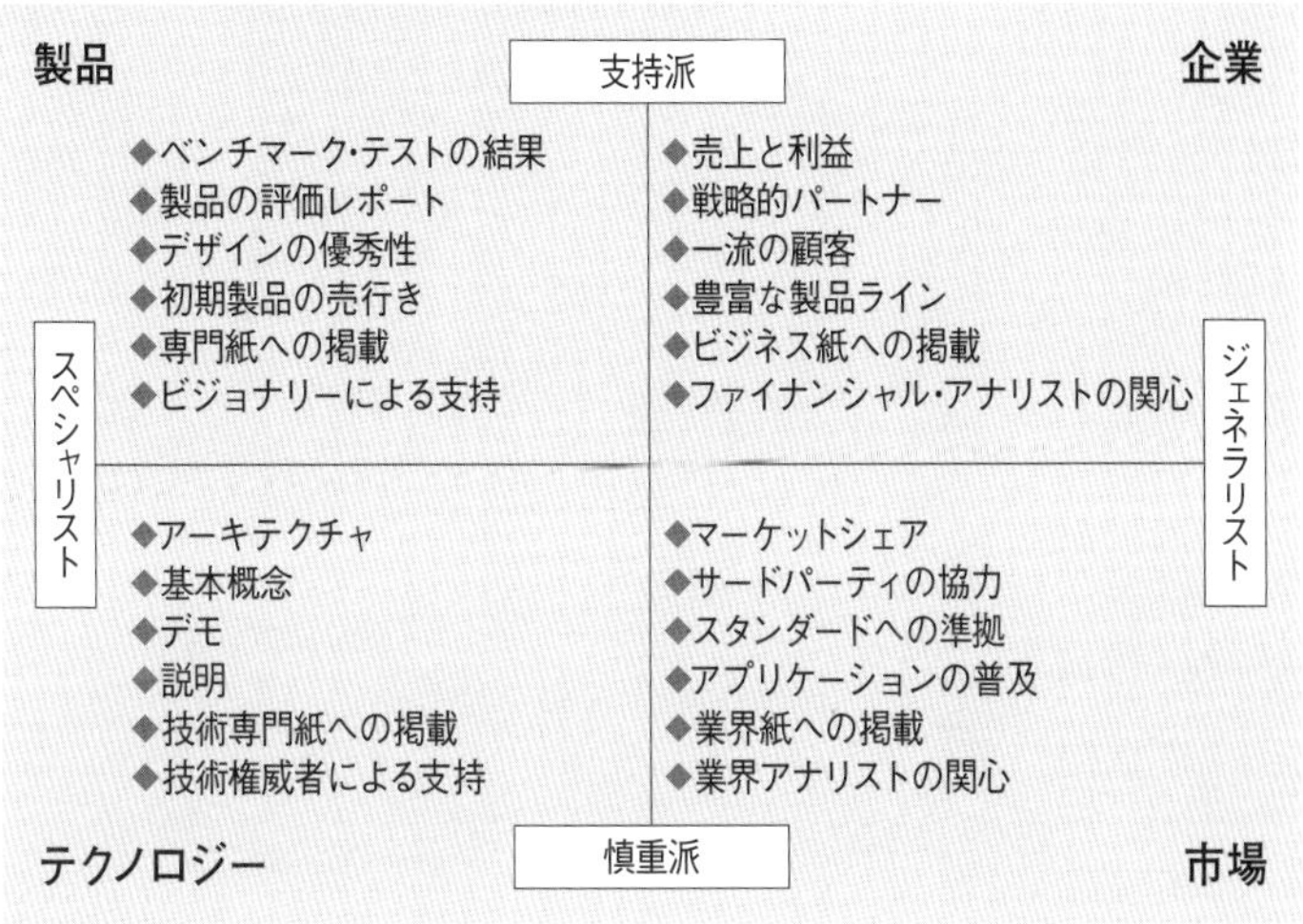

けが、ビジョナリーに示すべき裏づけへと変化していく様子を見てとれる。同様にして、右半分の領域で、下半分から上半分に移動すると、実利主義者に示すべき裏づけが、保守派に示すべき裏づけへと変化していく様子がうかがえる。

ここで最大の関心事は言うまでもなく、左上の「製品」の領域から右下の「市場」の領域への遷移、つまりキャズムを越えるときの遷移である。この二つの領域に記入してある裏づけを比較してみれば、実利主義者は、製品そのものよりも市場の製品への反応に対して強い関心を示すという、これまでくり返し述べてきたことが理解できるだろう。

ハイテク企業がキャズムを越えようとするときに何よりも困るのは、実利主義者に示すべき裏づけの多くが手元にないことだ。そして、この時点で裏づけがあるかどうかは、製品の機能や性能ではなく、ベンダーの製品をサードパーティーが支援してくれるかどうかで決まるのだ。ホールプロダクトを構築するためには大きな先行投資を必要とするが、ホールプロダクトを擁するマーケット・リーダーであることは、実利主義者の信頼を勝ち得るための必須条件である。

ひとことで言えば、ベンダーがマーケット・リーダーであるか否かについて実利主義者がもっとも信頼する裏づけはマーケットシェアである。しかし、そのような客観的なデータが存在しない場合に実利主義者が次に見るのは、ベンダーのパートナーや提携企業の数と質、そして実利主義者が現在抱えている問題を解決する能力である。さらに実利主義者は、ベンダーとサードパーティーが協力して製品を販売したり、たがいの販促資料で相手について言及したりして、常に協力体制を敷いているかについて関心を抱く。ここで、キャズムを越えようとしているときのベンダーの宣伝広報能力が問われることになる。つまり、ベンダーはこのような裏づけを実際に用意するだけでなく、その事実を広く世間に知らしめなければならないのだ。

ホールプロダクトの発表

「ホールプロダクトの発表」というのは、世間でよく言われる「新製品の発表」という言葉にちなんだものである。ハイテク業界で新製品の発表が行なわれるときには、通常、発表に先だって業界のアナリストやジャーナリストに簡単な製品説明を行なったり、経営陣が専門紙各社を訪問して新製品発表のイベントについての案内状を手渡したりするものである。

新製品の発表ならば、それが普通のやり方である。しかし、これは初期市場を成長させるためには適切なマーケティング手法だが、キャズムを越えようとしているときには不適切な方法と言わねばならない。キャズムを越える段階では、顧客に提示する製品は新製品ではないはずで、実利主義者の信頼を得るためにも、むしろ新製品でないほうがよい。また、製品のリリース２・０を大々的に宣伝してみたところで、専門紙の注意を引くわけでもない（オラクル、ＳＡＰ、マイクロソフトならば、話は別だろうが）。つまり、キャズムを越えるときのメッセージは、「この新製品に注目」というようなものであってはならないのだ。では、どのようなメッセージであるべきだろう？　そして、それはどのようにして顧客に伝えるべきだろう？

この段階でのメッセージは、「この新市場に注目」というものでなければならない。そしてこのメッセージには、新市場についての簡単な説明と、ホールプロダクトの構築に参画しているパートナーや提携企業の紹介が含まれていなければならない。つまり、このようなメッセージが顧客に訴えることは――新しい時代の波がそこまでやって来ており、その波に乗った者はみな大成功を収める――でなければならないのだ。これは弱小のスタートアップ企業にとっては、特に有効な手法と言える。というのは、ホールプロダクトを前面に押し出すことによって、単独ではなかなか得られない顧客からの信用を得やすくなるからだ。さらにここで、ベンダーの製品がホールプロダクトの中核部分に位置している必要はなく、ただ単に、必要不可欠な部品でありさえすればよい。つまり、マイクロソフトXbox360にはATIの画像処理プロセッサ（GPU）が欠かせない、アップル・iPhoneの心臓部にはARMの部品が使われている、というような状況を作り出すことである。

ところで、このようなポジションを勝ち取るための対外コミュニケーション活動とは、いったいどのようなものだろうか？　それは、まず、正しいコミュニケーション・チャネルを選ぶことから始まる。そして、ホールプロダクトにとって有効なチャネルが二つある。一つはビジネス紙だ。ホールプロダクトの成功事例、特に、パートナーシップや提携関係が功を奏する成功事例は、ビジネス紙の注意を引きやすい。このような成功事例を継続的に発表し、特定のマーケット・セグメントを支配しているベンダーは、注目を集めやすい。

ただし、ベンダーがあまり世間に知られていない場合、ビジネス紙はなかなか記事にしてくれないので、このようなときにはファイナンシャル・アナリストに成功事例を伝えるのがよい。このとき、ベンダー自身のことにはあまり触れずに、目の前に迫っている新しい時代の波について強調するのが望ましい。通常、ファイナンシャル・アナリストは新しい市場に対しては強い関心を抱くものであり、そこを突けば、相手がスタートアップ企業といえども取り上げてくれる可能性がある。そして、ひとたび新市場が注目を集めれば、ビジネス紙がそれを題材にして新たな記事を掲載するという道が開ける。

さらに、ビジネス紙を相手に記者発表をするときには、できるだけ多くの関係者を参画させることが大切だ。たとえば、記者発表の場にベンダーの有力顧客、アナリスト、パートナー、販売チャネルなどが同席していれば言うことはない。また、新市場をテーマにしたセミナーなどを開催するのも有効なマーケティング手法だ。このいずれのケースにおいても、その主たる目的は、新しい時代の波に乗る者こそが勝者であるという、いわゆる「バンドワゴン効果」を相手に訴えることにある。

もう一つ大切なことがある。それは、ビジネス紙に取り上げられるためには、単に優れたテクノロジーということではなく、市場に大きな影響を与えそうな企業であると思わせる要素が必要となる。テクノロジーに関する話は、主要記事を補足する挿話としては面白いかもしれないが、実利主義者の目を引くものではない。**テーマをテクノロジーからビジネスに移す**ためには、そこにハイテクを越えた何かが必要となる。この「何か」としてよくあるのは、市場に新たな可能性が現れたとか、これまで解決できなかったことが見事に解決できるようになったというたぐいの話である。そして、このようなことを実現するテクノロジー・ブレークスルーが起きているということを話の中に盛り込むのはかまわないが、それが主題となってはならない。主題はテクノロジーではなくてホールプロダクトなのだ。

ビジネス紙が対外コミュニケーションの手段として優れているのは、業種を問わず読者に信頼されているからである。しかし、スタートアップ企業にとって、そこへたどり着くのは容易なことではない。というのも、大手ビジネス紙は、自社の権威と信頼性を守るために、実績の少ないスタートアップ企業を取り上げない傾向があるからだ。つまり、大手ビジネス紙に取り上げられるようになるには長い時間を要するということだ。逆に、ひとたびビジネス紙に取り上げられたら、その後再び取りあげられる可能性が高い。さらに、ビジネス紙に取り上げられるようになれば、専門紙が製品に着目して記事を書く場合にも、このベンダーについて幅広く取り上げてくれるようになる。

このように、キャズムを越えようとしているときには、ホールプロダクトをテーマにビジネス紙の記者と良好な関係を築きあげることが欠かせない。ここで、ホールプロダクトを宣伝するための有効な手段が、ビジネス紙の他にもう一つある。それは、**バーティカル・メディア**と呼ばれる、同業者が集まる各種の場である。特定業界向けの製品展示会やコンファレンス、同業者が集まる会合や会議、業界向けの出版物などはみなバーティカル・メディアであり、同業者間の関係を大切にする人々、すなわち実利主義者や保守派が集まる場である。このような集まりには業界外部の人間も容易に参加できるので、その業界をターゲットとするベンダーは足しげく通うべきであろう。ただし、ここで自社製品を押し売りすると逆効果になるという点は頭に入れておくとよい。

このような場で取り上げるテーマとしては、ホールプロダクトが最適である。そして、そこで業界の人たちと話をして、世間における技術革新の波と、それが彼らのビジネスに与える影響について話をするとよい。そして、このときの会話においては、顧客のビジネスを話題の中心に据えるべきであり、決して、ベンダー自身あるいはベンダーの製品を話題の中心にしてはならない。そして、このような話を通じて顧客の現在のニーズを知ることができ、さらには、そのニーズに応える解決策が現在あるかどうか、ということも見えてくる。ベンダーのこのような活動は、ある意味では自分の立場を有利にするためのものだが、顧客にはそのようには見えない。顧客にとって、このときベンダーの担当者が、セールスマンではなくコンサルタントに見えるのだ。
つまるところ、ホールプロダクトに関する対外コミュニケーション活動が目指すところは、ベンダー自身とその製品に関する評判が口コミで伝わるような環境と人間関係を作りあげることである。ただし、このような人間関係を作りあげるには長い時間を要することを忘れてはならない。まず、キーマンを探し出すのに時間がかかる。そして、相手と対等に話ができるようになるまでに時間がかかる。さらに、業界が置かれている状況を理解するのに時間がかかる。ベンダーがこのような課題をすべて乗り越えて初めて、両者にとって価値のある関係が、長期にわたって築かれる。もう一つ大切なことがある。それは、ひとたびこのような関係が築かれれば、競争相手がそこに入ってくるのが困難になるということだ。というのは、メインストリーム市場では、実利主義者と保守派は、自分たちがよく知っている相手としかビジネスをしないからだ。

本章のまとめ◆「競争力を高めるポジショニング」に関するチェックリスト

戦線を的確に見定めるとともに、自社の競争力を高めるポジショニングを遂行するうえでのチェックリストを以下に掲げる。

1◆ターゲット・カスタマー、ホールプロダクト、購入の必然性を明確に規定した価値命題を作成する。そして、この価値命題が規定するマーケット・セグメントに照準を定める。

2◆顧客の目標を実現するための代替手段を顧客の立場で考え、競争を作りあげる。このとき、有効な代替手段を恣意的に排除してはならない。そのようなことをすれば、二度と実利主義者の信頼を得られなくなる。

3◆対外コミュニケーション活動を進める前に、発信メッセージの内容を二つのセンテンスから成るポジションステートメントに要約する。そして、会社が外部に向けて発信するメッセージは、すべてこのポジションステートメントに沿ったものとする。特に、ポジションステートメントの二番目のセンテンス、つまり、競争相手を明確にすることと、それに対する差別化要因を前面に押し出すことが大切だ。

4◆ホールプロダクトの効用ならびにパートナーと提携企業の力を実際に発揮することによって、このメッセージが正しいことを証明する。それができて初めて、実利主義者はこのベンダーを現在の、あるいは近い将来のマーケット・リーダーとして認知するようになる。

第7章

作戦の実行

Launch the Invasion

本章では、Dデー作戦決行に際しての最後の決定事項、すなわち、**販売チャネルと価格設定**について検討する。キャズムを越えて対岸へと向かうとき、販売チャネルは言ってみれば兵員や軍需品を輸送する艦船であり、製品に対する価格設定はその艦船を前進させるための燃料である。この二つは、メインストリーム市場の顧客に直接影響を与えるものであり、マーケティング戦略を決定するうえで重要な要素となる。とりわけ販売チャネルは、判断を誤ったらやり直す時間は残されていないと考えるべきである。

キャズムを越えようとしているベンダーにとって最大の目標は、メインストリーム市場の実利主義者が安心してつきあえる販売チャネルを確保することである。そして、この目標は何よりも優先されなければならない。売上よりも、利益よりも、対外コミュニケーションよりも、さらには顧客満足よりも優先されなければならないのだ。ここにあげた問題はしっかりした販売チャネルさえ確立されていれば、あとから改善することができる。しかし、販売チャネルが機能しなければすべての努力が水泡に帰す。さらに製品価格の決定という問題は、販売チャネルを確立することと密接に結びついている。つまり、キャズムを越えようとしているとき、適切な価格設定によって満足させるべき相手は、顧客でもなければ株主でもない。それは販売チャネルなのだ。

要するに、キャズムを越えるときには**顧客を満足させる販売チャネル**が必要となり、それを実現するための手段が**販売チャネルを満足させる価格設定**ということだ。

顧客を満足させる販売チャネル

ビジネスにおけるインターネットの活用が進んだ結果、ハイテク製品に関わる、販売方法、マーケティング手法、販売チャネルが、過去一〇年のあいだに大きく変貌した。一方、過去一〇年のあいだほとんど変貌していないのが、販売チャネルが相手とする顧客だ。そして、この顧客は左記の五つのグループに分類され、それぞれに最適の販売方法が存在している。

1◆企業の役員――企業の全社的なシステムに関わる多額の製品を購入する責任を負っている。

2◆個人――個人レベルあるいはグループで使用する廉価の製品を購入する責任を負っている。

3◆部門管理者――部門レベルで使用する中程度の価格の製品を購入する責任を負っている。

4◆エンジニア――自社商品の部品となる製品を選択し、それに基づいて、商品のデザインを決める責任を負っている。

5◆中小企業のオーナー――事業用に中程度の価格の製品を購入する責任を負っている。技術的に自分一人で対応することが難しく、予算にも限度がある。

そして、この五つのグループの顧客には、それぞれに最適の販売チャネルが存在する。それを次に見ていこう。

直販と企業による購入

企業が新たなシステムを導入する場合には、その費用が何十万ドル、ときには何百万ドルにも及ぶことがある。このようなときには、企業の発注要件とベンダーの提案内容のあいだに齟齬がないかを確認するために、企業はベンダーに対してコンサルティング営業を期待することが多い。直販による顧客へのアプローチは、トップセールスをはじめとして、マーケティング、営業、販売に至るまで、あらゆる層を通じて行なわれ、このような販売にまつわるマーケティングを関係性マーケティング《リレーションシップマーケティング》と呼ぶことがある。

関係性マーケティングの一環として、顧客の役員をセミナーに招待し、そこで彼らが関連テーマの専門家から学んだり、参加者同士で意見交換をしたり、さらには、ベンダーの上層部と面談する機会を設けることがよくある。最近は、「時代を切り拓くリーダーシップ《ソートリーダーシップ》を養うために」というようなテーマのセミナーが数多く開催されている。このようなトップへのアプローチと並行して、顧客企業内の関連部署へのアプローチが進められる。

そして、商談の可能性が見えたら、ベンダーによる本格的な営業活動が開始されるが、このようなケースでは提案型営業《ソリューションセリング》が展開されることが多い。顧客の要望に応えるために、最適のホールプロダクトを提示するという営業になるのだ。ただし初期市場では、見込み顧客が自分たちのニーズをはっきりと把握していないことがあり、このような場合ベンダーは顧客誘導型営業《プロヴォケーションベースセリング》を進めなければならない。これは、見込み顧客がそれまで見落としていた機会や問題点について啓蒙し、それを商談に結びつけるという営業だ。いずれのケースの営業においても、ベンダーの上層部が見込み顧客の役員レベルとの会話を通じて提案の可能性についての感触をつかみ、その後、ベンダーの中間管理者層が中心となってニーズ分析を行ない、提案につなげるという点は共通している。そして、提案内容が評価されて受注に至れば、いよいよ納品に向けての一連の作業が開始されることとなる。

このとき、提案時に顧客に約束した内容が、納品時にすべて達成されていなければならないのは言うまでもない。ベンダーは、受注後に顧客のためにプロフェッショナルサービスチームを編成し、製品の導入に向けての活動を開始する。このとき社外のシステムインテグレーターが参画し、ベンダーの製品に関わるリエンジニアリングとインテグレーションを含め、ソリューション全体の導入と稼働に責任を持つことも少なくない。

直販方式でキャズムを越え、飛躍的な成長を遂げたベンダーの例が、セールスフォース・ドットコム、ヴイエムウェア、ワークデイだ。

ウェブによるセルフサービスと個人による購入

企業による購買とは対照的に、個人による購入の場合の支出額はせいぜい数百ドル、あるいは月に数十ドル程度だろう。購入を決めるのは無料試用のあとということも珍しくない。このような購入に対して、最近はセルフサービスによるトランザクション型販売が一般的となっている。ウェブサイトによる販売は、このような購入に最適だ。

一方、ウェブによるマーケティングは、基本的に**プロモーショナル・マーケティング**であり、試供品や期間限定のお試しサービスを提供して、販売促進につなげることが多い。このようなときには、**クリック広告**や**ターゲットメール**といった手法が使われることが多いが、**行動ターゲティング**、**機械学習**、その他の**アルゴリズム技術**がマーケティングで活用されるにつれ、ますます効果を発揮するようになってきた。

いったん利用者がリンクをクリックすると、利用者とシステムの関係は**ダイレクトレスポンス**方式による販売促進のフェーズへと進んでいく。そして、このときの一連のプロセスは、一度だけのクリックで完結する場合もあれば、数回のクリックによって利用者が最終決定を下す前に考え直す機会を与えられる場合もある。そして、販売する商品がソフトウェアのたぐいであれば、無料の使用期間が設けられたり、機能が最小限に絞られた製品が無料で提供されたりすることがある。これは、よくあるフリーミアムモデルであり、利用者が商品のコアとなる機能を体験したあとに付加価値のついた商品を購入するアップセルを狙ったものだ。一方、商品がソフトウェアではなく実物の場合には、eコマースによるトランザクション型販売が効果的だ。この分野では、アマゾンによる販売モデルが世界を席巻しており、そこではショッピングカート、チェックアウトの手続き、配送に関するオプション、メールによる受注・配送確認、配送状況の追跡《トラッキング》などの各種機能が用意されている。

トランザクション型販売モデルは、極力、人手の介入を排除するように設計されている。その目的は、ベンダーの経費を削減し、利用者の満足度を向上させるためだ。このとき、ウェブサイトにFAQ（よくある質問）が用意されることもある。万が一のために、ベンダーへの連絡用メールアドレスが記載されていることもある。さらに、チャットサービスが用意されていて、ベンダーのサポート担当者が、同時に複数の顧客の質問に答えられるようになっていることもある。特に優れたサービスは、コミュニティによるテクニカルサポートだ。リチウム・テクノロジーズ社やジャイブソフトウェア社などによるサービスがその例であり、豊富な知識を持ったユーザーが初心者のユーザーを助けるようになっている。

ここまで、各種のマーケティング・モデルを紹介してきたが、補足として、もう一つのマーケティング・モデルを本書の巻末に掲載した。それは、「フォー・ギアズ・モデル」とわたしたちが呼ぶものであり、インターネットによる革新的な通信を実現したスカイプ（Skype）、企業向けコラボレーションソフトウェアのヤマー（Yammer）、次世代のプレゼンテーション用ソフトウェアのプレジ（Prezi）などは、このモデルに従って成功を収めたベンダーだ。

セールス2・0と部門管理者による購入

部門管理者にとって、ＩＴ製品の購入は頭痛の種だ。購入する製品は、当然、企業活動のために使用するものであり、購入に当たって一定の基準を満たすものでなければならない。しかし、部門管理者は、それを確認するための予算も要員も持っていないことが多い。そのため、つきあいのある業者が適当にみつくろった製品を購入するという結果になりがちだ。ところが、インターネットとウェブの発達により、新たな販売チャネルが最近姿を現した。それは、いま世間で**セールス２・０**(Sales 2.0)と呼ばれているものだ。

セールス２・０は、**ダイレクトマーケティング**、販売、それにカスタマーサービスを、すべてデジタルメディアで完結させるトランザクション型販売モデルだ。このように述べると、セールス２・０のマーケティング手法は、ウェブを利用したセルフサービス方式の、トランザクション型マーケティングと同じように聞こえるかもしれないが、利用者がリンクをクリックしたあとに違いが現れる。セールス２・０では、クリックしてから自動応答システムで処理されるのではなく、ベンダーの担当者に連携され、その担当者がメール、チャット、あるいは音声電話で利用者に連絡を取るのが特徴だ。そして、担当者は、利用者の関心の深さを判断し、さらに適切なウェブサイトに誘導したり、必要な資料を送ったり、ウェビナー（ウェブ上で開催されるセミナー）を案内したり、ウェブを使ったライブデモを紹介したりするのだ。さらに、利用者の関心が深まるにつれ、状況の遷移状況をシステムが把握しており、セールスサイクルを前に進めるために、担当者に次の指示が入るようになっている。このとき、利用者が関心を示してから購入《クロージング》に至るまでの一連のプロセスがウェブ上で管理される。

そして商品が購入されて、利用者が顧客に変わると、ベンダーの担当者が、セールス担当から納品担当にバトンタッチされる。SaaSの世界では、ベンダーは顧客の状況の推移に一層の注意を払っている。というのは、顧客は、クリック一つでサービスの利用をやめてしまうかもしれないからだ。このあたりのテーマについては、トッド・ヒューリン（著者の同僚）とJ・B・ウッド（著者の友人）による著書 *Consumption Economics*（邦訳『コンサンプションエコノミクス』、監修：尾崎正弘、樋崎充、日経BP社、二〇一三年）に詳しいので、そちらを参照されたい。近年のデジタル環境の進歩に伴い、ベンダーによる直接サポート、あるいは、コミュニティによる間接サポートを問わず、一層効率的で効果的なデジタルサポートが普及してきた。さらに、人手の介入が必要な領域においては、セールス2・0のベンダーが、オンサイトサポートを提供するためにビジネスパートナーとの連携を深めている。

クラウドを使った会計ソフトウェアのインタクト（Intacct）、法務ソフトウェアのインタップ（IntApp）、クラウド・コンピューティングのラックスペース（Rackspace）、コラボレーションソフトウェアのボックス（Box）などは、このモデルで成功を収めたベンダーだ。

二層のチャネルとデザインエンジニア

デザインエンジニアは、ベンダーにとって手強い見込み顧客であり実顧客でもある。彼らはベンダーの宣伝広告には見向きもせず、営業担当と話をしたいとも思わない。しかし彼らは最近の技術動向に精通しており、ベンダーが提供する製品が彼らの次の商品の部品として使えると判断すれば、ベンダーのあらゆる職種の担当者に問い合わせをするのだ。そしてデザインエンジニアは、ベンダーに対して厳しい要求をするにもかかわらず、ベンダーの製品を大量に購入する権限を持ってはいない。しかし、ベンダーが交渉の席に着けるかどうかの決定権をデザインエンジニアが持っているのだ。ベンダーにとって手間がかかるが、予算権限を持っていないデザインエンジニア。さて、どうしたものか?

実は、デザインエンジニアを相手にするには、ウェブの利用が格好のマーケティング手段となる。デザインエンジニアはベンダーのウェブにアクセスすることにより、必要とするほとんどのデータを入手する能力を持っている。そして、早晩、ベンダーに見本を要求することとなり、この段階で担当者による介入が必要となる。ここで、顧客(製造メーカー)の代理人として機能する「第二層」の流通チャネルの出番となる。このチャネルは、メーカーからは独立の関係にある企業であることが多い。そして、ベンダー側からは、「第一層」のチャネルが姿を現す。このチャネルはベンダーの販売チャネルとなっていることが多い。

このあと、双方による交渉の結果、ベンダーが提供する部品がメーカーによって選ばれると、ベンダーはそれを**デザインウィン**（他社の市販品の部品として自社製品が採用されること）と呼ぶことがある。そして、いったんデザインウィンにたどり着くと、その後、メーカーの購買部門が前面に出て、価格や発注量などをはじめとする各種条件の交渉が始まる。この段階になると、メーカーへのサポートはベンダーが直接行なうようになり、熟練のエンジニアを配備してメーカーの次期商品開発に協力することとなる。

ハイテク業界におけるマーケティングと販売について、実は、これは昔から存在しているモデルである。アヴネット（Avnet）、アロー・エレクトロニクス（Arrow Electronics）、テックデータ（Tech Data）は、インテル、ブロードコム（Broadcom）、エヌビディア（NVIDIA）などの、スマートデバイスの部品メーカーが選んだ流通チャネルである。

付加価値再販業者と中小企業のオーナー

中小企業のオーナーは、いろいろな側面を持つ消費者だ。ＩＴ製品に対する彼らのニーズは個人の消費者とは異なる面があり、フライズ（Fry's）やオフィス・デポ（Office Depot）といった量販店の店内を見て回るのだが、結局は決められないで終わることが多い。彼らは、誰かに手助けしてほしいと思っており、そして予算がかぎられているため、いつも安価に解決できる方法を探している。

そこで、彼らが頼りとするのは地元の付加価値再販業者（ＶＡＲ）である。このＶＡＲは、自身が個人事業主であることが多く、できるかぎり人手をかけないようにするかたわら、新たな顧客の開拓にいつも腐心している。このようなＶＡＲは、彼ら自身がテクノロジー・マニアであることが多く、自分たちの専門知識を他人のために役立てることに喜びを感じる人たちである。そのうえ、それが収入につながれば言うことはない。一方、そのようなＶＡＲが不得手とするのがマーケティングと販売であり、ここはベンダーが自ら対応すべき領域だ。

こうして、中小企業を顧客とするベンダーはマーケティングと販売については責任を持つが、販売後《ポストセールス》のサポートを行なうことはまれだ。そして、この領域を任されるのがＶＡＲなのである。通常、ベンダーによるマーケティングはウェブを通じて行なわれ、顧客の獲得状況をＶＡＲと共有することも少なくない。中小企業のオーナーは技術に疎《うと》いケースが多く、セールス２・０の手法で彼らに対応することはできない。そこで中小企業のオーナーは、技術の世界への橋渡し役を必要とし、ＶＡＲに期待を寄せるようになる。一方、ＶＡＲの主要な収入源はポストセールスの段階にあるのだが、彼らは、このプリセールスの段階で顧客の期待に応えて信頼を勝ち取ろうとする傾向がある。

中小企業向けＣＲＭ（顧客関係管理）サービスをＳａａＳで提供するインフュージョンソフト（Infusionsoft）、各種支払いをオンラインで処理できるビル・ドットコム（Bill.com）とインテュイット（Intuit）は、このモデルで成功したベンダーだ。さらに、ビル・ドットコムとインテュイットの場合は、公認会計士がVARとして機能していることが多い。

ここまでの話を要約すると、ハイテク製品を販売するうえで、五つの「顧客を満足させる販売チャネル」があり、それぞれの販売チャネルに適した顧客が存在し、そしてその顧客には、それぞれに異なる購入の理由があるということだ。キャズムを越えようとしているベンダーは、自分たちのターゲット・マーケット戦略に合った販売チャネルを選択する必要がある。そして、ここで選んだチャネルが、その後もベンダーにとっての「主要チャネル」となる。もし、ベンダーがキャズムを無事に渡りきって対岸に到達したならば、さらにそこから他のターゲット・セグメントに向けて進んでいき、それに伴って販売チャネルも多様化していくであろうが、最初に選んだ「主要チャネル」が、その後も主要チャネルであり続けるのだ。ここで大切なことがある。マーケティング戦略と選択したチャネルの相性はとりわけ重要な要素である。よって、選択したチャネルが機能しないとわかったならば、迷わずチャネルの変更を検討すべきである。

販売チャネルを満足させる価格設定

価格設定というのは、同じ企業内の経営者同士でもなかなか合意に至らない難しい問題である。その理由の一つには、誰の立場を重視するかによって価格が変わってくるということがある。ここでは、この立場の問題をいくつかに分類し、キャズムを越えるときの価格設定についてガイドラインを示してみたい。

顧客を満足させる価格設定

最初に、顧客を満足させる価格設定について検討してみよう。すでに第2章でも見たように、価格に対する顧客の考え方はサイコグラフィック特性によって大きく変わってくる。ここでは、ビジョナリー、保守派、実利主義者の考え方についてそれぞれ詳しく見ていこう。

まずビジョナリーだが、初期市場を代表する顧客層である**ビジョナリー**は、どちらかといえば価格にこだわらないほうである。プロジェクトの目標が達成されれば桁違いのＲＯＩ（投資収益率）がもたらされるため、目先の価格は問題外というのが彼らの認識である。もし、価格が高いと彼らが感じたら、価格を下げるように交渉するのではなく、その分、ベンダーにもっと仕事をさせようというのが価格に対する彼らの考え方でもある。そして、彼らは高価な製品を購入することに一種の喜びさえ感じるのだ。このような価格は**価値に基づく価格**というべきものであり、得られる成果に高い価値が認められるため、そこで使われる製品の価値、すなわち価格も高く設定できるようになる。

そのビジョナリーの対極に位置するのが**保守派**である。彼らが価格に求めるものはただ一つ、低価格であることだ。彼らは、ホールプロダクトが市場に浸透し、製品価格がコストをほんの少し上回る程度になるまで、いつまでも気長に待ち続ける。待ち続けることによって得られる対価が低価格というわけだ。保守派が製品を購入する頃には、もはやその製品によって他社を差別化することはできないが、販売コストは驚くほど少なくなっている。これは**コストに基づく価格設定**であり、メインストリーム市場でよく見られるものである。コストに大きな利潤を乗せる正当な理由がなくなってしまった場合には、いつかはこのような製品価格に落ち着くことになる。

ビジョナリーと保守派の二つの顧客層の中間に位置するのが**実利主義者**であり、彼らこそがキャズムを越えるときのターゲット・カスタマーである。すでに何度も述べたように、実利主義者が支持するのはマーケット・リーダーである。マーケット・リーダーから製品を購入すればホールプロダクト・コストを低く抑えることができ、同時に他社に対してまだいくらか差別化できることを彼らは知っている。なお、ここでいうホールプロダクト・コストとは、製品のコストのみならず、サービスも含めたホールプロダクトを購入するためのコストである。マーケット・リーダーから購入する場合には、製品価格が競合他社に比べて最大で三〇パーセントほど高いことも実利主義者は知っている。つまり、これは**競争力に基づく価格設定**なのである。ただ、マーケット・リーダーの製品が競合他社よりもいくぶん高いとはいえ、市場原理に基づいて厳密に比較されることに変わりはない。逆にベンダーがマーケット・リーダーでない場合には、販売するときに値引きを迫られることがある。

要するに、キャズムを越えようとしているベンダーは、そのマーケットにおけるリーダーシップと製品競争力を必要とするということだ。このときの比較対象は、「代替手段」と「対抗製品」の競争相手だ。価格設定については、この双方の競争相手と比較したうえで、市場価格に若干のプレミアムを乗せるのがよい。これは、時代の潮流に沿ったソリューションを提供することによる、「代替製品」

に対するプレミアムと、ターゲット・カスタマー固有の問題を解決できるホールプロダクトを備えていることによる、「対抗製品」へのプレミアムである。

ベンダーの立場を反映した価格設定

ベンダーの立場を反映した価格設定は、原材料費、販管費、資本コスト、リスク調整後収益などをはじめとするベンダーの内部要因に基づいて行なわれる。このような各種指標はベンダーが継続的に利益を確保できるかどうかという点では大切な要素だが、目の前の市場を獲得するという点ではほとんど意味がない。もし意味があるとすれば、その価格によってマーケティングに関わる他の要素が影響を受けるということだろう。

たとえばベンダーの立場を反映した価格設定は、販売チャネルの選定に影響を与える。もし価格にプレミアムが乗せられていなければ、そのときの適切な販売チャネルは、直販、ウェブによるセルフサービス、あるいはセールス2・0方式になるだろう。さらに、もし、ベンダーの立場を反映した価格設定が廉価であり、価格優位性を持っていれば、後期メインストリーム市場で大きな差別化要因になるであろうし、もしマージンが大きければ、その原資を研究開発に振り向けることができるだろう。

ベンダーの立場を反映した価格設定は、売上目標達成のために必要な販売数量に大きな影響を与える。かりに、目標を一千万ドルとしてみよう（もし、これを一つの橋頭堡セグメントで達成できたならば、そのときはおそらくキャズムを越えているだろう）。たとえば、「二層の販売チャネル」によるOEMモデルでこの金額を達成するためには、一つか二つのデザインウィンで十分だろう。一方、直販モデルならば、二〇件~四〇件の契約が必要となり、このうちのトップファイブが売上のおよそ半分を占めているだろう。セールス2・0モデルならば、そのおよそ一〇倍、つまり二〇〇~四〇〇件の契約が必要だろう。そして、中小企業を対象にしたVARモデルならば、さらにその一〇倍。個人を対象にしたビジネスならば、さらにその一〇倍、つまり、二万件~四万件の販売が必要だ。この場合は、個人一人当たりの売上が二五ドル/月、三〇〇ドル/年という計算だ。

もうおわかりだろう。設定価格によって、潜在顧客を受注客に絞り込んでいく**セールスファネル**の管理方法が変わってくるのだ。販売数量が多いほど、販売プロセスはトランザクション型に近づき、ファネル(漏斗《じょうご》)の上部に多くの見込み顧客を満たしておかねばならない。逆に、設定価格が高いほど、販売プロセスは見込み顧客との関係性を重視するものとなり、ファネルの底の部分に注力することが必要となる。さらにセールス2・0の場合には、有効性と効率性の両方が販売プロセスに求められ、ファネルの中央部分に注力することとなる。

つまり、**キャズムを越えるときには、ベンダーの立場を反映した価格設定は最悪の選択**ということだ。キャズムを越えるときのベンダーの視点は、社内ではなく社外に置かねばならない。たとえば、メインストリーム市場の顧客が何を求めているのか、あるいはメインストリーム市場にパイプを持っている販売チャネルとどのような関係を作らねばならないか、といった問題に常に目を向けていなければならない。現実問題として、この先、ベンダーが存続できるかどうかは、ひとえにメインストリーム市場にアクセスできるかどうかにかかっており、キャズムを越えるときの価格設定については、この点をもっとも重要視しなければならない。

販売チャネルを満足させる価格設定

販売チャネルが製品の販売を進めていくに当たり、次の二つの質問に自信を持って「イエス」と答えられる価格設定こそが彼らを動機づける。

1◆それは売れる価格か？
2◆それは販売チャネルにとって売る意味のある価格か？

「売れる価格」になっているということは、セールスサイクルが短いということであり、これは販売チャネルにとって必須条件である。しかし、初期市場でビジョナリーを相手に成功を収めたばかりのベンダーは、キャズムを越えるときにも製品価格を高めに設定しがちである。ところが、実利主義者にとって価格は最重要事項の一つであるため、競合製品を引き合いに出し、価格が高すぎると言って販売チャネルを追い返すのである。販売チャネルはこのことをベンダーに報告するのだが、ベンダーは、そんなことに取り合ってくれない。競合などあるはずがなく、販売チャネルが売り方を知らないのだとベンダーは主張する。これはベンダーがキャズムを越えようとしているときによく見かける図式だ。

逆に、キャズムを越えるときに価格を低く設定しすぎるという問題もある。このような場合には、販売チャネルが苦労してメインストリーム市場に製品を売り込んでも、それに十分報いるだけの利益が出ない。もし、製品を売るために販売チャネルが何か斬新なことをして成果をあげたら、ベンダーはそれに対して追加の報酬を与えるのが望ましい。しかし低すぎる製品価格では、販売チャネルを動機づけするための原資が捻出できない。

ここに述べたことを要約すると次のようになる。キャズムを越えるときには、まず**こちらの価格をその時点でのマーケット・リーダーの価格近辺に設定し**、それによって自分がマーケット・リーダーであることを明確に打ち出す。そして、**利潤の中で販売チャネルへの報酬が占める部分を大きくして販売チャネルを優遇する。**最後に、ベンダーの製品がメインストリーム市場に浸透し、この製品を販売したいというチャネルが増えた時点で**販売チャネルへの報酬を本来あるべき姿に戻す。**

本章のまとめ◆作戦の実行

キャズムを越えるときのDデー作戦で最後に起こす行動は、言うまでもなく作戦の実行だ。つまり、製品の価格を決め、販売チャネルを通じて売りに出ることである。このどちらの行動もチェックリストに要約できるようなものではないのだが、次の四つの原則を掲げることでまとめとしたい。

1◆最初の目標は、顧客を重視するタイプの販売チャネルを確保することであり、このチャネルは、メインストリーム市場の実利主義者がそこから製品を買いたいと思うものでなければならない。

2◆選択する販売チャネルは、製品価格によって変わってくる。もし、選択した販売チャネルが直販でないならば、キャズムを完全に渡りきるまでの期間は、メインストリーム市場で需要を作り出して製品の浸透を加速させる役割を果たすチャネルを別に用意し、選択したチャネルを支援するのが望ましい。

3◆メインストリーム市場では、製品価格が雄弁に物語ることがある。それは、製品が売れるか売れないかということである。メインストリーム市場が耳を傾ける対象は、マーケット・リーダーが発信するメッセージだけである。そのため、設定する価格はそのベンダーがマーケット・リーダーであることを顧客に訴えるものでなければならない。

4◆最後に、キャズムを越えるときには販売チャネルを大切にすることを忘れてはならない。キャズムを越えるとき、販売チャネルに余分な仕事を強いることもあり、まして、この販売チャネルがすでに持っている実利主義者とのパイプを活用してキャズムを越えるのであれば、なおさら販売チャネルには十分な報酬で報いるべきである。

この四つの原則は、本章だけではなく、第3章から本章までの共通テーマ、つまり、「キャズムを越えるためのマーケティング戦略」の総括でもある。キャズムを越えるときには、大きなチャンスとともに大きな危険も待ち受けているが、危険の最たるものは、マーケティングに関する各種の選択肢についてベンダーが十分理解していないことである。ここまでの五つの章で紹介したマーケティング戦略を実践することによって、その危険性が少しでも解消されれば幸いである。

最後に、本章を終えるに当たって、大切なことをもう一つ記しておきたい。それは、キャズムを越えるのが難しいとすれば、その原因は自分自身の中にあるということだ。つまり、自分たちの誤った判断や行動が、キャズムを越えることを難しくしているのである。なぜそうなっているのかを十分に理解し克服して初めて、キャズムを越えることができるようになる。

このことを念頭に置きながら、これから、終章に進むことにしよう。

終章

キャズムを越えて

Leaving the Chasm Behind

ハイテク企業はマーケット主導型でなければならないと言われることがあるが、昔から企業はすべてマーケット主導型だったはずであり、そういう主張をしている人はその事実に気づいていないだけのことである。ところで、不連続なイノベーションが生まれたときには、初期市場が急速に成長したあとに突如として凪《なぎ》の時期、すなわちキャズムの時期がやってくる。つまり、初期市場で成功を収めたハイテク企業は、住み慣れた初期市場に別れを告げ、メインストリーム市場という新天地に向かう時期が早晩やってくるのだが、そこにはキャズムが待ち受けている。ここで問題は、ベンダーの経営者がキャズムの存在に気づいているか、そして、かぎられた時間のあいだに、しかるべき措置を講ずることができるかということだ。

わたしたちはこれまで、市場を開拓するときの阻害要因としてキャズムを認識し、そのことを前提としてキャズムを越えるためのマーケティング戦略を考えてきた。しかし、キャズムの影響はハイテク企業のマーケティング部門だけでなく、企業全体に及ぶのだ。そのため本章では、マーケティング部門を取り巻く社内の他部門、すなわち、財務、組織開発（OD）、製品開発などの各部門が、キャズムを越えるときにどのような自己変革を迫られるかという点に焦点を当ててみる。ただし、これらいずれの部門においても、目標とするところはマーケティング部門となんら変わるものではない。つまり、これらの部門の目標は、会社をメインストリーム市場へ推し進め、途中でキャズムの底に沈まないようにすることである。

さて、本章から学びとっていただきたいことの一つとして**「キャズムを越えたあとの企業の命運**

は、**キャズムを越える前に顧客に約束したことを果たせるかどうかで決まる**」という事実がある。初期市場で足場を固めるために行なった約束を、キャズムを越えたあとのメインストリーム市場でも守り続けるのは実は容易なことではない。その理由は、約束したことを実行すればキャズムを越えたあとで立ち行かなくなってしまうようなことを、キャズムを越える前に約束するからだ。このことから、キャズムを越えたあとにまずすべきは、キャズムを越える前に行なった約束と現状との不整合を解決することなのだ。その結果、社内の不良資産の見直し、肩書きに見合った働きをしていない社員の再配置、自社製品やテクノロジーの将来に対する決定権限の大幅な変更などを迫られることも少なくない。このような措置は、往々にして社員のあいだに失望と怨嗟を生むことになるが、避けては通れない道である。要するに、キャズムを越えた直後というのは、経営者及び一部の社員が深い心痛を味わう時期なのだ。

この問題に対する抜本的な対策は、**あとになって守れなくなるような約束をキャズムを越える前にしないこと**である。つまり、メインストリーム市場で守れないような約束を初期市場でしないように心がけるのだ。この点で失敗したハイテク企業がこれまでに数多く存在する。

筆者自身の経験に照らしてみても、ここに述べたことが「言うは易く、行なうは難し」であることはよくわかっている。筆者が十代の頃、あることに夢中になって間違った判断をし、それを諭《さと》されたことがあるが、そのときはその忠告を快く思わなかった。というのは、その忠告によって自分が未熟であることを思い知らされ、同時に、忠告をしてくれた人に対して劣等感さえ覚えたからだ。そして、その忠告は正しいかもしれないと思ったが、当時は素直に耳に入ってこなかった。一時的に夢中になって未熟な判断をしたとき、他人の忠告がいかほどの説得力を持つだろうか？　当時、こうしたいと思っていたことを、しないようにするすべはあったのだろうか？

キャズムを越えようとしているハイテク企業にも、まったく同じことが言える。要は、彼らに求められているのは、「自分がしたいことをする」のではなく、「自分がしなければならないことをする」ということなのだ。

無事にキャズムを越えるためには、会社自身が変革しなければならない。これまでの家族色の強い雰囲気を抑え、個人の成果のみを重視することをやめ、チーム全体で会社を前進させていく体制を確立しなければならない。イノベーションをやめよとか、創造性を犠牲にせよとか言っているわけではない。大切なのは、会社全体のエネルギーを、実利主義者の要求を満たす方向に振り向けることなのだ。ここで、社員のあいだの信頼関係を損ね、権威主義的な経営体制を作れと言っているわけでもない（実際のところ、キャズムの前後で経営方針が変わってはならない）。初期市場で成功を収める原動力となってくれた社員の資質や能力を再評価し、それをメインストリームで成功するための力に変化させていくことが重要なのだ。その結果、これまでの社内の信頼関係が本物であったかどうかを試されるのも事実である。

財務、組織開発、製品開発などの各部門が果たすべき役割はキャズムの前とあとで大きく異なり、その変化についていけない社員がいるかもしれない。そのようなときに企業がなすべきことは、キャズムを越えたあとの行動規範を社員に説いて回ることではなく、むしろ彼らが状況をしっかりと認識し、この先、自分が活躍できる分野について理解を深めるための支援をすることである。それを正しく行なえば、あとは自分で最適な道を探すであろう。

このことを念頭に置きながら、キャズムを越えた企業が越える前から受け継ぐ大切な業務の一つを、まず見てみよう。それは財務である。

財務上の決断◆ホッケースティックを折る

キャズムを越えたあとにすべきことは利益の計上だ。これはいくぶん過激な発言かもしれないが事実である。しかし、キャズムを越える前はそれが主目的でないことをここで確認しておきたい。

初期市場では、テクノロジーやサービスや各種のアイデアが一体となった製品を作り出し、その製品に対する需要が現実に存在することを証明するのが第一の目標であった。このとき、売上はその需要の大きさを測るための手段としては有効だが、そこから得られる利益に大きな期待が寄せられているわけではない。要するに、初期市場においてベンダーが主目標とすべきは利益ではないのだ。

キャズムを越える前は、利益にかぎらず、他のいかなる財務指標も企業活動の主目標にはならない。一攫千金の夢が社員のあいだでとりざたされることはあるが、それもまた、彼らにとっての主たる目標ではない。彼らが初期市場を対象にしている企業で働く最大の理由は、上司に束縛されずに比較的自由な環境で仕事ができ、最新技術に携わることができ、大企業では考えられないような大きな責任を与えられるからである。彼らが長時間の労働をいとわない大きな理由がここにある。たしかに一攫千金を夢見ているというのは嘘ではないが、多くの場合、彼らの理不尽な行動を家族や友人に対して説明するときの言い訳にすぎない。

つまり、初期市場を相手にしている起業家の中には、利益を出すことを本気で考えていない者もいるということだ。世の中には、利益が彼ら起業家の動機づけとなっていると説く経営論も多く、利益こそが彼らが他の仕事に目もくれないでいまの仕事を続けている要因であると教えているが、実はそれだけではない。そして不幸なことに、利益を出そうという強い動機づけが働いていない場合には、将来実現できるかどうかわからないような、いいかげんな財務計画を作ってしまうものである。そのような財務計画としていろいろなものがあるが、もっとも一般的なのは、**売上予測をホッケースティック曲線で描いたもの**である。

世の中には、財務に強い起業家もいればそうでない起業家もいるが、概して彼らは理解力には優れている。利益が必要だとベンチャーキャピタリストが言えば、起業家は素直にその方向で計画を作り、その結果、お決まりの「ホッケースティック曲線」を描いて投資を得るのである。この種の計画は、利益ができるかぎり長期間にわたって増大せず、ある時点に達したとたん、急激に立ち上がってどこまでも伸びるように作られるのが普通だ。計画はこのうえなく精緻に作られているが、まともな人間にはとても理解できないものである。その意味において、シェイクスピアの手になる愛の十四行詩《ソネット》と類似するところが多い――あとからトラブルに見舞われるという点においても。

ホッケースティック曲線は表計算ソフトによって作成されることが多いが、表計算ソフトで投資計画を作ると決めたのは、投資の世界における最悪の判断だったという意見も多い。表計算ソフトを使えば、売上の成長率をパラメータとして与えるだけで、あとは表計算ソフトが全部やってくれる。理屈のうえでは、この売上曲線は、市場の成長に伴って企業が受け取るものを示しており、この曲線を「マスターライン」としてその他の値が決まってくるはずである。そして、それをもとにして利益が出るかどうかを検討すべきなのだ。

ところが実際には、売上曲線は、マスターではなく「スレーブライン」として作られており、しかも、二つのマスターに仕えるスレーブなのである。一つめのマスターはコストであり、コストの増大に伴って売上も増えるように作られている。そして、二つめのマスターは、ベンチャーキャピタリストが期待するホッケースティック曲線である。このような背景で作られる売上予測に、いかほどの意味があるだろうか。そして、数値が確定すれば、あとはマーケットアナリストが書いたレポートを適当に裏づけとして引用し、その他の資料が「信頼できる根拠」として添付されるのだ。もともと恣意的に作られ、実態とかけ離れた売上計画に、このようにして「正当性」が与えられるのである。

さて、現在使われているハイテク市場の成長モデルが正しいとするならば、このホッケースティック曲線が常に実現されているはずであり、百歩譲ったとしても、その実例がもっと数多く出現しているはずである。ところが現実には、売上はホッケースティック曲線ではなく、**階段状のライン**で伸びていくことが多い。つまり、初めは初期市場の成長に伴って売上が急激に伸びるが、その後、売上の伸びがぱったりとやみ（キャズムに入っている段階）、そしてキャズムを越えたあとに、メインストリーム市場の成長に伴って再び急拡大する。このあと、メインストリーム市場の他のセグメントに顧客が拡大していくにつれて急成長と横ばいをくり返し、階段状のラインがかぎりなく続いていくのである。さらに、支配するセグメントが増えるにつれて、それぞれのセグメントにおける売上の増加と減少がたがいに相殺し合い、ウォール街が好む安定成長へとつながるのである（実際問題、このような状況にたどり着くのは、ほんの一握りの成功したハイテク企業だけであり、他の多くのハイテク企業は、売上も上下に変動しがちであり、些細なことが原因で株価が大きく下落することも珍しくない）。

売上予測に関しては、ホッケースティック曲線よりも階段状ラインのほうが現実的である。多くのハイテク企業が行なっているように、ホッケースティック曲線をもとにして投資家から出資を得ると、あとから災いを招くことになる。つまり、このホッケースティック曲線に示される売上を実現できなかった場合には、その後、投資家に追加出資を要請し、その結果として創始者の持株が大きく希薄化するか、あるいは追加出資を得られずにキャズムの底に沈むかのいずれかとなる。これはまさに、第1章に記した「あるハイテク企業の物語」そのものである。

ところで、ベンチャーキャピタリストは以前からこの問題に気づいており、中には、このようにしてスタートアップ企業が破綻していくのを待っているベンチャーキャピタリストも存在する。企業が不振に陥れば、その企業を安値で買い取ることができるからだ。このようなベンチャーキャピタリストは、第3章でも述べたように、バルチャーキャピタリストと呼ばれている。しかし、そのような戦略はルーズ・ルーズ(両方が損をする)の結果に終わり、賢明な投資家はそのことをよく知っている。そして、そのような状態は「キャズム」というよりも、むしろ「デス・バレー(死の谷)」と呼ぶべきものであろう。

もしキャズムに陥っているならば、そこから抜け出すにはどうすればよいか? 実は、この質問は二つのグループに対して向けられることになる。一つは、資金を供給している投資家に対して。もう一つは、経営を任されているハイテク企業の経営者に対して。このようなとき、投資家は、企業に対する評価と期待収益について考え直さなければならない。一方、経営者は、資金を使う時期と利益を計上する時期について見直さなければならない。これらの点について、もう少し詳しく見ていこう。

ベンチャー投資家の役割

投資というものは、あるかぎられた時間内に、いかほど優れたパフォーマンスをあげられるかに対する賭けであると言ってよい。しかし、キャズムに陥っているときには、そのパフォーマンスを左右する変数を見直さなければならなくなる。投資家の立場からすれば、まず知りたいのは、「キャズムはどれほどの大きさか?」ということであろう。これを専門用語で言い換えれば、「十分な大きさを持つメインストリーム市場から安定したROI(投資収益)を得るまでに、どれほどの期間を要するのか？」ということになる。

この質問に対する答えは、「顧客が必要とするホールプロダクトを作り出し、顧客がそれを購入するまで」となる。キャズム・モデルによれば、ホールプロダクトが市場に認知されて初めて、メインストリーム市場の形成が始まる。言い換えれば、「ホールプロダクトが一般化すれば、市場は急速に立ち上がる」ということだ。このとき、ホールプロダクトの核となっているベンダーを中心にして市場が成長するのが普通だ。

では、市場が立ち上がるまでの期間を推定することは可能だろうか？　その答えは「イエス」である。ターゲット・カスタマーならびに「購入の必然性」を子細に分析し、さらにホールプロダクトの構成要素について詳しく調べてみれば、投資効率《パフォーマンス》を測る各種の尺度について、事前に十分な精度で予測をすることができる。これは科学でもなければ黒魔術でもない。要するに、これは一種のビジネスプランだ。

もし、このビジネスプランが信頼できるものならば、他にもいろいろ聞きたいことがあるだろう。たとえば、「この市場の大きさは？」という質問だ。そして、この質問に対する答えは、「マーケットの大きさは、『購入の必然性』の強さと、ホールプロダクトがその『購入の必然性』にどこまで応えられるかによって決まる」となる。わかりやすく言えば、「市場は、顧客の購入意欲が消滅するところ、あるいはホールプロダクトがもはや機能しなくなるところまで成長し、そこで成長が止まる」ということだ。逆に、市場に関するこの二つ以外の要素、たとえば、提携企業、競争相手、ポジショニング、販売チャネル、価格設定などが市場の規模に影響を与えることはない。ただし、それらの要素は、製品が市場に浸透するスピードに大きな影響を与える。さらに、自由市場経済が正常に機能しているならば、そしてそこに市場が存在しているならば、ここにあげたすべての要素が、いずれはしかるべき地点に落ち着くこととなる。

ここに述べたことが間違っていなければ(間違っていないかどうかはさらに吟味してみる必要があるが)、投資活動に大きな影響を与える要素はすべて合理的に決定でき、古代メソポタミアで行なわれていたように生贄を使って占う必要はまったくないのである。市場の大きさ、製品が市場に浸透するスピード、マーケット・リーダーになるために必要なコスト、マーケットシェアなどは、すべてかなりの確度で推定することが可能だ。

さてここで、ベンチャー投資家が投資先企業を成功に導くために実行すべきことを掲げてみよう。

◆投資先企業のビジネスプランで、キャズムが想定されているかチェックする。
◆将来の大きな市場を考えるだけではなく、Dデー作戦の対象となるようなターゲット・カスタマーを意識させる。
◆ターゲット・カスタマーにとって本当に「購入の必然性」がある製品かチェックさせる。
◆ホールプロダクトを構築させ、しかるべきパートナーや提携企業が見つかるように手助けをする。

◆市場規模が推定通りかを確認するために、途中で得られた結果を使ってくり返し検証させる。

◆小さな魚を性急に大きな池に投げ込まないように注意する――競争力とポジショニングの問題。

◆キャズムをわたり終えるまでは、販売チャネルを優遇させる。

これらを要約すると「キャズムを越えるための一連のルールに従って、かぎられた予算をうまく管理させる」ということになる。

ベンチャー企業経営者の役割

まず、ベンチャー企業経営者にとって最大の関心事に目を向けてみよう。その関心事とは、「ベンチャーキャピタルによる出資金はいつまでもつか？ そして、いつまでにキャッシュフローを収支均衡《ブレークイーブン》させなければならないか？」ということだ。この質問に対する答えは次のようになる。まず、キャッシュフローをプラスに持っていかなければ、将来に向けて約束されるものは何もない。自分の運命を自分で決めることもできない。当然、経営者は、一日でも早く利益を計上したいと考える。実際、比較的小資本で運営できる企業は、初期の頃から利益を目標にすることが珍しくない。初期市場では、ビジョナリーが小資本のスタートアップ企業に対して、コンサルティング料金や前払いのロイヤリティを支払うことがある。このような前払いロイヤリティは、会計上はすぐに売上として計上することは許されないが、キャッシュフローの改善には大いに貢献する。つまり、このような受取金があれば、資本金に手をつけなくて済むからだ。

当初から利益を目指すことの最大のメリットは、あとになって利益を出すために四苦八苦しなくてよいという点にある。企業が長期にわたって何度も投資家から出資を受けていると、いつのまにか「福祉国家メンタリティー」に陥ってしまう危険性がある。つまり、資金に対する危機感を喪失し、資金がなくなれば投資家から次のラウンドの出資を期待するようになるのである。逆に、利益を目標にしていれば、脇道にそれることがない。それは、企業が資源配分に対して真剣にならざるを得ないからだ。そして利益を目標にしていれば、製品を市場に浸透させる期間を短縮させる効果がある。それは、市場こそが自分たちの給与の源泉であることをみなが理解するからだ。最後に、やがて資金市場から資金調達をする段になったときに、投資家に対して高い企業価値を認めさせるためには、製品の市場性に加えて、実際に企業が利益体質になっていることが大切なのだ。

実際、利益を強く意識すると企業に体力がついてくるため、なぜもっと早くそうしなかったかと思うほどであるが、初期の頃に企業が利益を度外視するケースが二つある。一つめは、新たな製品カテゴリーを作り出して市場に参入するコストがあまりにも大きいため、初期の頃に受け取るわずかなコンサルティング料金では利益を出せないケースである。特に業態が製造業の場合にはこの傾向が強い。

ただ、最近は製造を外部委託することも多く（たとえばシスコが販売する製品のおよそ四五パーセントは同社を経由しない）、半導体の製造をファウンドリー会社に外部委託するファブレス（工場を持たない）半導体企業が存在するかと思えば、メモリ・インターフェース・アーキテクチャを他社にライセンス供与しているランバス社のように、半導体を製造しない半導体企業すら存在する。要するに、このような企業は、製造ラインを組み上げたり在庫を持ったりしないで、開発チームを組織し、エンジニアリングに特化しているのである。もちろん、このような企業にも通常の企業活動に伴うコストが発生するが、ベンチャーキャピタルはこの種の企業に進んで出資をする傾向がある。

初期の頃に利益を度外視する、二つめのケースは、製品カテゴリーの認知度が急速に高まっており、新参者として利益を考えている余裕がないというケースである。たとえば、インターネット市場の急速な拡大に伴って、未開の土地を一刻も早く獲得するために多くの企業が利益を度外視してマーケットシェアを争うようになった。検索エンジンのグーグル、オンラインショップ（最近はウェブサービスも）のアマゾン、ＳＮＳのフェイスブック。これらの企業の時価総額はみな急増し、現在、競合他社を寄せつけないほどになっている。そして、この種の争いではスピードが勝敗の決め手となり、二番手以下は一番手に大きく引き離されることになる。つまり、大きな先行投資を迅速に行なうのが成功の秘訣なのだ。

さて、市場開発に向けてハイテク企業経営者が資金の使い道を考える際に、もう一つ大切なことがある。それは、キャズムを越えるときには、初期市場を開拓するときより多くの資金を要するということだ。そもそも初期市場は、多くの資金を投入すれば開拓できるというものではない。たとえば、一九八〇年代にはオンラインのプロディジーやＩＢＭのＰＣジュニアが、一九九〇年代にはアップルのニュートンのようなペン入力式コンピューターが、そして、過去一〇年のあいだには在庫管理用のＲＦＩＤや次世代送電網のスマートグリッドなどが、初期市場を形成するために多大な苦労を重ねたという歴史がある。いくら費用をかけてもテクノロジー・マニアとビジョナリーの心を捕らえられないということがあるのだ。

たしかに、初期市場とはいえ最小限の資金投入は必要である。見込み顧客を訪問してデモを見せなければならないこともある。客先からの問い合わせに答えるため、専門の要員も配備しなければならない。広報にも少なからぬ費用が必要となる。特に、製品発表に関する各種イベントは初期市場での成功に欠かせないものである。しかし、初期市場では大々的な広告宣伝は不要であり、パートナー作りのために資金を費やすこともない。ベンダーがある程度の認知度を得るまでは、このような分野に資金を投入してもその効果は薄い。

しかし、いったん初期市場でマーケット・リーダーとなれば状況が大きく変わってくる。そうなったあとは、パートナーや提携企業を確保し、そして彼らと協力してホールプロダクトを作るために、多くの資金を必要とするようになる。販売チャネルについても同じことが言える。市場に需要を作りだし、供給側である販売チャネルに十分なインセンティブを与えることが必要となる。さらに、この時期には新聞記者との関係作りや、マーケティング及び広告宣伝などの、対外コミュニケーション活動が企業活動の重要な役割を占めるようになる。

要するに、市場開発のために資金を使うのはこのときなのだ。ただし、ここに述べたような活動を開始するのは、初期市場でマーケット・リーダーとしての地位を確立してからである。さらに、キャズムの段階ですべての資金を使いきってはならない。この二つを念頭に置いてビジネスプランを作成すれば、多くのトラブルを回避できるだろう。

組織の改革◆開拓者から移民へ

ここで、財務の問題から人材の問題に目を転じてみよう。ビジョナリーと実務主義者は、キャズムをはさんでたがいに対岸に位置しているが、キャズムによって分離されているのは顧客だけでなく、ベンダーの社員もその例外でないことを忘れてはならない。キャズムを越えたあとに再びキャズムに落ち込まないようにするために、企業の体質を変革させる必要があるのだが、それは楽な仕事ではない。言ってみれば、これは**企業の体質を開拓者から移民に変える**ようなものなのだ。

開拓者というのは、テクノロジーの限界をどこまでも追い求める人たちである。彼らは、組織的な動きを不得手とする。システムのインフラ部分を作ることにも関心はない。開発プロセスを文書化することすら好まない。彼らは何か偉大なことを達成したいのだ。そして、その可能性がないとみれば、さっさと立ち去って行く。とはいえ、初期市場の主役は彼らであり、彼らなくしてハイテク製品が生まれないのも事実である。

いずれにせよ、キャズムを越えたあとに、このような人たちが企業にとってお荷物になることがある。彼らはイノベーション向きの人材であり、管理型の企業になじまないからだ。業界標準とか、共通インターフェースとか、導入済みソリューションのメンテナンスなどというようなものは、「ハイテク開拓者」にとっては無縁の存在だ。そういうものが目の前に現れそうになったとき、彼らはすでにどこか他の地を探し始めていることが多い。彼らには譲歩という観念が薄く、チームでものごとを進める人たちとうまくやっていけないことがある。よって、製品重視の初期市場から市場重視のメインストリーム市場にベンダーが進んだあとには、開拓者をどこか適切な場所に移すことが必要になってくる。社内の他の先進的なプロジェクトで活躍場所があればそこが最適だ。しかし、そのようなプロジェクトがない場合には、本人の才能が生かされる他の会社も選択肢の一つとなる。

一方、営業部隊についても同じことが言える。初期市場の前線で活躍した「ハイテク営業開拓者」は、ビジョナリーに製品を売り込むプロである。テクノロジーと製品についてよく理解しており、その製品によってビジョナリーの夢を実現させるすべをわきまえている。営業部隊は、ビジョナリーが使う用語を駆使し、ビジョナリーが達成したいと思っている革新について理解しており、ビジョナリーがこうしてほしいと思うような方法で製品のプレゼンテーションをすることができる。ビジョナリーの希望を理解してそれを製品開発者に伝えることができ、ビジョナリーが望むような方法で製品のデモを実施し、ビジョナリーの購買意欲を刺激することができる。そして、大規模システムを提案することを好み、大きな受注を狙う。営業部隊はビジョナリーのお気に入りであり、彼らなくしては初期市場でマーケット・リーダーになることは不可能に近い。

しかし、エンジニアの場合と同じように、このような営業マンはキャズムを越えたとたん、お荷物となってしまうおそれがある。彼らは、せっかくキャズムを越えた会社を再びキャズムに引き戻しかねない存在となるのだ。彼らの問題点は、キャズムを越えたあとでも、ビジョナリーに対する営業、つまりホールプロダクトのカスタマイズを伴うような営業をいつまで経ってもやめないことである。このような仕事を受注するのは、これからメインストリーム市場に専念すべきR&D部門の戦力の一部を、このビジョナリーの仕事に振り向けることを意味する。キャズムをあとにしてメインストリーム市場に突き進むためには、このような個別開発をやめて、ホールプロダクトの標準化を早急に確立しなければならない。そのためにR&D部門は多くの業務をこなさなければならず、いまや個別の、しかも手のかかる開発をしている暇はないのだ。要するに、メインストリーム市場において「ハイテク営業開拓者」はもはや必要とされず、キャズムをあとにしようとしている営業部門にとって阻害要因とすらなるのだ。

「ハイテク開拓者」と「ハイテク営業開拓者」は、ともに初期市場における功労者だが、キャズムを越えたあとには必要とされなくなる。そのため、彼らを再配置しなければならなくなるのだが、それを誰がするのだろう？　そもそも、彼らがこれまでに畜えた知識や経験はこの先はまったく必要ないのだろうか？　彼らのあとを引き継ぐのは誰だろう？　これまでの功績を考えるなら、彼らを追いやるような行為は道義にかなうことだろうか？

キャズムを越えたベンダーは、例外なくこの問題に心を痛めることになる。そして、この問題にどのように対処するかによって、去って行く者ばかりでなく、残る者にとっても大きな影響が出る。

この問題に関して、失敗は許されない。

まず、道義的な問題から始めよう。世の企業や官公庁が、物を捨てるように社員・職員を解雇して彼らの生活を脅かすことがしばしばあるが、結論から言えば、これは道義にかなっていない。これは、不要になった社員を排除するという姿勢で臨むべき問題ではなく、あらかじめ先を見越して、事前にたがいに了解しておき、計画し、準備しておくべき問題なのだ。そもそも、開拓者は一定の地に安住することを好まない傾向が強い。安住は本人にとっても、会社にとっても、望むところではない。最初からこの事実をたがいに認識し、メインストリーム市場で成功することが究極の目標であること、それが達成されれば初期市場で活躍した者の任務はとりあえず終わることをみなが事前に了解していれば、キャズムを越えたあとにさらに前進を続ける方法はあるはずだ。では、具体的にどうするか、キャズムを越えたあとの報酬体系をどうするか、といった問題は、キャズムを越える可能性が見えてきたとき、つまり「移民」となるべき人たちを迎え入れる段階になったときに議論すればよい。

言うまでもないことだが、移民は開拓者と同じことをしようとせず、開拓者がしなかったこと、場合によっては開拓者が考えもしなかったことをしようとする。とはいえ、現在の社員、管理体系とそれに伴う権限、そして予算などはすべていったん引き継がれる。そして、彼ら移民は、移民と開拓者のあいだに壁を立て、「手続き」という名の法律を作って、西部開拓時代に起きたような移民と開拓者による土地争いに備えるのである。ベンダーがこのような内部変革をなし遂げることは、信頼性と安定性を好み意外性《サプライズ》を忌避しようとする実利主義者にとっては望むところだが、開拓者にとっては喜ばしいことではない。このような内部変革をスムーズに進めていくには、いったいどうすればよいのだろうか？

新たな職務

内部変革をスムーズに進める鍵は、キャズムを越えるときに二つの新たな職務を作り出すことにある。一つは**ターゲットマーケット・セグメント・マネージャー**、もう一つは**ホールプロダクト・マネージャー**と呼ばれる職務である。どちらもキャズムを越えるまでの暫定的な職務であり、キャズムを越えれば本来の職務に戻ることを前提としている。その本来の職務とは、前者は**業種別**《インダストリー》**マーケティング・マネージャー**であり、後者は**プロダクト・マーケティング・マネージャー**である。現実には、担当者はこれらの職務を前提に採用され、名刺に印刷する肩書きもこちらのほうが妥当ではあるが、無事にキャズムを渡り終えるまでは、先に述べたような特命を与えられることになる。その二つの特命についてこれから詳しく見ていこう。

ターゲットマーケット・セグメント・マネージャー

ターゲットマーケット・セグメント・マネージャーの使命はただ一つ。それは、**初期市場でビジョナリーとのあいだに築いた関係を発展させて、メインストリーム市場におけるそのセグメントに基盤を築くこと**である。たとえば、シティコープが初期市場における顧客なら、同社との関係を活用してメインストリーム市場の金融業界に基盤を築くことである。エトナならば保険業界、デュポンならば化学業界、インテルならば半導体業界といった具合だ。

そのための具体的な手段は、まずターゲットマーケット・セグメント・マネージャーをビジョナリー顧客に対する営業責任者に任命し、すぐさまその顧客の業態について徹底的に学ばせることである。そのために彼がしなくてはならないのは、以下のようなことだ。

◆業界の展示会に出かけ、業界紙に目を通し、業界の人たちに会い、業界のシステムを理解しなければならない。このとき、最初は顧客企業から始め、その後、業界全体に活動範囲を広げていくという手順を踏むことになる。

◆同時に、彼は現在進行しているビジョナリーのプロジェクトの責任者としても任命され、このプロジェクトが実行可能なフェーズに分割されて進められているか確認し、顧客企業内のエンドユーザーからのフィードバックを入手し、プロジェクトの各フェーズのアウトプットを商品化すべく、社内の人間に検討させる。

◆さらに、彼はホールプロダクト・マネージャーと協力し、ビジョナリーのプロジェクトのどのアウトプットがホールプロダクトの一部になるのかを検討する。そして彼が目指すところは、ビジョナリーのプロジェクトで顧客独自の修正が加えられることをできるかぎり排除し、開発チームの負担を減らすことである。

ここで、ターゲットマーケット・セグメント・マネージャーは、担当した顧客企業から新たな収入を得ることを期待されてはいない。というのは、進行中のプロジェクトの費用についてはすでに合意済みというのがビジョナリーの認識だからだ。ターゲットマーケット・セグメント・マネージャーが期待されていることを要約すれば、次の三点となる。

1◆このベンダーにとっての**第一号ユーザーのプロジェクトを可及的速やかに、かつ成功裏に終わらせる**。それが達成されれば、この顧客からの追加発注による収支改善が期待でき、同時に、ターゲットマーケット・セグメントにおける先行事例ができることになる。実は、多くのベンダーがここで躓き、何年たっても大手ユーザーの先行事例を他の見込み顧客に紹介できないでいる。実利主義者が知りたいのは、誰が製品を買ったかではなく、誰がその製品を使って業務改善を行なったかだ。この点を忘れてはならない。

2◆第一号ユーザーのプロジェクトが進行しているあいだに、ターゲットマーケット・セグメント・マネージャーの後任となるべき、本当の営業責任者を顧客に紹介しておく。その後は(そして願わくば、その後も何年かにわたって)、この営業責任者がこの顧客を担当することになる。ただ、この時点で「ハイテク営業開拓者」がまだ在任しており、ビジョナリーと接触を続けている可能性がある。しかし、日々の業務はすでに彼の手を離れており、それは彼にとってさしたる問題ではない。というのは、この先のこまごまとした顧客対応業務は「開拓者」としての自分のすることではなく、「移民」である営業マンの仕事だと認識しているからだ。

3◆進行中のプロジェクトから得られたノウハウを活用して、業界全体が抱えている問題を解決できるようなホールプロダクトを作り出す。それは自社の製品となるものであってもよいし、あるいは製品の部品となるものであってもよい。いずれにしても、このような既存の製品ラインに対する機能追加は、製品に付加価値を与え、競争相手に対する参入障壁となる。

ターゲットマーケット・セグメント・マネージャーが対外的に前述のような努力を重ねる一方、社内においても特命を帯びる職務がある。それは、ホールプロダクト・マネージャーであり、キャズムを越えるときにのみ必要とされる職務である。つまりこれは、初期市場のプロダクト・マネージャーからメインストリーム市場のプロダクト・マーケティング・マネージャーへ移行するときの過渡的な職務である。この三つの役職は名前も似ていて紛らわしいので、それらの違いを簡単にまとめておこう。

プロダクト・マネージャーは開発部門に属することが多く、製品仕様ならびに出荷計画に責任を持つ人間である。これは内部管理を目的とした職務であり、マーケティング部門と開発部門の調整役ともなる。そのため、この職務を遂行する者は技術に詳しく、なおかつプロジェクト管理能力に秀でた人材でなければならない。ときには、会社がこの職務をマーケティング部門の中に置こうとすることがあるが、社内の反対によって実現しないことが多い。

プロダクト・マーケティング・マネージャーはマーケティング部門に属することが多く、開発部門に属することはまずない。計画通り製品を市場に投入することを主たる任務とし、そのため販売チャネルとの綿密な連携も必要となる。さらに、ターゲット・カスタマーの選定から価格設定に至るまで、キャズムを越えるときに必要とされた機能もプロダクト・マーケティング・マネージャーが引き継ぐことになる。このことからわかるように、プロダクト・マーケティング・マネージャーというのは、常に視点を社外に置いていなければならない職務である。

プロダクト・マネージャーとプロダクト・マーケティング・マネージャーを区別していない企業も中にはあるが、これは誤った判断である。二つの異なる職務を一つにまとめると、どちらの成果も中途半端なものとなるおそれがある。それは、ある職務を得意とする者が必ずしも他の職務も得意とするとはかぎらないからだ。

さて、いよいよ**ホールプロダクト・マネージャー**だが、これは、やがてプロダクト・マーケティング・マネージャーになる者が担当する職務である。ここで「やがて」と言ったのは、いまはまだこの職務が必要とされる時期ではないからだ。キャズムを渡りきっていないこの時期には、ベンダーの製品はまだ市場に浸透しておらず、市場についての理解もまだ十分ではない。そこで、製品を市場に浸透させるために、ターゲットマーケット・セグメント・マネージャーが日々奮闘しているのだが、このときホールプロダクト・マネージャーの手元にあるものは、製品に関する山のようなバグレポートと機能改善要望書だ。そして大切なのは、**このバグと改善要望が適切に処理されないかぎり、ベンダーの開発部門は破綻する**ということだ。

バグと改善要望を適切に処理し、それによって社内文化を「開拓者」から「移民」に変えるための最善策は、バグと改善要望に対する責任をプロダクト・マネージャーからホールプロダクト・マネージャーに移管することである。この時点で誰がプロダクト・マネージャーを務めていようとも、その人間は間違いなく「開拓者」である。そうでなければ、ベンダーはここまで到達できていないからだ。しかし、彼はこれまで初期市場の顧客に約束したことを最優先に実行しようとするだろう。そして、この先も彼が製品仕様に責任を持ち続けることの問題点がそこにある。残念なことに、このような約束が履行されても実利主義者にとって何のメリットもない。もちろん、このような約束は、それが双方の合意のもとに破棄されないかぎり、履行を免れるものではないが、それを最優先にするというところが問題なのだ。そうではなく、キャズムを越えるときに最優先されるべきは、メインストリーム市場を代表する実利主義者の満足度を高めることである。これは、開発部門の力をできるかぎりホールプロダクトの強化に振り向けることを意味するものであり、責任者を変更しなければならない理由がここにある。

この責任者の変更がスムーズに実施されたら、ベンダーは製品重視の企業から市場重視の企業へと舵を切ったと言える。メインストリーム市場が視野に入ってきて、マーケットリサーチと顧客インタビューを通して市場ニーズを的確に捉えられるようになったら、「ホールプロダクト・マネージャー」の役割は、彼女が名刺に刷っている本来の肩書きに一歩近づいたことになる。その肩書きとは、「プロダクト・マーケティング・マネージャー」にほかならない。しかし、この責任者の変更をあまりにも早い時期に実施するのは賢明でない。初期市場では製品重視の姿勢を貫くべきであり、そのためにもプロダクト・マネージャーに強い権限が与えられなければならないからだ。ところが、キャズムを越えるときにこの責任者の変更を実施しないのも、同様に賢明な策ではない。この時期には、プロダクト・マネージャーの手元にある機能改善リストの項目が日々増大しており、メインストリーム市場よりも初期市場を優先してしまう危険性があるからだ。

ここまでに述べたことをまとめてみよう。キャズムに陥った初期の頃、企業はまだ、強力な権限を持った「開拓者」、すなわち少数の営業マンとプロダクト・マネージャーによって支配されている。しかし、メインストリーム市場に近づくにつれて、その権限は、複数人の営業責任者、業種別マーケティング・マネージャー、そして、プロダクト・マーケティング・マネージャーに広く委譲されなければならない。このような権限の委譲は「開拓者」にとって愉快なことではなく、彼らの決断力や決断スピードを著しく阻害するものとなる。その結果、彼らは去って行くのである。

報酬に対する考え方

社員への報酬は企業経営にとって根本的な問題であり、この問題に対する取り組み方を誤ると社員のあいだに失望やフラストレーションが広がり、設立後まもない企業にとって致命傷になりかねない。現実には、「開拓者」の貢献度と「移民」の貢献度を区別せずに、同じ尺度で評価している企業が多いが、そのような報酬体系は、結局その両者を差別していることになる。結果として、報酬体系が社員の望ましい行動に報いるどころか、逆にそれを抑制するようなものになっていれば、企業は重大な問題を抱えることとなる。

ところで、報酬体系の詳細について議論するのが本書の目的ではなく、またそれは筆者の手に余るものであるが、この問題を考えるときに見逃してはならない重要な点について、ここで触れておきたい。まず、営業担当者への報酬について考えてみよう。

営業担当者への報酬

初期市場で「開拓者」の営業担当者が成約する商談は、パイロットプロジェクトの推進を前提とした大きなものになることが多い。そのとき、かりに多額の前払いの支払いを受けたとしても、売上としてすぐに計上できるのはその一部だけであり、残りは前受金として会計処理するのが本来の姿である。そして、前受金の全額を売上として計上できるのは一年後というケースも珍しくなく、そのあいだに、ターゲットマーケット・セグメントのマネージャーも含め多くの人間がこの顧客に関与することになる。さらに一年後には、業務を受注した営業マンは在籍しないかもしれない。あるいは逆に、新規採用の営業責任者が着任して顧客を引き継いだとたんに大きな受注が転がり込むかもしれない。営業担当者に対する報酬は、どうすればよいのだろうか？

大切なのは、**新規顧客の獲得と既存顧客の育成を明確に区別する**ことである。後者は長期にわたって安定した収入をもたらし、どちらかと言えば目立たない仕事であるが、採算性は高い。したがって、既存顧客を担当している営業担当者への報酬は、**その担当者が顧客とのあいだで維持している受注期間の長さ、顧客満足度、収入の安定性といった要素をもとに決定されなければならない**。そして、報酬は一時金として支払うのではなく、一定期間にわたって支払うのが望ましい。さらに現在進行している顧客との関係は、それ自体が大きな価値を持つものであり、単に売上に貢献したというだけでなく、目標管理方式によって、顧客との関係を維持した実績に報いることも必要である。もしストックオプションが報酬の一部となっているなら、一度に大量のオプションを付与するのではなく、ある期間にわたって、しかもあとになるほど付与する量が増えるように設計し、顧客との安定的な関係に報いるのがよい。この職種はハイリスクではないため、報酬もハイリターンであってはならない。

一方、「開拓者」である営業担当者への報酬は逆であり、**営業担当者が新規顧客を獲得したら、それに対する報酬は一括方式で支払うのがよい**。新規顧客の獲得は企業の将来に大きな影響を与えるイベントであり、誰にでも達成できるものではない。新規顧客獲得の成功確率はきわめて低く、これは極度にハイリスクの営業活動である。よって、このような営業活動が成功を収めた暁には大きな報酬で報いるべきである。ただし、納品時に守れないような(最悪の場合には誰も知らないような)約束を顧客にして受注をすることを避けるために、報酬の支払いを決定する前に、受注内容を精査するプロセスを組み込んでおくのが望ましい。さらに、「開拓者」はいずれ去って行く可能性が高いので、ストックオプションなどのように一定期間にわたって支払う方式の報酬はそぐわない。要するに、「開拓者」の営業担当者への報酬は、一括払い方式の成功報酬にするのが望ましいということだ。一定期間にわたって支払う方式にすると、報酬を得るために必要とされない時期まで本人が在籍することもあり、さらに、あとで報酬を支払う段になって会社に支払い原資がないというケースもあり得るからである。

開発担当者への報酬

さて、次に「開拓者」としての技術者への報酬について考えてみよう。「開拓者」としての技術者は二つの範疇に分類される。一つは企業の創始者であり、もう一つは初期の頃に採用されたエンジニアである。前者は創設した企業の価値にすべてを賭けた人間であり、報酬という点についてここで議論すべきことはあまりない。本書を読んで、キャズムを越えるときのために発行株式を温存しておくことの重要性さえ学んでくれればよい。

問題は後者であり、コアプロダクトの大部分を自分たちが作ったというのが彼らエンジニアの言い分である。そのため、製品がメインストリーム市場で人気商品になれば、自分たちにはその果実の大きな部分を手にする権利があると彼らは言うだろう。しかし、それは誤った認識だ。さらに言えば、彼らにそれを手にする権利はない。これまで何度も見てきたように、メインストリーム市場で成功するかどうかは、ひとえにホールプロダクトにかかっており、コアプロダクトが決定要因になるわけではない。また、ホールプロダクトは多くの関係者のチームワークの賜物であり、その成功に対して、コアプロダクトを開発したエンジニアが大きな見返りを要求するのは正しくない。「開拓者」のエンジニアに要求する権利があるとすれば、それは初期市場で会社が得た利益の配分に対してだろう。初期市場で成功するかどうかはコアプロダクトの良し悪しで決定されるため、彼らにはその見返りを要求する権利がある。ただし、この時期には会社に余分な現金があるわけではないので、報酬として彼らに与えられるものはそれほど多くない。このような背景から、初期のエンジニアに対する成功報酬はストックオプションとなることが多い。しかしストックオプションは、この先キャズムを越えるときの担当者——これは少なくとも開拓者が得意とする役割ではない——にも付与しなければならず、エンジニアに与えられるストックオプションはかぎられた量となる。

要するに、適切でない報酬体系は資金の無駄遣いであるばかりでなく、社員のモチベーションを低下させることにもなるのだ。特にハイテク業界では、期待される成果が初期市場とメインストリーム市場とで異なり、その点を十分に考慮した報酬体系を作る必要がある。さらに、それぞれの市場において必要とされる人材の資質も異なり、一部の人たちは会社が利益を計上するようになる前に去っていくという点も考慮に入れた報酬体系になっていなければならない。これまでに掲げた各種の問題をつぶさに検討し、適切な報酬体系を作りあげることができれば、キャズムを越えるときの関係者の心労を大幅に軽減させることができるだろう。そして、この時期のベンダーにとって何よりも大切な勢いを失わないで済む。もしそれが実行できなければ、内部に矛盾を抱えた企業として先に進むこととなり、早晩、生産性の低さに悩まされることになる。

R&D部門についての決断◆プロダクトからホールプロダクトへの移行

ハイテク・マーケティングにおいては、キャズムを越えることが何よりも優先されなければならないことを本書の冒頭で述べた。そしてそれを受けて、ホールプロダクトがキャズムを越えるための鍵を握っていることをつぶさに見てきた。さてここでは、このようなホールプロダクトを前提としたハイテク・マーケティングが、企業のR&D部門に対して長期的にどのような影響を与えるかを考えてみたい。

まず、R&Dはハイテク企業の中核をなしている。ハイテク企業では、すべてがR&Dから始まり、テクノロジーが企業を推し進めている。そして、いずれは、製品を作ったり、市場を開拓したり、その市場を支配したりすることになるのだが、その根幹をなすのがテクノロジーだ。映画『フィールド・オブ・ドリームス』で、「作れば彼がやってくる」という天の声をケビン・コスナーが耳にするシーンがあるが、それにならえば、「製品を作ればみながやってくる」ということになろうか。ハイテク・ドリーム物語はそこから始まるのである。

ただし、それが夢《ドリーム》で終わってはならない。わたしたちがこれから作っていこうとしている製品も、市場も、そして企業も、やがては成長を始めるときがやってきて、わたしたちはそれに対応していかねばならない。そして、いったんこの活動が始まれば、R&D部門はコアプロダクトだけに専念してはいられなくなる。つまり、**これから先は、好むと好まざるとにかかわらずホールプロダクトをR&Dの対象にしなければならない**のだ。

ホールプロダクトR&Dを推進する場所は研究室ではなく、実は市場である。ホールプロダクトR&Dの根幹は創造的なテクノロジーではなく、十分に検討されたマーケット・セグメンテーションにある。ホールプロダクトR&Dは、素粒子の活動を観察することよりも、人間の習慣や習性を観察するところから始まる。ホールプロダクトR&Dは、『スタートレック』のエンタープライズ号のように「人類未踏の地を目指して突き進む」のではなく、詩人T・S・エリオットの「探求の末に行き着くところは出発した地であり、そこに至ってようやくその地について理解する」という言葉に近い。ホールプロダクトR&Dが目指すところは、新しいものを一から作り出すことではなく、既存のテクノロジーと製品をもとにして新たな製品を作ることである。そして、ホールプロダクトR&Dが求めるヒーローは、頭の中で宇宙を創造したアルベルト・アインシュタインのような人物ではなく、ピーナッツの用途を三〇〇通り以上も考案したジョージ・ワシントン・カーバーのような人物なのだ。

たしかに、これは人を魅了するような仕事ではなく、これまで軽視されてきた分野である。実際、ハイテク業界では、ホールプロダクトR&Dが「メンテナンス」と呼ばれたりすることさえあり、このメンテナンス業務の担当になることを嫌う者も少なくない。

世の中には、不連続なイノベーションを作り出し、それを次々と市場に投入することだけを考えている技術者も多く、あげくの果ては、製品のライフサイクルが短くなったと嘆くのである。要するに、彼らはキャズムの前の世界、すなわち初期市場だけを相手にしており、そこから一歩も抜け出せない人たちなのだ。それでは、メインストリーム市場にたどり着くことはとうてい不可能である。製品のライフサイクルが短くなったというのは、ある意味では正しい。しかし、ホールプロダクトのライフサイクルは必ずしもそうではない。アドビのフォトショップ、アップルのマックなどが形作るホールプロダクトがその良い例だ。

今後のハイテク・マーケティング

ホールプロダクトR&Dというのは新しい考え方であり、これは、ハイテク・マーケティングとコンシューマー・マーケティングを融合させたものである。その結果、これまでコンシューマー・マーケティングで使われていた各種の手法が、ハイテク・マーケティングにも応用できるようになった。ここで、マーケティングに関する二つの手法について考えてみよう。一つはフォーカスグループ「訳注16」であり、もう一つはパッケージングである。

フォーカスグループは、初期市場においてはほとんど役に立たないが、イノベーションが「連続な」ものとなり、主たる市場がメインストリーム市場に近づくにつれて、マーケティングの有効な手段となってくる。この段階でフォーカスグループが有効な手段となる理由は、製品がある程度市場に浸透すれば、フォーカスグループに参加する潜在顧客がその製品について予備知識を持つようになっているからである。そういう状況になるまでは、一般消費者が新しいハイテク製品の価値や使い方などについて語ることは難しい。しかし、消費者がそのハイテク製品に関する予備知識を持っていれば、フォーカスグループを通してターゲット・マーケット・セグメントの声を聞き取り、既存の製品を改善したり機能拡張したりするための参考にすることができる。フォーカスグループの参加者に期待されているのは、彼らが自分たちの経験や知識に基づいて意見を述べることであり、その意味で、主催者側にとって貴重な情報源となる。

コンシューマー・マーケティングがハイテク・マーケティングよりも進んでいるもう一つの分野について考えてみよう。それはパッケージングである。パッケージングというと、箱の色や、ロゴや、包装などを考える人も多いが、実は、パッケージングは箱の外だけではなく、中も対象としている。そしてパッケージングが最終的に目指すものは、顧客が製品を箱から取り出して、すぐに何の問題もなく使えるようにすることである。ハイテク製品については、この分野で解決すべき問題が多く残されている。今日、ハイテク製品のパッケージングが稚拙であるために、いかに多くの費用がカスタマーサポートのために使われているかを考えてみるとよい。

訳注16◆フォーカスグループ
潜在顧客を会議室などに集めて行なう市場調査手法の一つ。ファシリテーターと呼ばれる司会者の進行によって、参加者が自分の意見や希望などを表明する形式をとる。

これまで、フォーカスグループとパッケージングに関する調査研究は主にマーケティング部門によって実施されてきたが、現在のハイテク業界が行なっているマーケティングはまだまだ改善の余地がある。一般の人間には簡単と思えるような製品の機能変更が、実は技術的にたいへんな問題を抱えていることがあり、逆に実現は難しいと思われるような変更が、技術的に何の問題もなく、何かの副産物として実現できてしまうことがある。このいずれのケースも、開発部門とマーケティング部門が密に連絡を取り合っていなければ、見逃してしまいかねない問題である。この先、効果的なハイテク・マーケティングを進めていくためには、マーケットリサーチだけでは不十分であり、かといって製品開発だけに力を入れればよいというものでもない。これからはホールプロダクトR&Dが必要とされるのだ。そして、これはいままで独自に機能してきた社内の二つの部門、すなわち開発部門とマーケティング部門がたがいに協力し合うことによって初めて実現されることなのだ。

本書を終えるにあたって

最後に、これまで述べたことをまとめて本書を終えることにしたい。本書では、最初にこれまでのハイテク・マーケティング・モデルが抱える問題点、すなわち、「初期市場で成功を収めたあと、すぐにメインストリーム市場での成功が期待できる」という定説の欠陥を指摘した。そして、ビジョナリーと実利主義者が示す特性の違いを子細に分析することによって、初期市場とメインストリーム市場のあいだに、わたしたちがキャズムと呼ぶ時期、すなわち市場の成長が止まってしまう時期が存在することを示した。キャズムは企業にとって危険きわまりない時期であり、早急にそこを抜け出さなければならない。

次に、キャズムを抜け出すための戦略と一連の戦術について見てきた。基本戦略は、Dデー作戦にならってメインストリーム市場の中のターゲット・セグメントを一つ選定し、そこを攻略することである。そして、この攻略を成功させるために四つの戦術を採用することにした。

最初の戦術は**攻略地点の決定**だ。これは、ターゲット・カスタマーを決定し、「購入の必然性」を導き出すことを意味する。次にとるべき戦術は**侵攻部隊の集結**である。これは、パートナーや提携企業と協力してホールプロダクトを構築することを意味する。三番目の戦術は**戦線の見定め**である。これは、競争を作り出し、その競争相手との対比のうえで自社をポジショニングすることである。そして最後は、**作戦の実行**だ。このときには、販売チャネルを選定し、その販売チャネルを動機づけるための価格設定をすることが何よりも大切だ。

そしてこの終章では、キャズムを越える前にビジョナリー顧客に対してなされた約束が、キャズムを越えたあとの企業に累を及ぼさないようにするための方策をはじめとして、メインストリーム市場における企業の成長を促す方法について論じた。

さて、道案内人としての著者の責務はここで終わるが、ここが読者の成功への起点となることを心から願ってやまない。

補足1
ハイテク市場の発達段階

Crossing the Chasm の初版が一九九〇年に刊行され、その五年後に*Inside the Tornado* が刊行された。*Inside the Tornado* では、新たに生まれたテクノロジーが初期市場にはじまり、キャズムを経て、そしてボウリングレーン、トルネードを経験し、メインストリート市場に到達する過程を詳述した［図**8**参照］。以下では、著書 *Inside the Tornado* の要点を記し、あわせて、キャズムをさらに広い視野で眺めてみたいと思う。

世の中の新たなテクノロジーは、生まれてから社会に完全に定着するまでに五つの「状態」を遷移することが、**図8**から見てとれる。その五つの「状態」のそれぞれの特徴について、以下に要約してみよう。

初期市場

この段階の顧客はテクノロジー・マニアとビジョナリーであり、彼らは、他に先んずることを喜び

図8◆ハイテク市場の発達段階

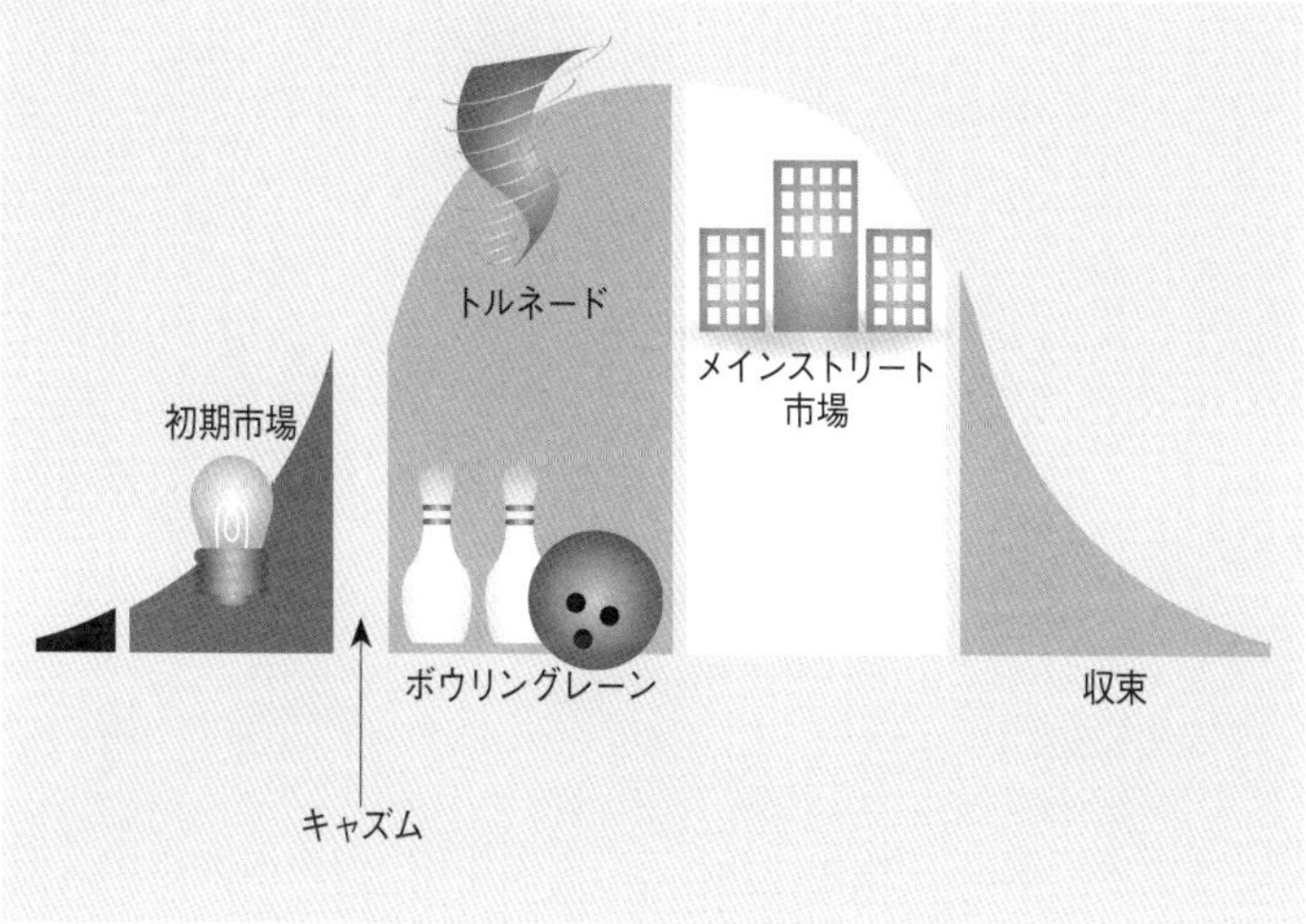

としている。ホールプロダクトはまだ形になっておらず、顧客の目標はプロジェクト方式で達成されることが多く、ベンダーは、自社製品を顧客のプロジェクトで正しく稼働させるためならなんでもするという姿勢を見せる。このとき、ベンダーのパートナーは、すでに顧客と接点のある大手のITベンダーやシステムインテグレーターであることが多く、彼らは、このプロジェクトを成功させて顧客との関係をさらに強化したいと考えている。

顧客の獲得はベンダーの直接営業によって行なわれ、ベンダーは不連続なイノベーションを携えて時代の先端をいき、ビジョナリーはそこに夢を見出す。ベンダーに対して、ビジョナリーが厳しい価格交渉をすることはまれである。ビジョナリーは、この投資によって業務に飛躍的な進歩をもたらすつもりでおり、プロジェクトを早期に完遂させるためなら、さらなる投資さえも覚悟している。ベンダーのライバル企業はまだ存在せず、抵抗勢力となるのは現状維持を望む顧客企業内の守旧派だ。さらに顧客企業内の実利主義者と保守派は、このような新しいイノベーションに賭けるのは愚かなことだと牽制するが、改革派とビジョナリーはこのプロジェクトによって業務改革を実現でき、業務効率も大幅に改善すると声高に主張する。

キャズム

本書ですでに詳述したため、ここでは説明を割愛するが、ハロルド・メルヴィンの歌にもあるように、「もし、ぼくのことに気づいていないのなら……」、それは危険な兆候だ。

ボウリングレーン

キャズムを越えるときに、橋頭堡となるマーケット・セグメントを選定したが、その橋頭堡に隣接する一連のセグメントを、ボウリングレーンと呼んでいる。これらのセグメントにおける新たなターゲット・カスタマーを、ターゲット・カスタマー同士の口コミによって見つけることもあれば、パートナーが関わっているエコシステムの紹介で見つけることもある。次のニッチ市場、つまり、次のマーケット・セグメントを攻略する方法は、キャズムを越えるときと同様だ。ただし、過去の成果を利用できるような環境にあれば、新しいセグメントを攻略するために必要な時間と労力を削減することができる。

セグメントが大きくなると、それが一つのニッチ市場を形成することもあるが、この次に述べる「トルネード」の段階に到達すれば、そこで複数のセグメントが一体化して新たなニッチ市場を形成することもある。ボウリングレーンの段階では、販売チャネルは販売の量よりも質に重きを置き、販売価格はコモディティー価格を上回るものとなる。また、ライバル企業に対する自分たちのポジショニングは、キャズムを越えるときと同様に、ターゲット・カスタマーを熟知した「代替手段」の競争相手と、テクノロジーに強い「対抗製品」としての競争相手のどちらにも勝てるというものでなければならない。

トルネード［超成長期］

これは、市場が劇的な変化を遂げる段階であり、たとえば、水が水蒸気に変わるときのような状態遷移と言えるだろうか(この比喩を用いれば、キャズムを越えることは、氷が水に変わるようなものと言えるだろう)。この段階では、顧客の同業者の多くが当該ベンダーの製品を採用し始めているため、顧客社内での採用に対する反対の声が少なくなっている。このときの「購入の必然性」は、「みなが新しいインフラを使い始めているので、我が社も使わないと乗り遅れる」というものだ。これまで、デスクトップPC、携帯電話、レーザープリンター、ウェブサイト、ノートパソコン、スマートフォン、タブレット、などがこのような段階を経てきた。

トルネードの段階では、購入の意思を示した顧客に対して、ホールプロダクトを即座に提供できるようになっており、パートナーは、ベンダーのコアプロダクトのリリースアップに迅速に対応できるような体制を整えている。そして、これまでベンダーとそれぞれのパートナーとの関係に大きな差はなかったが、この段階になると、パートナー間に序列が形成され始める（一九九〇年代のマイクロソフトやインテル、最近ではグーグルやアップルがその例だ）。

販売チャネルは、製品価格を廉価に抑え、広く販売する力を持ち、サービスレベルが高いチャネルが選ばれる。マーケット・リーダーの製品価格はもはや参考にされず、むしろ、低コストのコモディティー価格に近づくようになる。この段階では、ベンダーの競争優位性は、ターゲット・カスタマーの要求に個別に応える能力ではなく、製品のコストパフォーマンスによって決定されるようになる。ニッチ市場に対するマーケティングはこのトルネードの段階でも通用するが、価格のコモディティー化に対応するために、ホールプロダクトの価格設定を見直す必要がある。

このトルネードを経て、マーケットシェアがナンバーワンのベンダーになることができれば、大きな企業価値を作り出すことができる。特に、ベンダーのテクノロジーが専有性の高いものであり、顧客サイドのスイッチングコストが高くなっている場合には、ベンダーの立場は一層有利なものとなる。この点については、*The Gorilla Game*（邦訳『ゴリラゲーム』、高田有現、斉藤幸一訳、講談社、二〇〇一年）に詳しいので、そちらを参照されたい。

メインストリート市場

トルネードの特徴は、成長率がそれまでの何十倍、ときには何百倍にもなることだ。そして、トルネードの段階では、製品が市場に行き渡るまでこの成長が続く。しかし、やがてこの急成長が止まり、その後の成長が循環的なものとなり、成長率が一桁台に落ち込むようになる。とはいえ、製品のコモディティー化が進むこの段階においても、機能性に優れていればまだ競争力を保つことは可能だ。

逆に、製品に付加価値があれば、それを梃子にしてターゲット・マーケット・セグメントに対して、少し手の込んだサービスを提供することにより、収入増を図ることができる。このような、「少し手の込んだサービス」によって、ホールプロダクトに付加価値を与えたものを「ホールプロダクト＋1」と呼ぶことがある。この場合には、元のホールプロダクトに比べて、価格は平均して一〇・一五パーセント高くなるが、利益は五倍から一〇倍ほど大きくなる。

メインストリート市場（メインストリーム市場と同義）では、ベースの製品価格を安くして、その後の使用料で収入を賄おうとするケースがある。携帯電話がその例だ。このような商品に最適の販売チャネルは、セルフサービス型だ。その理由は、利益率は高いが収入の絶対額が低いので、人手をかけると利益がすぐに飛んでしまうからだ。

メインストリート市場での競争優位性は、既得権——ブランドリーダーであることにより、または スイッチングコストが高いことにより、手にしている——あるいは、コモディティー化した商品になんらかの追加機能を与えて他社を差別化することから生まれる。なお、後者の場合には、コアプロダクトに手を加えることは少なく、ホールプロダクトのどこかの部分で対応することが多い。メインストリート市場では、コアプロダクトの機能はそこそこであればよいのだ。

これまで見てきたように、市場の発達段階によってベンダーの対応が異なってくるが、各段階における対応方法はすでにわかっている。問題は、自分たちが現在どの段階にいるかを正しく認識できるかということだ。自分たちが置かれている市場が変わりつつあるときには、特にこの点が問題となる。市場が変わりつつあるときには、変わりつつあるということも、それがいつ起きるかということも、明確ではないからだ。この点について、過去二〇年のあいだに得られた教訓は次のようなものだ。それは——正しいか間違っているかは別として、とにかく全員が同じ方向に向かって進むことが大切——ということだ。もし間違っているとわかれば、すぐに方向を修正すればよい。行動が遅れたり、ためらったりすることが最悪の結果を招くのだ。そのような行動から学べるものは何もなく、得られるものもない。

紙幅の都合により、本「補足」における要約はここまでとするが、さらに関心をお持ちの読者は *Inside the Tornado* を参照されたい。

補足2
デジタル市場のフォー・ギアズ・モデル

キャズムの考え方は、主として、B2B市場の開拓を念頭に置いたものだ。破壊的なテクノロジーを市場に浸透させるために、ベンダーは、テクノロジー・ライフサイクルの初期の頃から計り知れない苦労を強いられるものだが、実際、多くのベンダーがそのようにしてキャズムを越えてきた。しかし、最近の破壊的なテクノロジーは、これまでのようなベンダー企業による組織的活動に頼ることなく、爆発的に普及することがある。グーグル、フェイスブック、ユーチューブ、スカイプなどが、その好例だ。

これらの企業はみな、利用者の支持を得てライバルに打ち勝ってきたのだが、キャズムを越えるプロセスを経ずに現在に至っている。彼らのここまでの道のりは、新しい消費財を世に出すときに似ている。つまり、試供品などでテストマーケティングを行ない、その後、商品を発売し、本格的なマーケティング活動に入るという進め方だ。ただし、サービスがインターネット経由で提供される点が、通常の消費財とは違っている。

ユーザーがインターネット経由で利用するサービスは、通常、次に示す**コンシューマー・ライフサイクル**を経て普及していく。

1◆アクワイア――新規ユーザーがサービスを使うようになる
2◆エンゲージ――既存ユーザーがサービスをくり返し使うようになる
3◆エンリスト――ファン層が拡大する
4◆マネタイズ――ビジネスの収益化が図られる

わたしたちは、このライフサイクルを**フォー・ギアズ・モデル**（四つの歯車モデル）と呼んでおり、四つの歯車が揃って回転して初めて、ネットビジネスが急成長できるようになる。ただし、これらの四つの段階が、必ずしも一から順を踏んで進む必要はない。

たとえば、**エンゲージ**が最初にくる場合を考えてみよう。このとき、まず解決すべき課題がある。それは――利用者が何度もくり返して使いたいと思うようなサービスを作り出す――ということだ。このような「くり返し」は、消費財市場で言えば、同じ商品をくり返して購入することを意味する。

いったんエンゲージの歯車が回り始めれば、その次は**アクワイア**の歯車を加速させる番だ。さて、先ほどのエンゲージの課題を克服できたならば、次にアクワイアの課題が待ち受けている。それは――サービスの規模を拡大させる――という課題だ。この課題を克服するためには、一番目と二番目の歯車がたがいに影響を及ぼし合って回転し続けなければならない。さらに、この課題を克服するためには、需要側《ディマンドサイド》と供給側《サプライサイド》がともに成長することが必要条件となる。つまり、需要側ではユーザー数が増え、新たなユーザーは新たなサービスを要求し、供給側では新たなコンテンツや機能を提供し続けていかねばならない、ということだ。また、サービス規模を拡大するためには、サービス内容を改善し続けることが必要となり、逆にサービス内容を改善すれば、規模の拡大に寄与するようになる。

この二番目の課題も克服できれば、トンネルの出口が視野に入ってくる。言い換えれば、ティッピングポイントの時期がやってくるのだ。ティッピングポイントは、B2Bにかぎらず、コンシューマー市場においても重要な概念だ。ティッピングポイントに到達するまでは、規模拡大のために常に燃料を供給し続けなければならず、もし燃料の供給を怠れば、すぐに後戻りしてしまう。しかし、いったんティッピングポイントを越えれば、その後は新たな安定状態に入り、さらなる拡大に向けて力が働くようになる。そうなるためには相当の努力が必要だが、そうならないケースも少なくない（後者のケースについては、マイスペース（Myspace）やグルーポン（Groupon）への出資者に尋ねてみるとよい）。

要するに、コンシューマー・ライフサイクルにおいて、アクワイアとエンゲージの段階の最重要課題は、できるかぎり早くティッピングポイントを越えることなのだ。ウェブを使ったサービスの場合には、ターゲット・マーケットの規模にもよるが、ティッピングポイントを越えるために何十万人あるいは何百万人ものユーザーを必要とするケースもあるだろう。ティッピングポイントをいつ越えるかは誰にもわからない。越えてから、「ああ、あのときがそうだったのだ」ということがわかるだけだ。

そして、それがわかったときには、まるで世界が自分たちを後押ししているように感じることだろう。**エンリスト**を進めるときには、すでにサービスを利用しているユーザーが周りに対して積極的に働きかけることが必要となる。彼らはサービス提供者とサービスそのものを信じており、ユーザーを増やすことが自分の使命だと考えている。また、彼らがユーザーを増やそうとしている活動に対して、サービス提供者は対価を支払ってはならない。そのような行為は、彼らに対する侮辱となるからだ。これは、サイモン・シネックがTEDトークでイノベーションについて語った話に通じるものがある。彼は「あなたが提供するものを必要とする相手とビジネスをしてはならない（普通の企業にとっては、そうするのが当然なのだが）。**あなたが信ずるものを信じている相手とビジネスをすべきなのだ**」と語っている［訳注**17**］。

商品に対する消費者の意識は、三つのグループに大別できる。そのうちの最高レベルが、「熱烈な支持者」だ。このような支持者が存在すると、新規ユーザーを獲得するコストが格段に低くなる。口コミマーケティングによって、既存ユーザーがマーケティングを展開してくれるからだ。これは、**ネットプロモータースコア**（NPS）で言えば、九あるいは一〇、「この商品を友人に推奨する」のレベルだ。

二番目のグループは、NPSで言えば七あるいは八、「この商品を友人に推奨するかどうかについては中立」のレベルであり、このグループに口コミマーケティングは期待できず、いつまでもこの商品を使い続けてくれるという保証もない。これは、ブランドに対するこだわりに通じるものがある。著者が買うビールは、いつもハイネケンかベックスノンアルコールだが、このブランドを積極的に友人に推奨するつもりはない。実はこれは、ファンをつなぎ止めるという観点で、注意を要するレベルである。

ＮＰＳが一から六のレベルは、「この商品を友人に推奨しない」人たちであり、このグループには中立派もいれば反対派もいる。実際のところ、ＮＰＳの最低レベル近辺では、商品に対する反感が示されることがある。二〇〇四年に公開された映画『スーパーサイズ・ミー』がその例だ。これは、マクドナルドのファストフードだけを三〇日間食べ続け、その結果がどうなるかを記録した映画だ。

消費者モデルでは、エンリストの段階における目標は、顧客が入れ替わる割合、すなわち顧客回転率を月に二パーセント以下に抑えることが目標とされることが多い（そうすれば、平均的に一人の顧客当たり少なくとも四年は使ってもらえる）。さらに言えば、このエンリストの段階で、急成長を遂げることが本来の目的でもある。アクワイアとエンゲージの歯車が噛み合ってうまく回っていることを確認できたら、エンリストの歯車を回し始めてよい。そうして、いまの勢いに乗って、ティッピングポイントを越えるのだ。

そして、いよいよ最後の歯車、**マネタイズ**に取りかかる。「キャズム」を越える行動は、**ものごとを一つずつ着実に進めていく**モデルに従うが、「フォー・ギアズ」は、**ユーザーを一気に拡大し、収益**

訳注17◆ サイモン・シネックのＴＥＤトークを、http://digitalcast.jp/v/13255/ で観ることができる。

についてはあとから考えるというモデルだ。今世紀に入ってから、個人向けインターネットサービスで成功している企業のほとんどが、マネタイズを最後にもってくるアプローチをとっている。中には、自分を身売りするときにマネタイズの時期を迎える企業すらある。ユーチューブがグーグルに、インスタグラム(Instagram)がフェイスブックに、タンブラー(Tumblr)がヤフーに、といった具合だ。

ここで注意すべきは、マネタイズの歯車を動かし始めると、他の三つのギアの回転速度が落ちるということだ。これはちょうど、マニュアルトランスミッションの自動車を運転するようなもので、ギアアップを急ぎすぎるとエンストを起こしてしまうのだ。マネタイズにギアアップするときには、ゆっくりとソフトに、適切なタイミングで、反動が生じないように、最短時間でエンジンがフル回転に達するような技術が求められる。言うまでもなく、マネタイズの段階で大切なことは、現在及び将来に向けて最適の価格設定をすることだ。なお、この行為は一度かぎりではなく、競争相手や世のイノベーションをにらみながら、定常的に行なう(歯車を回し続ける)ことが必要である。

フォー・ギアズ・モデルの話はここまでだ。当初このモデルがキャズムとは無関係に、ときにはキャズム理論に反する形で、動いていると考えられたこともあった。しかしその後、この二つのモデルが同時並行的に動くケースがあることがわかった。このようなケースでは、個人レベルで爆発的にユーザーを増やし、同時に、企業のマーケティング活動によりキャズムを越えることが必要となる。このようなケースでは、経営者は二つの視点を持たなければならない。それは、B2BとB2Cの視点だ。そして、B2Cビジネスモデルを進めるに当たって、マネタイズの歯車にさらなる力を加えて効果があるのは、四つの歯車が滑らかに噛み合って回っているときだけであることを、ここであらためて強調しておきたい。そして最近このようなケースで多いのは、医療保険、教育、公共サービスなどの、利用者とサービス提供側の双方の活動の組み合わせが大切な分野である。

訳者あとがき

Crossing the Chasm は、一九九一年に初版が、一九九九年に第二版が、そして、二〇一四年一月に第三版が刊行され、本書はこの第三版を底本としている。ちなみに、本書の前版『キャズム』は *Crossing the Chasm* の第二版の翻訳書である。ふり返ってみれば、*Crossing the Chasm* は初版刊行以来、ほぼ一〇年に一度の割合で改訂されていることになる。

さて、第二版の改訂時、そして、今回の第三版の改訂において共通しているのは、「キャズム」理論を説明するくだりは、初版以降、基本的に変わっていないことである。変更されているのは、理論の説明に沿って挿入されている実例としての企業名、ならびに事例(ケーススタディー)として掲載されている企業名である。したがって、思い当たる最近の企業を念頭に置きながら読み進むことができるという点で、現時点では、本書は『キャズム』より読み易いと思われる。

参考までに、原書の第一版から第三版までに、キャズムを越えた実例として、あるいは参考事例として掲載された企業をあらためてふり返ってみよう。第一版では、アップル、タンデム、オラクル、サン・マイクロシステムズ、ノベル、クイッケン。第二版では、クラリファイ、ドキュメンタム、パームパイロット、ローソン・ソフトウェア、サビ、シリコン・グラッフィックス、クイッケン。そして、今回、第三版では、ドキュメンタム、セールスフォース・ドットコム、ヴイエムウェア、アルバネットワークス、リチウム・テクノロジーズ、ボックス、ワークデイ、ロケットフューエル、インフュージョンソフト、となっている。この中には、現在でもIT業界の雄として君臨しているアップル、オラクルのような企業もあれば、他社に買収されるなどして、すでに存在しない企業も含まれている。こうしてみると、キャズムを越えることは企業が永続するための必要条件ではあるが、十分条件でないことをあらためて思い知らされる。まさに、ハイテクの世界は、インテルの元会長アンドリュー・グローブ氏の言う「パラノイド(偏執狂)だけが生き残れる」世界なのだ。

さらに、これらの事例として掲載されている企業を俯瞰してみると、一九八〇年代のコンピュータやワークステーションが単体で稼働する方式から、一九九〇年代のクライアント／サーバー型に移行し、さらに今世紀に入って、クラウド・コンピューティングの活用へと時代が流れていることを見てとることができる。見方を変えれば、かつては(一九八〇年代、一九九〇年代は)B2Bが主体であったIT業界は、インターネットを使ったモバイルコンピューティングの普及により、B2Cモデル(特にトランザクション型B2Cモデル)への対応を一層強く求められるようになった業界と言えるだろう。そのような背景を受けて、*Crossing the Chasm* 第三版では、過去にはなかった増補が行なわれ、巻末にB2C市場向けの「フォー・ギアズ・モデル」の説明が組み込まれた。ただ、紙幅の制約もあり、十分に説明されているとは言い難い。本モデルにさらに関心を有する読者には、自社のホームページで「フォー・ギアズ・モデル」を紹介している左記の企業をご紹介しておきたい。

http://getamity.com/2014/02/18/four-gears-b2b-saas-part-1/

http://blog.infusionsoft.com/company-news/geoffrey-moores-four-gears-model-for-spinning-a-viral-following/

本書でも記載されているように、キャズムを経験せずに急成長した企業が存在するのは事実である(インターネットの普及前はマイクロソフト、普及後はグーグル、フェイスブック、ユーチューブなど)。日本発の企業もそのようになってほしいと心から願っている。そして本書の翻訳出版が、一社でも多くの日本企業のキャズム越えの一助となれば、訳者にとってこれに勝る喜びはない。

最後に、本書を翻訳するにあたって数々のアドバイスをいただいた翔泳社ビジネス編集部の外山圭子編集長、上野郁江氏、松田利也氏に、心から感謝の意を表したい。

二〇一四年八月

川又政治

ま行

や行

ら行

な行

は行

た行

さ行

か行

事項索引

数字

英字

あ行

人名

書名・作品名

索引

企業名

本書内容に関するお問い合わせについて

このたびは翔泳社の書籍をお買い上げいただき、誠にありがとうございます。
弊社では、読者の皆様からのお問い合わせに適切に対応させていただくため、
以下のガイドラインへのご協力をお願い致しております。左記項目をお読みいただき、手順に従ってお問い合わせください。

ご質問される前に

弊社Webサイトの「正誤表」をご参照ください。これまでに判明した正誤や追加情報を掲載しています。
正誤表◆http://www.shoeisha.co.jp/book/errata/

ご質問方法

弊社Webサイトの「刊行物Q&A」をご利用ください。
刊行物Q&A◆http://www.shoeisha.co.jp/book/qa/
インターネットをご利用でない場合は、FAXまたは郵便にて、下記〝翔泳社 愛読者サービスセンター〟までお問い合わせください。
電話でのご質問は、お受けしておりません。

回答について

回答は、ご質問いただいた手段によってご返事申し上げます。

ご質問の内容によっては、回答に数日ないしはそれ以上の期間を要する場合があります。

ご質問に際してのご注意

本書の対象を越えるもの、記述個所を特定されないもの、また読者固有の環境に起因するご質問等にはお答えできませんので、予めご了承ください。

郵便物送付先およびFAX番号

送付先住所◆〒160-0006 東京都新宿区舟町5 FAX番号◆03-5362-3818 宛先◆(株)翔泳社 愛読者サービスセンター

＊本書に記載されたURL等は予告なく変更される場合があります。
＊本書の出版にあたっては正確な記述につとめましたが、著者や出版社などのいずれも、本書の内容に対してなんらかの保証をするものではなく、内容やサンプルに基づくいかなる運用結果に関してもいっさいの責任を負いません。

著者略歴◆

ジェフリー・A・ムーア

Geoffrey A. Moore

ハイテク企業向けにマーケティングに関するコンサルティングサービスを提供する「キャズムグループ」の名誉会長ほか、「アカマイテクノロジーズ」および数社の非上場企業の取締役を歴任。

これまでに、幾多のスタートアップ企業をはじめとして、Cisco、HP、Microsoft、SAP、Yahoo!などの企業にもアドバイスを与えている。

Crossing the Chasm(『キャズム』)をはじめとして、Inside the Tornado(『トルネード経営』、『トルネード』)、Gorilla Game(『ゴリラゲーム』)、Living on the Fault Line(『企業価値の断絶』)、Dealing with Darwin(『ライフサイクルイノベーション』)、Escape Velocity(『エスケープ・ベロシティ』)などの著書がある。

訳者略歴◆

川又政治《かわまたまさはる》

翻訳家。諸分野における書籍・文献の翻訳を手がける。

名古屋大学工学部電気電子工学科卒、カリフォルニア大学ロサンゼルス校大学院にて理学修士(MS)を取得。

自らも米国においてスタートアップ企業をキャズム越えさせる際に、著書Crossing the Chasmを座右の書とした。

訳書に『キャズム』[翔泳社]、『スポーツ遺伝子は勝者を決めるか?』[早川書房]他がある。

装幀◆日下充典

本文デザイン◆KUSAKAHOUSE

編集協力◆川月現大[風工舎]

キャズム Ver.2《バージョンツー》

〔増補改訂版《ゾウホカイテイバン》〕

新商品をブレイクさせる「超」マーケティング理論

２０１４年10月3日初版第1刷発行

著者◆ジェフリー・ムーア
訳者◆川又政治
発行人◆佐々木幹夫
発行所◆株式会社翔泳社
http://www.shoeisha.co.jp
印刷・製本◆大日本印刷株式会社

＊本書へのお問い合わせについては、３４６ページに記載の内容をお読みください。

ISBN978-4-7981-3779-7 Printed in Japan